中国（上海）新金融发展报告
（2021—2022）
——上海金融科技研究中心智库成果汇编

New Financial Development
in China (Shanghai) Annual Report

主　编　顾晓敏

编　委　叶晓佳　殷林森　楚晓琳　丁　雪
　　　　吴　慧　田　原　叶晓岚　杨文文

复旦大学出版社

前　言

现如今，在习近平新时代中国特色社会主义思想的引领下，中国经济社会正步入历史新方位。无论是社会治理、国家战略、国际视野、人文进步、经济发展、人民生活，还是社会运行生态，都发生了巨大变化。中国金融体系身在其中，也正经历脱胎换骨的演进，从理论和实务上都催生出新金融的廓影。

金融服务实体经济，并与工业文明相互适应，是金融与工业文明和科技发展不断融合的趋势。人类正在迎来以智能技术为代表的第四次工业革命，人工智能、物联网、5G以及生物工程等新技术融入人类社会的方方面面，成为经济增长的新动能。智能技术作为第四次工业革命的关键引擎，推动经济从数字经济发展到智能经济，也必然催生适应智能社会发展的新金融。

在互联网和信息技术革命的推动下，传统金融业版图与边界日益模糊，新的金融业态和金融服务模式也已渗透方方面面。本书尝试以新金融的内涵及数字金融的发展与应用、金融业态和科技的融合、金融服务城市发展与产业发展等实践内容，去理解和寻求"新金融"的脉络和答案。

2023年10月，中央金融工作会议提出要"做好科技金融、绿色金融、普惠金融、养老金融、数字金融"五篇大文章，其中"数字金融"一词首次被写入中央文件，引起了各方的广泛关注。场景应用与创新是数字金融成果落地的依托，表现在：一方面，银行业、证券业、保险业等传统金融机构积极拥抱数字金融，全面优化原有的产品特征与服务方式；另一方面，越来越多的金融科技企业、平台企业、数据企业融入数字金融产业链的重构中，提升了金融服务的效率与效果。

金融风险识别与科技监管是新金融健康发展的基础。在数字化的冲击下，金融活动面临着更加复杂的风险和挑战。金融科技创新的时代，呼唤能恰当平衡创新与风险的创新型现代化监管体系。事实上，安全健康的金融监管创新体系,也是激活金融科技生态繁荣的先决条件。

随着社会经济增长方式的转变要求,在城市更新及可持续发展中,传统的投融资方式和渠道已难以适应新形势和新要求,迫切需要创新投融资机制,吸引更多社会力量参与。自然,五大新城建设中的投融资机制转型是城市创新发展迫在眉睫的新问题。推进五个新城建设是上海市构建新发展格局的必由之路,是更好服务长三角一体化发展国家战略的重要举措,是上海面向未来的重大战略选择。亦是深入贯彻习近平总书记考察上海重要讲话和在浦东开发开放 30 周年庆祝大会上重要讲话精神,全面落实市委决策部署的重要举措。

展望未来,中国经济具有巨大的发展韧性和潜力,长期向好的基本面没有改变,金融系统要坚持稳中求进工作总基调,完整、准确、全面贯彻新发展理念,加快构建新发展格局,进一步优化金融支持实体经济的体制机制,满足实体经济有效融资需求,完善薄弱环节金融服务,同时全面加强金融监管,防范系统性金融风险,推动新金融发展取得新进展,更好服务经济高质量发展。《中国(上海)新金融发展报告》也将持续关注新金融的新发展,保持对前沿发展的敏锐力和洞察力,为推动金融迈向高质量现代化发展提供智力支持。

本书依托上海金融科技研究中心这一研究平台,聚焦 2021—2022 年中国新金融领域重大进展和发展动向,选择新金融发展中的核心问题,结合系列专题方向,从科技赋能创新、场景模式创新、产业集聚、五大新城建设、金融科技监管等方面开展专题研究,进行了全面而深入的讨论,并基于我国新金融发展的可持续性,提出了系列政策主张与对策建议。每个研究专题都经过为期一年的研究和撰写,并均经过课题专家组对中期成果和结项报告的论证和评估。定稿后,基于各子课题的研究重点总结归纳为理论内涵、创新实践、行业监管和政策建议等进行系统的统稿修订,最终汇编形成了本书。

在此要感谢各位作者对本书最终出版所付出的智慧、时间和辛劳。本书共五篇,框架由顾晓敏教授、殷林森教授整体设计,具体编写分工如下:第一章、第二章由丁雪编写;第三章、第五章由楚晓琳编写;第四章由吴慧、田原、叶晓岚编写。

希望本书的出版能够为学习和研究新金融的读者提供洞察新金融发展的一扇窗口。

目　录

第一篇　绪论 …………………………………………………………（1）
　　第一节　新金融的概念、分类和特点 …………………………（2）
　　第二节　新金融在中国的发展历程与现状 ……………………（12）

第二篇　科技赋能创新 ………………………………………………（36）
　　第一节　人工智能的发展现状 …………………………………（36）
　　第二节　大数据交易平台 ………………………………………（43）
　　第三节　区块链 …………………………………………………（54）

第三篇　场景模式创新 ………………………………………………（60）
　　第一节　我国发展数字货币展望 ………………………………（60）
　　第二节　金融科技在保险领域的创新应用 ……………………（72）
　　第三节　数字经济背景下的商业保理发展对策 ………………（105）
　　第四节　投融资机制转型中的利益相关者多目标冲突治理
　　　　　　机制 ……………………………………………………（127）

第四篇　政府监管与产业发展 ………………………………………（149）
　　第一节　产业集聚 ………………………………………………（149）
　　第二节　五大新城建设 …………………………………………（172）
　　第三节　金融科技监管 …………………………………………（196）

第五篇　新金融政策汇编 ……………………………………………（221）
　　第一节　中央层面的新金融政策 ………………………………（221）
　　第二节　地方层面的新金融政策 ………………………………（236）

参考文献 ………………………………………………………………（254）

第一篇 绪 论

> 回顾经济发展的历史,我们的社会取得今天这样的繁荣和文明,是不断调整金融体系操作技术的结果,是金融理论激发创新的结果,也是根据人类本性不断革新的结果。
>
> ——罗伯特·席勒《金融与好的社会》

金融是个非常古老的行业。它的起源可以追溯到公元前2000年巴比伦寺庙和公元前6世纪希腊寺庙的货币保管和收取利息的放款业务。金融是为实体经济提供中介服务的行业,也就是把资金持有者手里的闲置资金转移到资金需要者手里,为双方提供信用交易代理。这种转移配置就是资金融通,即金融。现今,金融已经成为现代经济活动的核心,但金融的中介本质亘古不变,而且一旦脱离了实体经济就会走向异化。20世纪80年代以来,金融参与者思维定式中的"创新"似乎创造了价值,人们误以为现代经济都是围绕金融运转,直到1997年亚洲金融危机、2007年次贷危机的爆发,人们才更清醒地认识到,金融需要回归它普惠的本质。2013年诺贝尔经济学奖得主罗伯特·席勒(Robert J. Shiller)认为金融需要大众化,"如果要实现全社会的共同繁荣,那么金融必须为社会的每个成员服务,并且其服务必须有相当的深度和广度"(《新金融秩序》)。

21世纪初叶,中国社会在习近平新时代中国特色社会主义思想的引领下进入历史新方位。无论是社会治理、国家战略、国际视野、人文进步、经济发展、人民生活,还是社会运行生态,都发生了巨大变化。中国金融体系身在其中,也产生了脱胎换骨的演进,从理论和实务上都催生出新金融的廓影。金融服务实体经济,并与工业文明相互适应。人类正在迎来以智能技术为代表的第四次工业革命,人工智能、物联网、5G以及生物工程等新技术融入人类社会的方方面面,成为经济增长的新动能。智能技术作为第四次工业革命的关键引擎,推动经济从数字经济发展到智能经济，也必然催生适应智能社会发展的新金融。在互联网和技术革命的推动下，传统金融业版图日益模糊，新的金融业态和金融服务模式也已渗透各个方面。那么，新金融到底是什么？新金融是如何服务于实体经济的呢？

第一节　新金融的概念、分类和特点

一、新金融的基本概念

（一）什么是新金融

在互联网和信息技术革命推动下，金融业架构中的"底层物质"正在发生深刻变化。移动化、云计算、大数据等大趋势引发金融业"基因突变"。这种变化使得传统金融业版图日益模糊，促使传统金融业务与互联网技术融合，通过优化资源配置与技术创新，产生新的金融生态、金融服务模式与金融产品。反映在金融市场上，具体表现为金融要素的市场化、金融主体的多元化、金融产品的快速迭代过程正在发生，我们将之称为新金融。

（二）技术赋能新金融发展

在传统金融时代，主要的金融活动是银行的存款、贷款和结算三大传统业务。多年来的发展已让传统金融形成了较为完善的体系、固定的办事流程，以及拥有成熟的办事体系和法律制度，参与者在技术方面参与得较少。金融机构保留着旧有的思维和服务模式，客户的资产配置也是按照监管和金融机构的类别来进行的，人们在进行基于传统金融模式的管理时，需要到固定地点进行交易，将资金交给金融方面的管理人员，管理人员代替资金管理者，按照资金管理者的要求进行交易——获取消息的渠道单一、时间成本高，对技术的要求比较低。但在新金融时代，金融业态、金融方式以及不断演变的各类金融工具已发生了根本变化。

2022 年 3 月 30 日，在中国建设银行年度业绩发布会上，中国建设银行董事长田国立在答问时就新金融做出大量阐述，并表示新金融是一种新的金融思维方式，新金融理念的核心是以人民为中心。在新金融时代，消费者可以通过支付宝或微信扫码支付代替现金结算进行日常消费，银行卡的绑定保障了支付的高效便捷、资金秒到，节省了大量的人力成本。蚂蚁财富、京东金融、各大银行的 APP 等金融交易平台直接供购各类理财产品，用户可以进行线上 P2P（peer to peer 的缩写，指个人对个人）投资，也可以随时变现金融资产，收益性和流动性需求得到双重保障。消费者还能通过花呗、京东白条、美团月付等取得消费信用。还可以将期货、证券、外汇等所有权进行转让,确保收益、降低风险。新金融时代,银行不再是唯一的选择,顾客可以在ATM机、银行柜台之外的相关场景中得到金融服务,无需持有信用卡就能走遍天下。

信用优质的客户可借助网络众筹平台公开发出融资申请进行融资;也可以选择发行债券、股票进行融资;互联网金融机构则能通过供应链金融或P2P为基于大数据进行风险评估的小微企业和经营性个体提供融资。新金融的业务模式除了大量运用大数据、云计算、区块链等技术手段外,也涵盖了资产证券化、利率市场化、间接融资向直接融资的转化、混业经营、发行注册制等行业结构性变革。互联网时代与金融衍变的完美结合,极大地改进了新金融业态。新金融并非一个新现象的简单归纳,而是金融逻辑和理论演绎的现实结论。新时代呼唤新金融,新金融必然产生并服务于新时代。

二、新金融的体系结构分类

广义的新金融是指金融系统基于传统金融的创新发展,包括由此形成的新的金融业态、新的金融机制、新的金融工具构成新的金融服务方式。

(一)新金融业态

在科技革命和产业变革的推动下,金融与科技加速融合渗透,逐渐产生了金融科技、互联网金融、数字金融等新金融业态以及科技金融形态。

1. 金融科技

"金融科技"(FinTech)源于"金融与技术"(Financial Technology)的缩写。早在1972年的科学文献中就把金融科技定义为将银行专业知识与现代管理科学技术和计算机相结合的一种金融技术。金融科技是一个范围很宽的概念,国际认可度最广的定义出自金融稳定理事会(Financial Stability Board,FSB)2016年发布的报告。该报告将金融科技定义为金融服务中的技术创新,并且这种创新会催生新的商业模式、应用、流程或产品,对金融服务的提供产生重大影响。此后,也有学者指出金融科技描述的是以云计算、移动互联网等为代表的与互联网相关的现代技术和贷款、支付等典型金融服务业务之间的连接。可以说,金融科技因依托于互联网和现代信息科技手段作为技术支撑而得以不断发展。

金融科技秉持"技术+数据"双轮驱动的金融创新形式。金融科技得名于信息技术带来的金融创新,是金融创新演进过程的一部分。科技虽是手段，但已成为金融科技创新的牢固基石，金融科技已由早期的金融与科技的简单融合，逐渐演变为大数据、人工智能和区块链等新一代信息技术深度变革金融的创新飞跃。在金融科技的迅速发展过程中，各类信息终端和平台运营产生海量结构化和非结构化数据，这些数据区别于传统来源渠道的银行借贷、股票交易和上市公司年报等传统金融数据，具有体量大、流动速度快和种类多等特点。金融科技发展产生的数据可以直接用来交易，也可以通过大数据分析、文本分析和机器学习等算法助力风险管理等金融分析、预测和决策等。同时，这些数据又会反过来驱动金融科技的进一步发展，数据和金融科技发展之间形成闭环。

此外，金融科技的底层逻辑仍为金融，对金融服务具有实质影响。这种由技术进步驱动的金融创新，并没有改变交易、支付、投资和信贷等金融核心业务，也没有改变金融资源配置这一金融服务实质。金融科技通过科技手段彻底改变金融市场的信用特征，其迅猛发展产生了互联网和移动支付、网络借贷、数字货币等新金融形态，对金融服务的广度和深度均产生重大影响。这种影响一方面体现为解决金融服务中的盲点，如扩大金融服务的覆盖面，促进普惠金融；另一方面体现为解决金融服务中的痛点，如提高投资者的信息获得性和透明度，降低金融交易成本，推动金融体系提质、增效、扩容，更好地服务实体经济。从监管实践来看，我国政府正积极引导金融科技向规范的方向发展，注重提升金融科技服务实体经济的效能，同时提升风险定价的精准性，增强风险防控能力。

回望现实，科技企业、金融机构和监管机构等各类主体均积极参与金融科技。其中，科技类公司在金融科技行业发展的起步期占据了主导地位，主要包括靠技术研发生存的以金融科技为主业的企业和与信息科技具有天然密切联系的互联网科技公司，这些科技类公司凭借天然的创新和开拓基因以及领先的金融科技行业发展基础，如火如荼地扩张各类金融科技业务的版图。在科技公司外部竞争、银行自身数字化转型诉求以及政府在金融科技发展规划方面的政策支持指引等多重背景下，以商业银行为代表的传统金融机构纷纷发力金融科技。除了与科技公司积极开展各类型的合作以外，自2015年至今，已有包括国有商业银行、股份制商业银行和少数城市商业银行在内的十余家商业银行成立了自己的金融科技子公司，以期打造内循环甚至外输出的金融科技发展战略。同时，证券业和保险业等非银行金融机构也成立了金融科技子公司，在金融科技领域谋发展，传统持牌金融机构已逐渐成为金融科技创新的重要主体。另外，为更好地规范迅速发展的金融科技业务，我国监管机构从2019年年底开始陆续推广监管沙箱试点,尝试运用监管科技对金融科技领域实施监管。

金融科技的运行机制既包含平台公司、数据公司和互联网科技公司等科技企业开展的金融科技业务,也包括交易所、商业银行和非银行金融机构等传统金融机构应用科技手段发展的金融科技业务,以及科技企业与传统金融机构这两种运行主体之间的金融科技合作业务形式,还包括中央银行和其他金融监管机构通过创新技术发展的以监管科技为代表的金融科技监管模式。从业务形式来看,目前,金融科技业务形态主要包括互联网和移动支付、网络借贷、网络众筹、网络保险、智能投顾、数字货币、监管科技等;从业务实现的技术方式来看,金融科技主要由人工智能、大数据、云计算、区块链和生物识别技术等关键技术驱动。金融科技经由这些关键技术驱动,经金融机构、科技企业和监管机构等运行主体应用于支付、投融资和监管科技等众多业务领域(见图1-1)。

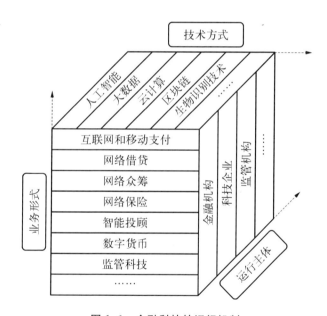

图1-1 金融科技的运行机制

2. 互联网金融

所谓的互联网金融,主要是指金融服务通过互联网平台这一传播媒介向客户提供更多样化的金融业务内容,如债券、股票、保险、理财产品等多样化的金融服务,如果换另一种表达,就是通过现代化信息科学技术作为支持,采用互联网进行的金融活动。由此看来,互联网金融就是传统的金融行业以及互联网技术融合的一个新型金融领域。这种形式是在提供必要的前提下利用互联网作为传输，同时又借助平台进行业务办理，通过操作的界面让用户在终端进行有效的金融运作。

从具体表现形式上看，互联网金融通常表现为线上的理财产品销售和办理、第三方支付或者金融电子商务等模式。任何与互联网有一定联系的金融业务都可以被纳入互联网金融的范围，是需要依靠互联网这一平台所运作的金融业务。除此之外，与传统金融业务不同的是，它不仅需要互联网技术和客户端来进行传导，这种虚拟的体验会慢慢地被用户所接受，自然而然地就会扩大它的优势和发展。在未来中国的互联网金融发展过程当中，为最大限度地满足客户的新需求和个性化体验，需要开展更多的新业务、新模式，以不断壮大互联网金融模式。

就目前的形势而言，我国的互联网金融主要采用 5 种模式，即支付结算、网络融资、虚拟货币、渠道业务及其他。其中，网络融资又包括网上贷款、众筹和电商等方式，再细化一些，就需要按照它们不同的业务内容和行业特点进行分类。因此，目前的互联网金融还处于萌芽阶段，用户规模比较小，从业人员比较少，社会对其预估的经济价值不大，还需要加强对这方面的重视和研究，规范企业的运作模式，树立更好的发展方向，鼓励更多的从业人员参与扩大用户规模，提高社会预期估值。除此之外，还要做好市场的监管和优化，对不同行业进行整合，减少恶性事件的发生，让社会的预期更加偏向理性和科学，在行业的低谷期淘汰一些劣质的企业，让监管更加及时到位。在未来正规运作之后加大监管力度，鼓励行业进行创新创造，稳定行业的交易规模和效率。

我国互联网金融的发展是机遇与挑战并存的，正因如此，需要更加重视互联网金融的发展，做好预测和判断才能有效地规避风险，以更加科学合理的方式引导互联网金融的发展。在一边推动健康有序的金融发展时，还需要采取一系列的措施降低其风险，减少金融危机的发生。做好金融建设监管体系的改革，还需要完善相应的金融法律法规，鼓励企业和事业单位推进互联网金融的交易方式，使得金融市场进一步扩大，容纳更多的金融业务。

3. 数字金融

数字金融基于经济数字化的背景萌生，是数字经济最具代表性的行业，其基本内涵为数字化的金融服务，一般将其视为一种新金融活动。数字产业化催生了数字经济，推动并深化了我国政府、企业和个人多级层面的信息化需求。随着数字经济的发展，我国信息化需求主体从以政府和企业为主逐步转向了以个人用户为主，在信息基础设施的同步发展下，个人金融的全面数字化服务逐渐兴起；同时，信息科技积极拥抱金融，以金融科技的形式赋能金融服务。从数字经济发展的角度来看，数字金融是一种促进数字经济发展的新金融活动，其主要是为了满足数字产业化、产业数字化和数字化治理的发展需求。

数字金融体现了数据资产化和资产数字化的双重特征。同时，我国数字金融的发展也被赋予了发展普惠金融的重要期望，当下研究较多的数字普惠金融就是一个最典型的方向。数字普惠金融在国内外被公认为普惠金融的延伸和升级，有时也认为数字金融的概念主要来源于数字普惠金融。

从现有研究来看，我国数字金融的内涵与金融科技几乎是一致的。贡伯（Gomber）等将数字金融描述为金融行业的数字化，这在我国数字金融实践中略显狭义化。由于我国金融业实行分业监管体制，非金融行业的公司（如蚂蚁金服）提供的数字化金融服务一开始并未受到金融监管，而这显然也属于数字金融的范畴。在这一点上，我国最近几年的研究文献提出的观点更为全面——数字金融是一种新型金融业务模式，一般由传统金融机构和互联网公司开展，通过数字技术的使用实现支付和投融资等一系列金融服务功能。中国信息通讯研究院在 2019 年发布的《数字普惠金融发展白皮书》中也有近似的描述，认为数字金融的发展是金融机构和科技企业等运行主体基于智能终端、网络通信和新一代数字化技术提供的第三方支付、互联网理财等一系列金融服务。数字金融是金融与科技深度融合的产物，没有改变金融的本质和风险属性。由此看出，通过数字化的手段提供的金融服务都是数字金融的范畴，提供数字金融服务的主体主要为金融机构和科技企业，和金融科技的内涵几乎是一致的，并且二者本质上都是金融。

4. 科技金融

国外对科技金融（Science and Technology Finance）概念的认识尚未形成单独的体系，与其相关的研究内容大多聚焦在金融创新和技术创新等方面。我国在 1994 年的中国科技金融促进会上最早开始正式使用科技金融的概念，认为科技金融主要基于科技体制改革以及金融发展的背景产生，"是促进科技开发、成果转化和高新技术产业发展的一系列金融工具、金融制度、金融政策与金融服务的系统性、创新性安排"。这个定义可以理解为科技金融属于科技对金融的需求，是一种为支持科技创新发展的金融工具，被学者概括为"工具论"。此后，我国在 2011 年 7 月发布的《国家"十二五"科学和技术发展规划》中出具了官方定义；科技金融是指由政府引导金融机构通过提供金融产品和服务以及搭建平台等方式，将科技创新与金融资本有机结合，为科技企业提供的一系列金融支持。强调金融对科技产业的支持，可以概括为"产业视角的科技金融"。早期研究认为科技金融本质上是一种创新活动，是由科技创新活动引发的金融创新行为，可以概括为"创新本质论"。国务院 2016 年 8 月 8 日发布的《"十三五"国家科技创新规划》提出，科技金融的立足点为科技，其内涵主要是金融创新对创新创业的助推，有助于完善支持科技创新创业的金融体系。此外，还有学者提出科技金融是一种生态。

综合来看，科技金融既可以作为一种通过金融手段服务于科技创新的工具，助益科技产业发展；科技金融在本质上又是一种创新，是一系列针对科技领域的金融服务生态。总体而言，科技金融作为我国专用的一个合成词概念，服务对象主要为科技产业，是为科技创新活动提供服务的一系列金融支撑和金融创新行为，我国政策制定者和大多数学者将其归为产业金融范畴。我国一般由政府出台相关政策促进银行、证券和保险业等金融机构和创业投资等资本为科技企业提供融资支持等金融服务。相对应地，科技金融领域的支出一般可分为政府的财政科技支出额，金融机构对科技公司的融资额以及创投机构管理的资本额等。

（二）新金融机制

1. 基因遗传机制

相关研究者根据生物进化论中的功能性解释，将金融功能中的信息储存看作金融市场演化的主要产物，基于此，新金融市场从本质上来讲保持了金融的本质特征，但同时也在此基础上进行了革新，使之成为全新的金融基因。这样的金融基因也被称为金融功能，包括资源配置、支付结算、风险防控等。由此可见，金融基因的发展是维护市场稳定的核心要素，也是推动市场发展的根本动力，其在一定程度上对核心价值理念进行了整合凝聚，运用多元化的方式方法进行继承和发扬。金融主体的行为标准、作用方式、发展机制都是金融基因中必不可少的组成部分，并且这些基因都直接决定着市场主体的发展决策、行为思维以及彼此之间的关系。新金融市场是在传统市场基础上通过基因遗传的方式演变出的一种新型市场模式，其涵盖了当前社会及国际中先进的金融技术、手段特征以及平台模式，并不完全脱离于传统市场，其保留了传统市场中的核心要点及根本属性，遗传了部分优秀的基因信息，本质上仍然具有资金货币的集聚、运用、支付能力。换而言之，新型金融市场进一步凸显了资产权益的重要性，并在一定程度上将资产权利与未来的收益进行了整合集中，与传统的金融市场具有相同属性。

2. 变异创新机制

在互联网发展的背景下，越来越多的企业开始运用大数据技术、网络平台对社会中的资源进行整合，并且在一定程度上将资金、人才、战略发展方向进行结合。与此同时，目前社会中的大多数金融机构具有一定的风控优势，通过积极参与互联网平台实现了自身的转型发展。从一定意义上来讲，目前金融市场会受到内部及外部多种因素的影响。在传统市场中，市场主体的功能能够通过一定的方式方法进行分解，新金融市场则吸纳其优势，逐渐成为全新的市场主体。与此同时，整体之间的融合也在一定程度上实现了业务模式的改革创新，不管是供求双方还是需求方，在业务内容、实际要求上都发生了变革，市场竞争不断加剧，产品及服务的更新速度也不断加快，越来越多的金融产品被组合更新，从真正意义上实现了金融产品及服务的改革，满足了市场多元化的需求。

创新机制可以根据相应的情况划分为适应性创新及生成性创新。对于适应性创新而言，主要是指传统的市场主体基于现代化的新金融市场作出的一种直接反应，能够根据需求及现状不断调整自身的功能结构，创新组织构架，改革业务发展模式及风险管控形式手段；对于生存性创新而言，其主要产生于金融市场发展的初期阶段，会受到外界环境因素的影响，由多元化的金融需求发展而成。

3. 市场选择机制

第一，新型金融市场的发展和创新在一定程度上是由市场环境决定的。环境是市场得到创新进化的根本原因，也是重要主体之一。主体及社会共同创造价值，才能更好地适应市场环境。具体而言，市场主体只有科学合理地实现金融资源的配置，为消费者及用户提供优质的产品和服务，才能在市场中得到长足发展。

第二，不同主体之间存在一定的竞争与合作关系，这样的关系会随着市场的供需变化不断发生改变。主体必须更好地适应竞争环境，并且挖掘自身优势，体现核心价值，才能在新型金融市场中得以生存。另外，金融市场主体经营的产品包括信用、风险等，因此，新型金融市场的变化必须受到监管主体的制约，由国家相关职能部门调整政策及市场准入标准，科学合理地识别、预防风险，才能实现企业的正常运营管理。

第三，金融行业不同于普通的服务行业，其在一定程度上能够引导资金资源的流向，实现资源的配置，对整个经济发展形势和方向提供支持和动力。由此可见，国家相关职能部门必须正确引导金融政策制度，从而推动经济发展。

(三)新金融工具

金融工具是指金融市场上的交易对象或交易标的物。它是构成金融市场最基本的要素,是金融市场形成的基础。新金融工具准则将金融工具按照合同双方权利与义务的不同,分成金融资产、金融负债和权益工具。

1. 金融资产

金融资产包括银行存款、现金等价物(如应收账款、应收票据等)和其他投资(如股权投资、债权投资、基金等)。金融资产是一种可以获取收益的权利,投资方投出后享有的一种权利,既可能是固定的收益,也可能不是固定的收益;既可能是现金,也可能是其他金融资产,但这种利益不能是商品或服务。比如预付账款,虽然未来也会收到一种利益,但这种收益是商品或服务,因此不属于金融资产。

2. 金融负债

金融负债包括银行借款、应付账款、应付票据、期权的签出方等。通俗地说,就是要偿还一定金额的现金,而且必须要还,不能通过其他资产代替。与金融资产相对,金融负债是一种需要支付现金或其他类似现金等价物的金融资产的义务,是被投资方需要向投资方按约定履行支付的一种义务,但是金融资产的相对方可能是金融负债,也可能是权益工具。同样,这种支付义务限于支付现金或其他金融资产,不包括商品和服务,如预收账款不是金融负债。

3. 权益工具

顾名思义,权益工具就是所有者权益,一般就是股权或股票。权益工具和金融负债都属于金融资产的相对方,意思就是被投资方要向投资方履行支付义务,但是金融负债是需要支付金额固定的现金或现金等价物,权益工具则不是,权益工具的被投资方还的不是钱,而是支付其享有的股权或股票等所有者权益。既然是股权或股票,价格就肯定是波动的,金额就不固定。

4. 三种金融工具的关系举例

甲(权益工具)	股票	乙(金融资产)
A(金融负债)	债券	B(金融资产)

对甲发行方来说,发行的股票是股本、资本公积、所有者权益,到期时有支付股利的义务,在金融工具专业角度将其命名为权益工具;换个角度,对于乙购买方来说,购入股票是金融资产,拥有按期收股利的权利,

还可以拥有一定的表决权。对于 A 发行方来说，发行的债券到期时有还本利和的义务，在金融工具专业角度将其命名为金融负债；换个角度，对于 B 购入方来说，购入债券是金融资产，到期时有收本利和的权利。

5. 金融工具的其他分类

基于工具本身的属性，金融工具可分为基础金融工具和衍生金融工具。基础金融工具也被称为原生金融工具，最常见的如股票、债券、利率、汇率、商品期货价格等。原生金融工具是衍生金融工具计价的基础，比如基于股票价格所衍生的股票期权、基于商品期货价格所衍生的商品期货等。衍生金融工具是指属于金融工具准则范围并同时具备以下特征的金融工具或其他合同：其价值随特定利率、金融工具价格、商品价格、汇率、价格指数、费率指数、信用等级、信用指数或其他变量的变动而变动，变量为非金融变量（如特定区域的地震损失指数、特定城市的气温指数等），该变量不应与合同的任何一方存在特定关系；本身的初始公允价值为 0；未来某一日期结算。外汇交易（CCS）、利率互换（IRS）、期权、远期合同一般属于衍生工具，而股票、可转债、永续债一般属于非衍生工具。

三、新金融的特点

（一）新的服务功能

这是新金融发展的基础。新金融依赖新方式进行运作，并拓展出新的金融服务功能。这是传统金融没有覆盖或未曾顾及但又对金融服务有极大需求的领域，如小微企业、个人消费支付等，可以提供服务便利或者提高服务效率，使得金融服务的覆盖面大大拓展。新的金融服务功能既体现在金融服务的领域中，又体现在金融服务的产品工具以及方式上。新的功能源于财富增加、经济转型和需求结构的转变。

（二）新的运行机制

这是新金融发展的关键。运用新的服务方式支撑新的金融服务功能的是新的运行机制。新机制由于新的服务方式以及服务功能需要而产生，在管理机制、人力资本、技术手段方面更适应市场化的环境，以及分布广泛、需求者众多的金融需求特征。通过新的运行机制，新的金融模式和功能得到演进、保持以及发展。

（三）新的服务方式

这是新金融发展的显著特点。新的金融服务方式是基于技术手段的方式,比如互联网,也是一种新的业务组织方式,或者是几种方式的综合,而新的服务方式依靠的是创新驱动。

(四)新的参与主体

这是新金融发展的活力所在。伴随新金融机制的往往是新的金融主体。其中包括:一是体制上的主体区别,新金融主体一般以民营资本为主;二是新金融业态的运作主体。运作新的金融业态的大多是跨界的企业家,这使新金融发展具有了体制变革的意义。

(五)新的金融业界

这使新金融在整个金融体系中成为不可或缺的力量。在新机制的有力支撑之下,采用新的方式实现新的功能,也变换了新的运作主体,各种新金融业态进行规模和领域拓展,衍变成为新的金融服务业界。或者说新的金融业态不是以单一的现象出现,而是具备了一定的规模和数量,构成了新金融的主体。

(六)新的金融格局

这是新金融促进变革的重大贡献。新金融业界的出现改变了原有的金融体系和结构,并形成新的金融格局。金融体系的健全、金融改革的深化和金融监管等涉及金融发展的各方面的完善,都必须考虑新金融的地位和影响。

第二节 新金融在中国的发展历程与现状

一、我国新金融的发展沿革

中国新金融的开端可以追溯到 1957 年人民银行核算工厂的建成,开始从事全国手工联行对账工作。1975 年,人民银行核算工厂由四川省旺苍县回迁北京市,同年,中国人民银行在北京市、上海市等地同时启动了全国大中城市银行核算试验工程。1979 年,中国开始了以银行改革为突破口的金融体制改革;保险业务得到恢复;各地相继组建信托投资公司和城市信用合作社。金融机构多元化、金融业务多样化的局面初步显现。80 年代初,银行业开始了联机实时处理的尝试,最早在上海市南京路一条街的 6 家储蓄所进行联网。1984 年,中国人民银行将核算工厂改为电子计算中心。1988 年 8 月,央行宣布成立中国金融电脑公司,从事人民银行电子化项目的规划、建设、管理、协调等工作。1989 年 5 月,中央批准人民银行建设中国金融卫星专用网。1990 年 5 月,央行清算总中心成立,推进电子联行系统;6 月,中国金融电脑公司正式更名为中国金融电子化公司。

1991年，央行决定成立科技司，剥离中国金融电脑公司的政府职能。1992年，金融科技进步奖被纳入国家科技进步奖系列。1993年6月，电子工业部提出"金卡工程"，标志着我国货币电子化的开始。1994年4月，中国第一家互联网公司诞生；同年，央行就中国现代化支付系统（China National Advanced Payment System，CNAPS）的建设实施进行国际招标。1995年，招商银行提出"科技兴行"战略，并率先推进"一卡通"。1996年6月29日，为打造自主研发功能，中国工商银行正式成立软件开发中心。1997年，中国工商银行启动数据大集中工程，这是中国金融系统数据集中的开创性工程；招商银行开通自己的网站，开启了金融电子化的"一网通"时代。

1998年3月18日，我国第一笔电商交易诞生。1999年9月1日，招商银行启动了国内第一个网上银行体系"一网通"，全国所有银行同时推出网上个人银行、网上企业银行、网上支付、网上商城、网上证券五大业务种类；同年，启动"72小时网络生存实验"。2000年，推动数字网络普及，推动数字产业化。招商银行推出手机银行服务，通过全球移动通信系统（Global System for Mobile Communication，GSM），用户可以在手机界面完成各种金融理财业务。2002年3月，中国银联成立；10月8日，大额支付系统成功上线，标志着中国现代化支付系统时代的来临。2003年，是中国信用卡元年；移动支付发展成为一种连接线上线下的支付工具。随着淘宝和支付宝的相继出现，电子商务应运而生，国内全面进入电子化时代。2004年，第一批第三方支付企业出现。2005年，数字支付工具出现。2006年3月，中国人民银行设立征信中心。2007年6月，拍拍贷成立；银行与电商平台尝试联合放贷。2009年1月3日，比特币诞生。2010年，《非金融机构支付服务管理办法》出台；中国首家互联网小贷公司——阿里小贷成立。2011年，中国人民银行正式发放第三方支付牌照；第一家众筹平台上线。2012年，平安陆金所推出P2P网贷业务，进入互联网金融发展新时期。2013年，是互联网金融元年。微信支付、众安保险、网易理财、余额宝问世，各类金融机构陆续布局互联网金融。2014年，蚂蚁金服成立；中国首款互联网消费金融产品——京东白条问世；15家银行上线直销银行服务。2016年3月25日，中国互联网金融协会成立。2017年，网贷行业"1+3"制度框架基本搭建完成；网联清算有限公司成立。2018年4月8日，原银保监会①成立；同年，百行征信开业。2020年

---

① 全称为中国银行保险监督管理委员会，2023年改为国家金融监督管理总局。

11月3日，蚂蚁集团暂缓A+H股上市。2021年，数字人民币试点"多点开花"；北京证券交易所、广州期货交易所正式挂牌。

二、我国新金融的发展现状

新金融现有的业务模式可划分为借贷融资和财富管理两大类。

（一）借贷融资类

1. P2P

P2P是Peer-to-Peer lending的缩写，是一种互联网借贷的形式，它使用在线信贷来完成基于金融创新和互联网技术的集成的借贷。其发生交易的流程为：P2P网贷平台提供用来交易的平台，借贷双方进行交易。网贷平台收取服务费，资金借入者到规定期限后需偿还本金；资金贷款人可以赚取利息，但他们也要承担一定的风险。与传统银行相比，在线P2P贷款具有的最大优势之一，就是更多的借款人可以充分认识到网上贷款的便利性和效率。

（1）P2P网贷行业的基本现状

- 网贷平台数量开始逐渐减少

从各年的平台数量走势来看，自2016年以来，在线借贷平台的数量逐渐减少，到了2022年，网贷平台从五六千家降至29家，正常运行的平台数量几乎为0。2019年，平台清退活动已逐渐开始，许多地区表示将在各自区域内取消P2P网络贷款业务，这导致网贷平台数量持续下降。在平台清退活动中，大平台以转型成消费金融、助贷等为主，中小型平台的主要方式是清退。同时，为了加强征信体系的建设，加大对信用损失者的处罚力度，许多平台将全面完成对信用报告的访问。

- 网贷行业各年平均借款期限逐步增加

自2013年以来，P2P网络贷款的平均借款期一直呈现增长的模式。截至2022年7月，P2P网上借贷行业的平均借款期限达到15.64个月，环比拉长0.11个月，同比拉长2.65个月。发生这个趋势是因为平台清退活动的逐步进行，大型平台的集中度更高，中小平台的发展规模缩小，这些大平台比较倾向制定长期目标，从而推动平均借款期限延长。

- 网贷平台成交量逐渐降低

从各年P2P网贷成交量走势看，2021年，P2P网上贷款的成交额达到9645.11亿元，成交量自2015年来逐步走低。发生这个趋势是因为一些大平台逐渐转型，再加上出借人对行业持谨慎态度，从而使成交量持续下降。现在的网贷行业已不像刚兴起时那样只顾增加平台数量，随着网贷行业整改的进行，网贷平台的数量下降，再加上标准的提高，问题平台或经营不善的平台被淘汰，平台的质量也会有所保障。

(2) 对 P2P 网贷平台的发展建议

- **对监管部门的建议**

加强法律层面上监管。既要保护互联网金融消费者的利益不受侵犯，又要避免政策打压抑制 P2P 行业的创新与活力。立法部门应积极推进相关立法工作，确保有关部门在执法时有法可依。同时，执法部门仍需做到有法可依、有法必依、违法必究，不给犯罪分子以可乘之机。另外，要做到防患于未然，公安部门需要对相关网络进行监管，利用互联网信息传递快、数目多、源头可查等特点进行精准执法，一旦发生可疑事件，要及时进行处置，将违法犯罪行为扼杀在摇篮之中。

建立健全 P2P 网贷平台准入、退市机制。从众多跑路、倒闭的 P2P 网贷平台的资料中不难发现，这些平台有许多注册资本较低，同时还存在办公地址为虚拟地址的空壳公司等问题。这些问题凸显了早期监管部门对 P2P 网贷平台的设立存在标准过松等问题。目前，虽然各省级监管单位对于本省内的 P2P 网贷平台有了自己的审核标准，但在全国范围内仍缺乏统一的行业标准。因此，监管部门需要从严制定 P2P 网贷平台准入机制，并在全国范围内推广。对于个别曾经因为诈骗、非法集资等被处理的人士，应禁止其经营、参与 P2P 网贷平台。

设立重大风险预警系统。自 E 租宝事件后，P2P 平台暴雷事件才开始浮现在公众眼前。由于信息不对称等，谣传、误传等事件时有发生。2017 年年底，一大波 P2P 网贷平台相继倒闭，造成大量投资者的财产损失，也对金融体系的整体稳定产生了影响。因此，监管部门需要着手建立一套专门监管 P2P 网贷平台的预警系统，实时监测其风险。利用人工智能和大数据等金融科技手段，及时识别可能导致重大风险事件的因素并及时发出预警。同时，这套系统需要与银行、证券等金融机构连接，通过信息共享，识别出可能导致系统性风险的风险因子，使风控部门有机会进行合理干预，化解危机。

- **严格审核借款人的资质**

P2P 的核心在于风险控制。因此，第一，需要提高经营者素质，增强风险意识。P2P 网贷平台应严格审核借款人的资质，利用 AI 人脸识别等技术保证注册用户和身份证件为同一人，并限制信用贷款的额度，多利用实物抵押、质押等方式进行放贷，同时，加强平台间征信信息共享程度，严密监控可疑借款人并互相传递相关信息。第二，要确定合理的融资方式及其比例。例如，很多互联网平台的 P2P 产品的投资期限很短的，如一个月、两个月、三个月，但这并不符合微型企业和个人的需求，长此以往，如果没有新的投资人进来接这个人的投资，资金链就会发生断裂。第三，在技术上、制度上支持风险控制。例如，宜信宜人贷从发达国家引进个人信用评估体系；拍拍贷通过安全套接层（Secure Socket Layer，SSL）等信息手段对用户信息加密，保证用户信息和资金账户安全。

- 加强平台间征信信息共享程度

因为诸多 P2P 平台目前仍是竞争对手关系，所以，互相之间的信息交流不多，这也为一些心怀不轨的借款人钻了空子。例如，某人在 A 平台上发生延期还款、拒不还款等事件并被 A 平台催收、封停账号后，其还可以在 B 平台、C 平台继续借款而不被限制，因为 B 平台和 C 平台并不知晓此人曾在 A 平台骗贷。因此，诸多 P2P 平台应组成行业联盟等自律组织，建立跨平台的征信信息共享平台，增进相互之间的互信，及时分享风险事件，严密监控可疑借款人并互相传递相关信息，将风险控制在本平台内而不向平台外扩散。

- 对 P2P 网贷投资者的建议

网贷投资者需加强对相关金融知识的学习。P2P 网贷平台投资者注册门槛不高，一般条件下只需拥有手机卡、银行卡和身份证号码就可以进行平台内的注册、登记和投资活动。因此，大批不具有金融基本知识的"新手"投资者进入 P2P 投资市场。P2P 平台的投资者要在进行投资活动之前，适当地学习金融基本知识，仔细阅读产品说明，了解该笔借款的借款人的相关信息、抵押品相关信息和相关的资质、征信信息等要件，充分了解 P2P 行业的基本态势，及时弄清自身的风险偏好、风险承受能力等重要信息，降低非理性投资带来的潜在风险，做到客观对待，理性投资。

2. 小贷公司供应链金融

供应链金融主要是指在分析供应链内部交易结构的基础上引入新的风险控制变量，对供应链的上下游企业提供授信支持的融资以及综合金融服务。供应链金融融资是一种新型的融资方式，银行在其中扮演着重要角色，银行通过审核整条供应链，加强对供应链管理，在对核心企业信用能力掌控的基础上，灵活地运用金融产品给核心企业和上下游企业提供金融服务。供应链金融融资就是银行针对中小企业的一种金融服务，在供应链链条上，除了核心企业之外，主要就是中小企业。也可以把其看作一个整体，由供应链上的核心企业和相关联的上下游企业组成。根据中小企业自身经营的特点和与核心企业业务往来的关系，制定出一种全新的融资模式，以货物提取权和企业现金流的控制权为基础的融资方式。这种供应链融资模式可以很好地解决上下游企业融资难、企业信用度低和无法取得担保等问题，打通上下游企业融资瓶颈，降低供应链条上企业的融资成本。

（1）供应链金融的主要融资模式

供应链金融融资可以分为三种模式，分别是存货融资模式、预付账款融资模式以及应收账款融资模式，这些模式和企业的往来业务有密切关系，中小企业在选择具体融资模式时，应当根据自身的经营情况和财务状况，选择适合中小企业自己的融资方式。从目前来看，随着银行等金融机构的发展，银行将会推出更多与供应链金融相关的融资产品。

- 应收账款融资模式

在中小企业供应链中，应收账款融资模式的具体实施是由中小企业承担销售商的角色，进行货物的出售。在这种使用应收账款进行融资的模式下，虽然中小企业的经营情况可能不佳，企业的财务状况不是很好，又或者中小企业存在信用评级比较低等情况要被银行考察，但其下游核心企业的偿付能力、资金管理能力、经营管理能力能够得到保障。银行可以根据供应链上核心企业的经营情况对企业放款。

- 存货融资模式

存货融资模式是指供应链的中小企业借助第三方物流企业的监管，以其自身实际存货为抵押物向银行融资的业务，同时，供应链上游的核心企业一般会承诺回购部分中小企业未售出的产品作为担保，以提升中小企业的信用等级。在该模式下，第三方物流企业主要负责对质押的存货进行保存、监督和管理，银行则为中小企业提供贷款资金，依靠物流和资金流的互动，将现代物流服务和金融服务进行有机结合，以缓解供应链中小企业的短期融资问题。另外，存货融资模式引入第三方物流企业对质押存货进行保存、监督和管理，这从一定程度上克服了信息不对称的现象，可以协助银行监管和控制融资风险，降低了银行所面对的信用风险，中小企业获得银行融资的可能性大大增加。

- 预付账款融资模式

中小企业利用预付账款融资模式进行融资时，需要向银行缴纳一定的保证金，银行会向中小企业开具一张承兑汇票。这张承兑汇票有特有的用处，其出票人是中小企业，银行作为承兑人，收款人是核心企业；中小企业把承兑汇票转交给核心企业，第三方物流仓储公司完成发货，中小企业在收到货物后再将其作为质押。由此一来，中小企业在银行的同意下提货，由物流仓储公司发货，银行在中小企业销售货物取得货款后要求其续交保证金，之后，先前的程序不断持续，当中小企业支付的保证金和银行开具的承兑汇票的金额完全一致时，整个流程完美结束。

(2) 供应链金融的风险分析

- **供应链核心企业的信用风险**

在供应链融资模式中，核心企业因为其规模大、资金实力雄厚，成为整个供应链融资发展和壮大的支柱，也就是说，由于核心企业在供应链融资模式中占据着至关重要的位置，如果核心企业出现违约现象，就会影响到其他中小型企业，甚至是整个金融领域。对市场发展趋势以及现状没有进行充分分析与考察，就会导致应收账款这种不合理的现象。

- **供应链上下游企业的信用风险**

虽然供应链金融借助多层信用防范技术来减少银企之间的信息不对称，甚至通过建设机理的作用，防控上下游中小企业的信用风险。但作为直接承接贷款的中小企业，公司治理结构往往不太健全、规章制度不完善、技术水平不高、资产规模较小、生产经营不规范等问题仍然存在。

- **信息不对称带来的风险**

我国企业的信息技术和电子商务发展相对落后，大数据的应用不全面，导致供应链融资中参与主体之间的信息技术含量较低。目前，大部分企业没有建立完善的信用和资金管理体系，因此，供应链参与主体之间没有相对可依赖的信任关系，金融机构无法对融资企业进行较为准确、全面的数据调查和分析。供应链融资过程作为一个整体，参与主体的复杂性决定了每个主体所掌握的信息是不同的，尤其是对于有融资需求的中小企业。中小企业的信息平台不完善、不真实会直接导致银行的融资风险增加。同时，金融机构对于信息的搜集整理不全面、不深入，也会直接导致金融机构面对无法按期偿还本金、携款跑路等不可控风险。

(3) 摆脱中小企业供应链融资困境的对策

- **完善中小企业征信体系**

在市场经济条件下，整个社会的经济活动正在变得越来越信用化，信用关系已经渗透经济活动的方方面面。社会信用体系的建设要以追求经济利益最大化为依据，以降低信用风险为宗旨，以社会生产力水平为基础。完善中小企业信用信息平台的建设，同时保证合格的中小企业进行信用录入和公示。

- **加大政策扶持力度**

国内供应链融资起步较晚，发展较慢，缺乏政策的扶持，尤其像京东供应链融资作为互联网金融的新兴业态，其健康、快速、持久发展的很多条件当前还不完全具备，在资源整合、业务推进、行业氛围搭建等诸多方面急需政策扶持与协助。同时，在与传统行业相关力量进行博弈的过程中，也需要政府出台相应的政策给予支持与引导，以便获得相对公平的竞争机会与生存空间以及发展所需的重要资源。

- 构建全面化和规范化的法律制度

伴随着互联网和大数据时代的深入，供应链融资产品和服务种类复杂多样，而针对供应链融资的法律法规相对滞后。因此，国家应该逐步建立和完善互联网在线供应链融资的解决机制，并提供应有的法律依据。加快建设和完善互联网信用信息平台，加大对企业和个人信用信息的收集和共享。同时，强化对失信企业和人员的惩罚。

- 建立和完善市场信息的收集和反馈机制

十八大以来，我国政府抓住信息技术带来的社会变革，对网络安全和信息化工作进行了重大部署，包括网络安全和信息化发展的方方面面。透明和高效的信息平台是发展供应链融资业务的基础条件。由于供应链中融资抵押品的流动和使用与融资还款的保护密切相关，物流公司和金融机构必须投入足够的人力、物力和财力资源建设信息平台，才能有效控制风险。

- 加快行为主体信息资源开放共享

供应链的行为主体要把融资看作一个整体过程，实现信息资源的开放共享。金融机构、核心企业、中小企业和第三方物流应该加强彼此的信息资源整合，形成多方参与制度设计和收益共享、风险共担的利益共同体。

- 推动供应链技术创新和模式创新驱动发展

我国供应链活动的周期短、频率高，传统的供应链融资操作成本高、融资响应速度慢、服务效率低、信息不对称的弱点越发暴露，因此，要鼓励技术创新和模式创新。

3. 消费金融

消费金融是指金融机构为消费者提供的包含消费性贷款在内的金融产品和服务。目前，我国正处于转变经济发展方式、产业结构调整的关键时期，发展消费金融，不仅有利于满足消费者需求的多样性，促进国内产品结构和金融服务体系的不断完善，而且通过扩大内需，最终实现经济的可持续发展。

（1）消费金融的特征

- 移动化

移动互联网技术将大众的消费模式进行了重新塑造，人们更多地利用手机支付，缩短了时间和空间的间隔。第三方支付如微信、支付宝等移动支付应用，在各类支付场景中扮演着重要角色，远超其他支付方式。

- **数据驱动**

随着互联网、物联网、大数据在人们生活中的地位不断提升，人们日常生活中产生的数据非常多，利用技术手段将采集到的数据进行多维度分析的能力也在不断地完善。

（2）我国消费金融的现状及发展趋势

- **流通性企业成为互联网金融产业链的核心**

从目前国内互联网头部企业的经营模式以及发展方向上来看，未来一段时间，流通性企业将逐渐成为互联网消费金融产业链的核心。国内的互联网大型企业如天猫、京东等，开始逐步将流通性产业作为重点建设的工程，同时，大力建设与互联网金融相关联的产业链，并逐步将互联网金融的产业链核心向流通性的产业转移。之所以会出现这样的局面，主要是因为流通性产业以及流通性企业能够更精准地为用户提供服务，进而对用户的消费偏好有更强的了解，有利于未来的服务优化。除此之外，流通性企业在发掘用户需求以及改善基层服务水平方面具有第一手的精准数据，从而能够对用户的偏好进行较为有效的刻画，通过对用户群体的整体需求的分析，达到产业升级以及确定产品更新换代方向的目的。

- **大数据技术成为风险控制的核心**

大数据技术是互联网技术发展的又一重要产物。随着互联网技术的运用与发展，互联网消费金融的技术风险也逐步显现。多年来，互联网金融诈骗等案件数量巨大，对社会的安全以及网络经营的安全都造成了严重威胁，因此，对互联网消费金融实行有效的信息保护是十分必要的。大数据技术能够通过对用户行为的精准分析，进一步地对有关风险进行防范与提示，将用户的信息进行有效的保护，从而避免信息泄露带来的风险与危害。

- **市场监管体系进一步完善**

虽然发展互联网消费金融是当前国家积极推进的经济发展战略，但是从国家管理层面来看，同样需要对有关的互联网消费金融市场的服务进行监督与管理，从而达到管控资本无序扩张等目的；从市场方面来看，如果不对互联网消费金融市场制定科学合理的市场监管体系，就可能会出现金融资本扩张做空国家经济、危害实体经济的问题，因此，未来还要进一步完善金融市场的监督管理体系。

- **加强信用体系的整合**

随着互联网消费金融行业的飞速发展，网络的连接使不同用户之间的信息交互实现了极大程度的公开与透明，这就衍生了互联网的借贷信用问题。大量的借贷公司在互联网金融消费市场中投放广告,并且对用户进行信息的精准调研,进而实现对用户需求的刻画。这项服务如果控制在合理的范围内是有利于市场经济发展的,但是如果缺乏系统化的管理和信用体系,则十分容易对市场的有序运行造成影响。因此,未来要加强建设政府和企业共同构成的征信体系,推动数据共享,维护互联网消费金融的运营安全性。

4. 股权众筹

股权众筹指的是通过互联网形式,进行公开、小额的股权融资活动。股权众筹有三个明显特征:公开性、小额性和大众性。任何单位和个人想开展股权众筹融资活动,必须经过证监会的批准。

(1) 我国股权众筹的发展阶段

2011—2013 年是我国股权众筹蹒跚起步的发展阶段。2011 年,创投圈和天使汇两家股权众筹平台的上线标志着股权众筹在中国开始萌芽。但是对股权众筹的监管尚属空白,其与非法集资和擅自发行债券之间的界限非常模糊,业务活动的各项基础设施也非常薄弱。尽管如此,在巨大的民间投融资需求和广阔的潜在市场前景的驱动下,我国股权众筹不断地蹒跚探路,并在与相关政策和法规的博弈中缓慢发展。

2014 年至 2016 年 9 月之前是我国股权众筹的迅猛发展阶段。2013 年,在我国深化改革和大力发展普惠金融的大背景下,互联网金融获得包容宽松的发展机遇,以网络借贷、股权众筹等为主的互联网金融核心业态在我国快速兴起。2014 年,由于股权众筹对拓宽小微企业融资和促进实体经济发展有积极作用,其被认定为我国多层次资本市场的重要组成部分,证监会开始对股权众筹模式进行调研并着手制定对其发展的监管意见。随后,鼓励股权众筹发展的相关监管政策和措施陆续出台,我国股权众筹因包容宽松的发展环境得到了迅猛发展。

2016 年 10 月至今是我国股权众筹低迷萎缩的发展阶段。2016 年上半年,互联网金融的风险开始暴露,2016 年下半年,监管层开始对互联网金融行业进行风险专项整治,P2P 网络借贷和股权众筹是专项整治的重点。证监会等 15 部门联合印发《股权众筹风险专项整治工作实施方案》。该方案的目标是规范互联网股权融资行为,惩治通过互联网从事非法发行证券、非法集资等非法金融活动。在此环境下,任何互联网非公开股权融资平台都面临或多或少的政策风险,许多中小平台因风险暴露只能倒闭或转型。那些仍在开展业务活动的平台,也是在不确定的发展环境下通过不断提高自身合规能力和综合投融资服务能力努力存活。

（2）我国股权众筹未来展望

• 法律定位和性质明确可期

服务并促进实体经济发展是任何金融产品和服务存在价值的根本。显然，股权众筹的发展契合增强金融服务实体经济能力和提高直接融资比重的新时代使命，有利于缓解中小微企业融资难、融资贵的难题，有利于推动"大众创业、万众创新"事业的发展。证监会曾特别明确指出："以服务国家战略为导向，提升服务实体经济能力，进一步增强资本市场直接融资功能，改革完善发行上市制度，制定《股权众筹试点管理办法》。"（《2018年立法工作计划》）随着《股权众筹试点管理办法》的出台，股权众筹行业的发展将会迎来里程碑式的转折点，股权众筹面临的核心障碍必将扫除，行业将被重新注入活力。

• 监管规则和制度逐步完善

经验表明，监管规则和制度的清晰完善，既有利于降低股权众筹潜藏的信用风险，又有利于依法依规维护众筹平台的健康发展和金融稳定。随着《股权众筹试点管理办法》的出台，行业的具体细则也将同步建立，行业的信息披露、资金存管、平台备案、退出标准、合格投资人认证、资金存管、信息保存和欺诈惩罚将落地实施，征信体系、存管机构、股权转让体系和行业激励政策等一系列基础设施也将陆续健全。在此背景下，股权众筹的风险将得到有效防控，行业规范发展态势更加明显，股权众筹将进入规范和专业的全新的发展阶段。

• 行业格局集聚和壁垒持续抬高

在政策和市场多重因素的作用下，股权众筹行业经历了萌芽期、爆发期和洗牌期。市场份额进一步向实力较强的优质平台集中，行业会呈现出头部集聚的格局，因此，存活下来的平台的综合服务能力和竞争力将进一步加强。一旦行业法律风险被消除，监管政策明确，行业发展迎来转折点后，行业内的优质平台因互联网的马太效应和积累的强大核心竞争力将进一步巩固自身的市场优势，行业进入壁垒也将持续抬高。处于观望状态或已暂时退出市场的股权众筹平台，如果自身没有强大的综合影响实力和资源整合能力，也很难在行业复苏后继续生存。

• 平台生态和模式创新扩展

股权众筹平台为了生存和发展就必须适应政策变化和市场需求，不断探索和调整业务模式和商业模式。从历史实践看，匮乏的生态体系和单一的商业模式的股权众筹平台都难以持续生存和发展。目前，正常运营的股权众筹平台呈现出基于打造生态圈来构建多种商业模式的发展路径，通过创投产业链的价值全生态扩展，形成从项目发现、孵化、融资、培育、交易、退出的闭环通道，构建完整的创投生态，在创投生态中寻找、建立并不断迭代商业模式。例如，通过各种移动应用工具和社交媒介，打通原来的生态资源，导入应用场景，构建投融社群，全方位发掘、吸引和凝聚领投人、跟投人和融资人并支持项目快速发展。同时，积极主动地与国内外各类交易市场建立联接，尽可能地打通更多的股权退出通道，提升股权的流动性。

- **行业改造和升级科技化**

随着云计算、大数据、人工智能、区块链技术、5G通信、移动互联等新兴信息技术应用的不断普及，越来越多的股权众筹平台正在积极探索和尝试将新兴信息技术深度融入股权众筹的全链条业务流程之中。目前，大数据分析和人工智能技术可以帮助平台和投资人以自动和智能的方式进行融资人的信用评估、项目前景、投前尽调、财务分析和投后跟踪管理；区块链技术可以帮助各参与主体进行投中的合同签订，投后的文档保真、争议解决和自动清算等。移动互联技术让参与各方在全流程通过移动终端设备实现简便流程、智能交互、远程协作，提高效率和降低成本。可以肯定的是，股权众筹与金融科技的深层次融合越来越紧密，在科技驱动下，行业将逐步得到优化和升级，使股权众筹行业朝着投融资过程透明规范、投融资流程简便高效、投融资协作智能快捷、融资欺诈有效减少的目标发展，通过创投产业链的价值全生态扩展，形成从项目发现、孵化、融资、培育、交易、退出的闭环通道，构建完整的创投生态，在创投生态中寻找、建立并不断迭代商业模式。

（二）财富管理类

1. 基金

基金是指为了某种目的而设立的具有一定数量的资金，如信托投资基金、公积金、保险基金、退休基金以及各种基金会的基金。人们平常说的基金主要是指证券投资基金。再通俗些地说，就是客户把自己的钱交给专门的基金公司去打理，基金公司拿去投资赚取利润，从中提取一定的管理费用后，剩下的盈亏就归投资人所有。因为普通人可能不懂投资，或者没有足够的精力去研究，这时候，基金经理就派上了用场。赚了时基金就上涨，亏了时基金就下跌。根据是否可以向社会大众公开募集资金分类，基金可以分为公募基金和私募基金。如果这种合伙投资的活动经过国家证券行业管理部门（中国证券监督管理委员会）的审批，这项活动的牵头操作人得到允许可以向社会公开募集吸收投资者加入合伙出资，这就是发行公募基金，平时在互联网上买的主要就是这类公募基金。民间私下合伙投资的活动如果在出资人间建立了完备的契约合同，就是私募基金。

(1) 公募基金

常见的分类主要是根据投资对象的不同，可分为：① 股票型基金，主要投资股票；② 债券型基金，主要投资债权；③ 混合型基金，什么都投，不局限于股票或者债权；④ QDII（Qualified Domestic Institutional Investor，指合格境内机构投资者）型基金，从事境外证券市场的股票、债券等有价证券业务的证券投资基金；⑤ 指数型基金，以特定指数（如沪深300指数、标普500指数、纳斯达克100指数、日经225指数等）为标的指数，并以该指数的成分股为投资对象。

- **公募基金发展现状**

随着中国经济的发展、国民可支配收入的提高，中国国民对可支配财产水平的追求提高。数据显示，中国公募基金市场规模呈现逐年上涨的态势。中国2012年公募基金的市场规模为28 667亿元，截至2021年年末，中国公募基金的市场规模上涨为257 219亿元，同比2020年上涨26.99%。中国公募基金产品数量逐年增加，2013年中国公募基金的产品数量为1 552只，截至2021年年末，中国公募基金的产品数量上涨至9 288只，同比2020年上涨17.38%，截至2022年5月，中国公募基金的产品数量为9 872只。中国公募基金账户数量总体呈现上涨趋势，2019年有所下降，账户数量为6.08亿户，下降47.45%，但在2020年账户数量迅速回暖，2021年中国公募基金账户为12亿户，同比2020年上涨1.69%。中国公募基金市场份额主要有货币市场基金、混合基金、债券基金、股票基金和QDII基金。其中，混合基金占比最重，为47%；债券基金占比第二，为25%；股票基金占比第三，为20%；货币市场基金占比5%；QDII基金占比2.5%。数据显示，2013—2021年中国公募基金的企业数量变化较为平稳，2021年中国公募基金的企业数量迎来爆发性增长，达到3 067家，2020年1—8月，中国公募基金的企业数量为1 765家。

- **公募基金发展过程中呈现的困境**

投资品种的局限性。我国目前的公募资金投资范围主要包含上市交易当中的债券、股票以及证监会规定的一些其他证券品种。这样的投资限制让公募基金的持股出现雷同、新募基金呈现的特色不鲜明，以及品种也不多样化等各种问题。银行、信托以及保险等业务在范围上不断提升，银行理财产品能够实现对股票、外汇、商品以及债券市场等的跨越。公募基金在投资品种方面受到严重的限制，在创新方面具有较大的缺失，盈利也比较困难，在规模的保持上往往比较被动。

内部治理不到位。在我国现行的制度安排当中，基金的管理公司是契约型基金的管理方和发起方，它给基金合同的确认和签订提供了主导作用。持有人在购买到基金的份额之后，不会直接干涉管理方对基金资产的运作以及管理，其所具备的监督制约权只可以通过持有人会议执行。因为基金的持有人在数量上较为庞大，而且具有高度的分散性，所以，持有人员对管理方形成的制约以及监督可以说是非常薄弱和滞后的。基金的托管业务已然成了银行当中风险较低、收益较高的利润来源。在目前日益激烈化的市场竞争中，银行为了更多地占有市场份额，也非常有可能会纵容和迁就管理人作出的违法行为。

激励机制缺陷。公募基金管理人员最为主要的收入来源是管理费用，通常会按照管理基金所对应的净值总额固定比例来计算和提取。这样的费用收取模式能够确保他们的收入稳定，跟业绩之间的关联不够紧密，同时致使基金公司更加片面地追求基金的整体规模，没有关注投资理财水平的提升。而在基金公司的内部，对基金经理所实施的激励方法基本上都是货币形式的激励，通常不会有股权激励或者一些非物质的奖励。在他们大多数人的眼里，这样的收入是跟自己的付出、压力以及基金收入之间严重失调的。正是因为对薪资的不够满意，有些人会选择跳槽，甚至有些人会利用违法的行为获得非法利益。

监管制度不够完善。虽然近几年来我国在基金的法律建设等方面有了一定的进展，给它的规范化提供了保障，不过有些方面还是显得不够完善。有的时候甚至出现某些人的违法受益跟投入成本间形成严重的失衡状态，致使大量的行业内部人员为了获得暴利铤而走险，继而失去投资人员的信任。

- **我国公募基金业的制度突破对策**

投资范围的拓展。近些年以来，海外市场当中的另类投资方式显现了上行的趋势，不管是私募、公募，抑或是养老基金，都提升了针对另类资金进行投资。另类投资指的主要是债券、股票以及现金以外的各种金融与实物资产，其中主要包含私募股权的投资、风险投资、矿业、艺术品以及房地产。因为另类投资的收益率跟证券市场之间的关系是较弱的，所以在资产组合当中融入另类投资可以让组合风险有所降低，提升收益。在海外市场当中，共同基金之类的机构投资者针对股指期货这一类型衍生品的利用是较为普遍的。今后，随着我国在金融衍生品的体系方面逐渐完善，市场的功能也会逐渐得到良好的发挥，公募基金会更为广泛地利用衍生工具实施替代投资和优化投资。

内部治理的完善。在基金内部的治理结构当中，因为受到制度以及理性冷漠等因素的影响，基金持有人的利益代表缺位情况是较为突出的。对基金内部的治理结构加以完善的重心在于良好地解决这个问题。我国应该以法律为基础对基金托管人以及管理人所应该承担的职责加以确认。除此之外，从对管理人跟托管人之间的力量加以平衡，以及对管理人权力制衡问题的层次来说，一定要将管理人针对托管人具备的解任权取消。要是托管人没能尽到自己的监管责任，需要让他承担起连带责任。

激励制度的改革。目前，我国主要实施的是单一形式、高费率、固定管理资费的收入模式，制度安排的效率较为低下，非常需要进行改革。国外已经有很多公募基金逐渐开始利用固定与浮动费率相结合的收费方式，主要是由基础管理费和以业绩作为基础构成的浮动管理费。这种更加灵活化和市场化的费率模式，在顾及管理人以及持有人利益的同时，给基金管理中的稳定性和激励性提供了保障，是管理费用制度今后改革的一个重要方向。

监管制度的完善。为了让不公平竞争得到遏制，应该逐渐探索由机构监管向公共监管的过渡，针对全部的理财产品制定出统一形式的监督和管理标准，营造一个更加公平的环境。同时，对基金业所实施的规范和整治，不光是要对一些缺陷和漏洞进行细化管理，更重要的是加大对违法行为的处理力度，让违法人员所投入的成本大幅度提升。这样就能够让基金业对契约更加重视，继而为投资者利益提供更为良好的保障。

- **私募基金发展现状**

近些年来，随着中国经济的快速发展，中国人手中积累了大量的财富，追求财富的保值成为人们的硬性需求，投资理财也备受关注。不少人选择了私募基金，私募基金作为一种多样化的投资形式，吸引了越来越多的人，纵观私募基金市场的发展史，不难发现，私募基金不仅给投资者带来了丰厚的收益，还对中国经济作出了巨大贡献。也正因如此，私募基金行业得到了国家监管层的认可和支持。我国私募投资基金的监督管理机构主要包括全国人大、证监会、中国证券投资基金业协会和其他相关部门。回顾私募监管历程，从 2013 年至今才经历了十年时间。私募基金运行如此顺利，离不开监管部门的重视。中国证券投资基金业协会对私募投资基金作出了具体的细化规范，如登记备案、信息披露、合同指引等，为私募行业的自律管理与备案登记制度的建立打下了坚实的基础。这不仅对投资者和受益人来说是必不可少的一项，对资本主义市场来说更是雪中送炭，对中国的发展来说,也是做好了长远的打算。

- **私募基金发展存在的问题及对策**

行业法律化进程滞后。法律取决于立法者的认知水平等一系列因素,所谓的私募基金法律滞后,是指制定法律的时候所能想到的涉及的问题是有一定限度的。然而社会是在进步的,事情也在发展。因此,在出现一些新情况时,法律并不能完全将其对应并解决,总是会有一些顾及不到的情况。这就是法律的滞后。尽管法律有些滞后,但是一定要按照法律程序办理手续,并不能因其滞后而轻松懈怠、对其不重视,这都是错误的做法。因此,要不断提高立法技术,使其更加完善,还要不断完善法律程序,尤其是强化其合法权益,这样才能最大限度地应对法律滞后带来的一系列问题。

缺少高素质专业人才。私募基金是专业性的管理机构,与之相对应的就需要更专业的人才和更具有水准的管理团队。目前,国内精通私募基金运作的专业人才少之又少,大多数的基金经理对基金的最佳投资方向以及对投资基金的合理运作没有形成相关成熟的理论;同时,对市场需求的分析不足,缺乏理性的认识,不能深入了解市场,监管手段也显得较为稚嫩。截至目前,我国主要还是依赖海外人才进行私募基金的管理运作。

(2) 私募基金

目前,中国的私募按投资标的主要可分为:① 私募证券投资基金,投资于股票,如股胜资产管理公司、星石、蚂蚁财富等资产管理公司;② 私募房地产投资基金,目前较少,如金诚资本、星浩投资;③ 私募股权投资基金,即 Private Equity (PE),投资于非上市公司股权,以 IPO (Initial Public Offering,指首次公开募股) 为目的,如鼎辉、弘毅、KKR、高盛、凯雷、汉红;④ 私募风险投资基金,即 Venture Capital (VC),风险大,如联想投资、软银、IDG。

2. 信托

顾名思义,信托就是受人之托代人管理财物。它是一种以信任为前提、以财产转移为基础、以委托管理为核心的财产管理制度。受托人一般具有专业的资产管理能力,在信托财产安全的基础上还可以实现增值,如受托人可在房地产、股票、债券、基金、债券性资产等投资标的之间进行资产配置。信托法设置了信托财产隔离的财务制度、信托财产管理记录及报告等来规范约束受托人的行为,且委托人和受益人都可以对信托财产的管理提出特别调整,最大限度地实现信托财产的效益和目的。信托公司有能力和经验通过设计完备的信托条款来应对未来可能发生的意外事件和不可抗力。例如,针对受益人先于预期死亡的情况,设置第二顺位受益人;

还可以为防止受益人挥霍,对信托利益分配作出限制,如限定用途、金额、自由支配条件等。

(1) 信托发展现状

- **信托资产规模趋于平稳**

2018年资管新规出台以来,信托行业在艰难中不断转型,信托行业的资产规模从2017年第四季度末26.2万亿元的高点持续回落。2021年,资管新规过渡期收官,全行业信托资产规模于2021年1月末首次降至20万亿元以内,较2017年的高点跌幅达31.7%。随后,信托行业资产规模低位企稳,截至2021年第三季度末,信托业受托管理资产规模合计20.44万亿元,与第一季度和第二季度的20.4万亿元和20.6万亿元规模基本一致,行业资产规模进入低位平稳期。从全行业信托资产规模的中长期变化来看,自2016年开始,信托行业资产规模持续上升,并于2017年第四季度达到峰值。在2018年第四季度出现大幅下调后,信托行业在转型中进入平稳回落阶段,其资产无论是在绝对规模还是在相对变动中均趋于平稳。近两年,信托行业资产规模环比变动幅度基本稳定在-2%至2%。2021年度,信托行业资产规模为20.4万亿元左右,趋于稳定。

- **资本实力稳步提升,风险防控能力持续增强**

自资管新规及资金信托新规(征求意见稿)出台以来,增资已成为信托公司提高资本实力、行业竞争力以及进一步推进创新业务转型和快速发展的重要途径。2021年,在外部经济环境波动、监管持续趋严以及信托行业发展不确定性日益增大的背景下,信托行业继续大力扩张资本规模、夯实资本实力,不断提高自身的业务创新与风险抵御能力。据不完全统计,截至2021年11月22日,年内信托获批增资公司达11家,较2020年、2019年同期分别增长了4家和2家。然而,从增资金额来看,2021年信托行业增资总额仅为99亿元,较2020年同期的179.42亿元接近腰斩。2021年多为中小信托公司进行的小幅增资,增资幅度多集中在30%左右。如大业信托注册资本由14.85亿元变更至20亿元,增幅为34.64%。

- **资金来源结构优化,通道业务逐步下降**

2021年是资管新规过渡期的最后一年,信托行业在创新中加快转型,资金来源结构不断优化。2017年第四季度以来,以通道业务为主的单一资金信托规模及占比逐年下降,2021年的同比降幅已超20%。集合资金信托、财产信托的规模保持平稳增长。截至2021年第三季度末,集合资金信托规模为10.55万亿元,环比增长1.81%;规模占比达到51.63%,环比上升1.39个百分点。单一资金信托规模为5.12万亿元,环比下降8.64%;

规模占比为 25.04%，环比降低 2.11 个百分点。财产信托规模为 4.77 万亿元，环比增长 2.21%；规模占比为 23.33%，环比上升 0.72 个百分点。

（2）信托行业面临的问题及解决对策

行业风险加速出清，防控系统性风险仍是第一要务。2021 年，信托行业加速出清，风险项目规模和数量持续上升。据不完全统计，目前被监管部门接管、托管、停业整顿的涉险信托公司已达 8 家。从信托项目不良率来看，伴随风险资产规模的增大，信托项目不良率大幅度上升，至少有 6 家信托公司的不良率超过 20%。在 2021 年已发年报的 62 家信托公司中，除山东省国际信托股份有限公司未披露不良数据外，其他 61 家 2020 年合计不良资产规模达到 481.41 亿元，比 2019 年 68 家合计的 371.24 亿元高出 29.68%。从行业流动性来看，未来 3 年信托产品到期规模分别为 3.8 万亿元、3.37 万亿元和 2.01 万亿元，行业流动性风险将面临较大的压力。

此外，在当前去通道、治乱象、防风险的大背景下，监管部门排查与处罚的力度持续加大，信托公司的风险管控能力面临巨大考验。据统计，截至 2021 年 11 月，年内信托行业共发生 250 起违约事件，违约金额高达 1 250.72 亿元，违约领域主要集中在过去信托行业大力发展的房地产、城投平台等。2022 年，随着监管的进一步趋严，行业风险将会进一步出清，风险事件也将继续存在，信托风险管理与防控将继续成为行业信托公司的重要课题。展望未来，国际、国内环境更加复杂严峻，信托业的机遇与挑战并存，虽前路漫漫，但发展空间宽广。标品信托、慈善信托、家族信托等主流转型业务仍然后劲十足，潜力无限。同时，供应链金融信托、碳信托以及涉众资金管理信托等更多信托本源业务前景光明，有待积极探索。

3. 银行理财

原银保监会对银行理财的定义是：商业银行在对潜在目标客户进行分析和研究的基础上，针对特定目标客户去开发设计并销售的资金投资的管理计划。简单来说，就是银行先研究清楚客户的需求，然后根据这些需求开发、设计出一些帮客户管理钱、投资钱的产品，最后再把这些产品卖给客户。因此，严格意义上的银行理财是银行自己发行管理、自己销售的一类理财产品。

（1）银行理财的现状

• **理财市场发展势头迅猛**

2005 年 11 月 1 日，原银监会[①]颁布的《商业银行个人理财业务管理

---

① 全称为中国银行业监督管理委员会，2018 年改为中国银行保险监督管理委员会（简称"银保监会"），银保监会 2023 年改为国家金融监督管理总局。

暂行办法》正式实施，银行个人理财业务在我国的开展有了法律依据。随着国内对理财需求的增加以及投资环境的变化，商业银行的理财产品在管理期限、投资对象、资金结构、担保方式和运用方式等方面都进行了一定的改变。特别是在2010年监管部门加强了信贷类理财产品的监管，商业银行都开始重视理财产品结构的调整，并且改变了理财产品的增长方式。理财市场上除了货币型理财产品以外，贷款类银行信托理财产品等其他各类型理财产品层出不穷，理财产品的数目日益增多。发行理财产品的期限也呈现多样化，理财市场上一个月以内的、一个月到三个月、三个月以上的理财产品都有。

- **理财产品期限趋于短期化**

自2008年金融危机以后，受利率风险的影响，投资者都更倾向于持有流动性较强、风险较小、安全性较高的短期类理财产品。在这些短期类理财产品中，尤其以超短期类理财产品受到投资者的青睐。超短期类理财产品是指期限在一个月以下的理财产品，有着接近于银行活期存款的高流动性，其收益率却是银行活期存款无法比拟的。

- **发行主体以国有银行以及股份制银行为主**

从理财产品的发行主体来看，我国商业银行个人理财业务以股份制商业银行和国有控股银行为主。尤其是股份制商业银行，相对于大型国有银行而言，它们不具备吸收存款的优势，只能通过发展其他业务来增强自身的竞争力。而个人理财业务具有巨大的市场潜力，股份制商业银行只要具有针对性地认真开发好这个市场，就能充分利用这个市场给自身带来巨大的资金流和稳定的客户资源。

（2）银行理财未来发展建议

- **提升全面实时的风险管理决策能力**

金融活动的本质是管理风险。随着大数据、人工智能技术越来越多地运用于风险管理，以及市场成熟度和集中度的逐渐提升，金融机构对于智能风控系统的建设需求愈发迫切。银行理财子公司应通过建立风控平台及风险合规数据中台，形成集统一风险偏好、统一投资分析体系、统一数据出口、统一资产监测管理为一体的多维度风险视图，对资管业务进行全流程智能风控。一是"大数据+风控"引擎，赋能全面风险管理。可基于底层风控大数据中心，通过引文检索引擎、风险绩效计量引擎、市场风险计量引擎、信评引擎、估值引擎、合规风险敞口计量引擎等风控引擎，建设包含风险合规、全面风险管理、风险指标、市场风险、信用风险、压力测试、绩效归因、押品管理、交易对手管理、风险报表、重大风险应急等模块一体化的风控平台,支撑资管交易前、中、后台的全面风险管控。二是动态监测预警,提升风控决策效率。为了在业务受理准入环节针对底层客户信用风险状况进行筛查,为投资经理尽调判断提供方向和依据,搭建的系统可从融资人债务与现金流指标、融资人组织架构与公司治理、特定情形等维度设立多个投前筛查风险指标,构建投融资前筛查体系;运用信评等模型对投中进行评价;启用监测预警体系实时监测已投资客户的信用等风险,把控投后风险。三是积极探索大数据风控,聚焦多维度挖掘未知风险。不同于传统风控聚焦对已知风险的把控,大数据风控在对未知风险的挖掘方面发挥着重要作用,这也是银行理财子公司数字化转型的关键环节。同时,通过人工智能和大数据分析挖掘市场交易对手数据,依托大数据对流动性风险、信用风险、洗钱风险、绩效归因、压力测试、市场收益率等进行风险情景分析,根据规则实时筛查和定时筛查,成为传统风控的有效补充。四是借力集团IT一体化,共享总行风险控制能力。银行理财子公司可在集团IT一体化的范围内,充分利用总行的风控工具和风控数据资源,包括集团累积多年的风险信息数据库和丰富的风险计量模型资源,实现对公司风险识别、风险分析、风险应对和风险监控的全面赋能。

- 创新智能数据分析与应用能力

一方面,统一大数据平台建设,避免信息孤岛。数字资产是支撑银行理财子公司数据化经营最重要的资产,全部核心业务的线上运行,为大数据平台的建设奠定了全面、完整、准确的数据基础。数据应用平台还应支持系统线上化全流程的业务数据、风控系统相关数据、市场数据等多数据源的接入,支持实时数据及非结构化数据加工,支持可视化分析。与此同时,在合规前提下探索行内外数据的使用,随着数据的积累和数据人才队伍的培养,未来数据应用平台有望进化为支持多种应用的综合数据平台,支撑银行理财子公司的销售、投资、风控等各个环节,最大程度地适应新金融形势下的发展要求。基于大数据平台的算法平台可引入机器学习、深度学习等人工智能技术,支持大数据模型的部署与迭代,深度挖掘数据价值,推动业务创新发展。通过数字化技术助力探索客户金融产品需求背后的驱动因素,重视从业务视角提供各个阶段所需的数据,支持业务人员在大数据平台上敏捷地构建归因模型。在平台输出方面,建信理财正在规划打造通用型数据研究平台,与外部机构合作进行平台工具开发、数据开发、策略开发。在研究输出方面,平台基于大数据形成的研究成果,将以多种形式及渠道服务外部机构,着重全方面提升数据运用能力。

专栏 1-1

建设银行：以"新金融"诠释特点鲜明的 ESG 内核

近日，中国建设银行（以下简称建行）发布首份《环境信息披露报告》，作为国有大型商业银行发布的首份环境信息披露报告，不仅是对构建具有中国特色 ESG（Environmental, Social and Governance，指环境、社会和公司治理）信息披露的积极探索，也是主动回应市场关切、传递绿色愿景、共筑美好未来的有益实践。

2021 年，建行绿色信贷余额达 1.96 万亿元，较 2020 年增长 35.61%，绿色信贷业务折合减排二氧化碳量达 12 509.58 万吨……这组出自建行首份《环境信息披露报告》（以下简称《报告》）的亮眼数据，以直观的视角，写下了建行持续加大对绿色金融的关注与投入，创新发展绿色金融产品及服务，推进绿色金融业务蓬勃发展的精彩注解。事实上，金融机构的环境信息披露，作为绿色金融体系"五大支柱"之一，既有利于贷款、融资企业更加重视绿色金融发展，也有利于吸引更多的社会资本投向绿色领域，其重要意义不言而喻。发达国家普遍建立了较为完善的企业环境信息披露制度，例如，美国证券交易所委员会 2010 年颁布了《关于气候变化相关问题的披露指导意见》，欧盟 2014 年发布《欧盟非财务信息披露指令》。

中国早在 2017 年就启动了金融机构环境信息披露试点工作，经过这些年的推动，金融行业环境信息披露的标准和质量持续改善，从自愿性逐渐向强制性过渡，规定更加细化，标准逐步提高。特别是 2021 年 7 月，中国人民银行发布了金融行业标准——《金融机构环境信息披露指南》，设定了金融机构环境信息披露的框架，据悉，目前该指南已经指导了 200 多家金融机构准备环境信息披露报告。本次建行的《报告》正是根据中国人民银行《金融机构环境信息披露指南》以及参考气候相关财务信息披露工作组（Task Force on Climate-related Financial Disclosures, TCFD）披露建议框架编制的，充分展现了建行在战略规划、业务发展、产品创新及自身运营层面的绿色先进理念和优异成效。

心怀"绿色"，从强化顶层设计抓起

截至 2021 年年末，建行累计发行 ESG 主题债券 454.95 亿元。仅

2021年4月,就在境外同步发行了多币种ESG主题债券,募集资金总规模折合24亿美元,实现了多项创新与突破。

其中,发行3年和5年双期限11.5亿美元可持续发展挂钩债券,选定绿色贷款余额占境内贷款总额的比值作为关键绩效指标。发行3年期8亿欧元绿色债券,募集资金专项用于长江、黄河等流域的污水处理和河道治理等可持续水资源项目。发行2年期20亿元离岸人民币转型债券,主要支持碳密集型行业中具有显著环境效益的项目。发行绿色债权融资计划3期合计12亿元,推进创设浙江美丽城镇理财直融工具等产品17期合计65.9亿元。承销的首单绿色及能源行业银行间类REITs(Real Estate Investment Trust,指不动产投资信托基金),每年可节约标准煤20.77万吨,减排二氧化碳、二氧化硫、氮氧化物和烟尘分别为113.50万吨、501.95吨、73.07吨和92.63吨。

可见,在持续加大对绿色行业产业的金融支持、推动构建绿色资产负债表方面,建行不可谓不用心。事实上,为了积极完整准确全面地贯彻新发展理念,纵深推进以人民为中心的新金融行动,将"绿色"作为新金融的生态底色,加快推动绿色金融业务发展,拓展丰富多元的绿色投融资服务,为经济社会绿色低碳转型贡献金融力量,建行不仅先后成立了碳达峰、碳中和工作领导小组和绿色金融委员会,积极响应碳达峰、碳中和战略目标,统筹推进绿色金融发展;制定和实施《绿色金融发展战略规划(2022—2025年)》和《服务碳达峰碳中和行动方案》,为全行绿色金融发展及助力实现"双碳"目标提供指引;还进一步完善了环境相关政策制度体系,对生态保护和环境治理行业给予优先支持,制定绿色信贷白名单客户差别化管理政策,建立信贷审批绿色通道;将环境与气候风险纳入信贷管理全流程,以能效水平、温室气体排放和污染物排放等作为授信审批的重要依据,落实环境与气候风险"一票否决"机制。

值得注意的是,建行在大力支持新的低碳绿色产业的同时,并没有简单地退出传统领域,而是通过对更高标准、更高效率产能技术的支持,引导对传统落后产能的"减量替代"。为此,从2019年起,建行有序推进气候风险压力测试,先后完成火电、钢铁、水泥和航空行业气候转型风险敏感性压力测试,并逐步扩大压力测试范围,为系统性地应对环境与气候风险提供有力支持,从而极大地保障了建行绿色金融业务能够与自身运营平稳有序地开展。

把握转型机遇，延伸绿色金融服务半径

俗话说，机遇总是垂青那些有准备的人。面对产业结构调整和生态环境治理的历史性机遇，建行正以植入血脉的绿色发展文化以及各类创新的绿色金融产品与创新，改变人们的认知。

一方面，在内部倡导绿色低碳运营理念，践行清新简约、勤俭办行的企业文化。开展能源消耗情况全面盘查，制定定量及定性绿色运营环境目标，指导经营层面绿色低碳发展。将绿色环保、节能减排要素纳入采购流程，推行绿色办公和智能运营，在营业网点、办公用房、数据中心开展绿色建设和改造，推广绿色网点和"零碳"银行示范点。另一方面，通过不断创新绿色领域投融资产品和服务，积极发挥集团全牌照优势，以协同联动向外延伸绿色金融半径。

2021年7月，建行以碳汇、碳票双质押为风险缓释措施，为某央企下属林产公司发放绿色贷款1 000万元，用于支持林业产品贸易采购，涵盖监测期碳减排量83 517吨。此笔绿色贷款协助企业盘活了现有林业碳汇资源，是建行携手央企客户探索林业碳汇核证自愿减排交易（Chinese Certified Emission Reduction，CCER）的有益尝试。不仅如此，建行还参与出资成立了国家绿色发展基金，发布"建行-万得绿色ESG债券发行指数和收益率曲线"，建信基金管理绿色相关公募基金产品76亿元，建信理财创新发行ESG、碳中和等多只绿色主题理财产品，建信投资累计完成绿色投资项目超过150亿元，建信租赁在轨道交通、绿色车辆、水环境治理、清洁能源等领域共计投放绿色租赁142亿元。建行的一系列绿色探索不胜枚举，仿佛生机勃发的嫩芽新枝，未来还将成长为参天大树，从而打造出自身高质量发展新支柱和市场竞争新优势。

瞄准ESG与新金融的交汇点

随着我国经济社会绿色转型与高质量发展的有机融合，以及"双碳"目标的稳步推进和金融市场改革发展，以ESG信息披露为体现形式的监管要求逐步建立并加强。2022年5月27日，国务院国资委印发的《提高央企控股上市公司质量工作方案》强调，贯彻落实新发展理念，探索建立健全ESG体系，立足国有企业实际，积极参与构建具有中国特色的ESG信息披露规则、ESG绩效评级和ESG投资指引，为中

国 ESG 发展贡献力量。

普华永道发布的报告显示，经历了近几年投资者对 ESG 报告日益增长的需求，以及香港证券交易所对 ESG 报告提出明确的要求，中国上市公司越来越熟悉 ESG 的挑战和收益。中国的 ESG 正处于一个跨越式发展时刻。有数据显示，截至 2022 年 4 月底，已有 126 家 A 股上市公司在发布年报时单独发布 2021 年 ESG 报告，其中的主要力量为银行与实体企业。作为兴起于西方的舶来品，ESG 的核心是一种体现兼顾经济、环境、社会和治理效益的可持续发展价值观。要想在此基础上，构建起具有自身鲜明特点的中国 ESG 体系，或可从三方面入手：提升 ESG 构建环境治理体系的重要性；加快构建凸显绿色的中国 ESG 制度框架；继续完善企业环境信息披露和绩效奖励制度。

这份建行首次发布的《环境信息披露报告》，其意义不仅在于展现建行的先进理念和成效，更是对构建具有中国特色 ESG 信息披露方面的积极探索。甚至从某种程度上对于建行来说，在以人民为中心的新金融之路上阔步前行，就是对 ESG 理念的最佳践行，两者之间具有天然的契合度。正如建行董事长田国立在《环境信息披露报告》致辞中指出的，建行率先提出住房租赁战略，引导房地产行业向租购并举的长效健康模式转变。前瞻推进普惠金融战略，依托科技和数据创新，激发经济转型发展的生机活力。全面实施金融科技战略，打造"最懂金融的科技集团"，促进经营管理和自身运营绿色转型，推动金融服务集约化、线上化，有效降低能源消耗和碳排放。着力服务乡村振兴，以金融之笔"点绿成金"，促进绿色产业发展，巩固脱贫攻坚成果，使美好生态与富裕之路相得益彰。

资料来源：《建设银行：以"新金融"诠释特点鲜明的 ESG 内核》(2022 年 7 月 26 日)，"参考消息"微信公众号，https://mp.weixin.qq.com/s/HIoLTG9MzZboi8SqCDCixw，最后浏览日期：2023 年 5 月 17 日。

第二篇 科技赋能创新

第一节 人工智能的发展现状

一、人工智能的定义

人工智能（Artificial Intelligence，AI）是研究、开发用于模拟、延伸和扩展人的智能的理论、方法、技术及应用系统的一门新的技术科学。人工智能是计算机科学的一个分支，它企图了解智能的实质，并生产出一种新的能以人类智能相似的方式作出反应的智能机器，该领域的研究包括机器人、语言识别、图像识别、自然语言处理和专家系统等。人工智能从诞生以来，理论和技术日益成熟，应用领域也不断扩大，可以设想，未来人工智能带来的科技产品将会是人类智慧的"容器"。

二、人工智能的发展现状

（一）发达国家人工智能的发展现状

美国重视芯片与计算机操作系统等软硬件开发，这和美国研究相关领域较早不无关系，而且其芯片除了自己使用，还会选择出口到其他国家。另外，美国在人工智能领域起步较早，与其发达的科技实力不无关系。美国的人工智能在规划过程中主要是注重自动化的发展，注重其本身的经济效益。人工智能领域的科研经费较多，美国的著名院校较多，科研机构也更多。

德国重视人工智能的立法、道德准则与应用。德国的做法可以为中国提供经验，德国的工业发展一直处于世界前列，其人工智能发展起初主要是为了提高生产效率与精确制造。德国人工智能更加注重在高端领域的应用，并且能够利用大数据和人工智能技术进行产业链的升级改造。德国对于人工智能的立法更加谨慎，也更加注重人工智能领域的人文关怀。例如，德国对于自动驾驶汽车有明确的法律要求，同时对于驾驶员的义务与权利进行了具体规定，确立人工智能的道德与法律边界，对中国甚至世界有重要的借鉴意义。

欧盟的其他国家大同小异，在人工智能领域都有一些符合国情的建设方式，注重人工智能的基础研究以及对人类社会的影响，其对于人工智能的推动更加具有目的性。欧盟拥有30个欧洲成员国，是一个大的经济联盟，他们在人工智能的发展领域具有重要的话语权。相对于美国主张的发展战略，欧盟成员国更加相信人工智能对社会的影响大于对其他方面的影响。欧盟研究的内容不仅仅局限于人工智能的培养，更注重网络安全、数据保护以及关于人工智能的伦理道德方面。

（二）我国人工智能的发展现状

中国政府高度重视人工智能领域的技术革新及其应用，已经将人工智能领域的建设提升到国家战略的发展方向上。早在《新一代人工智能发展规划》中，就已经提出"到2030年，使中国成为世界上主要人工智能创新中心"。

在近些年的发展过程中，各类人工智能的产生与发展、应用与融合，都对一些领域产生了较大的影响。加上5G时代的到来，通信技术成熟，中国在计算机视觉、语音识别和自然语言处理方面也有世界领先的公司，包括商汤科技、Unisound、科大讯飞和Face++等。可以说中国未来的人工智能发展具有很大前景。

（三）人工智能的内涵、外延与应用场景

1. 内涵

应立足于客户体验感与实时需求，在金融领域灵活地应用人工智能技术。金融领域要合理地运用人工智能创新技术，依托完善的计算模型和庞大的数据信息，对金融服务整个流程实现全方位贯穿，制定安全性强、效率高的金融解决方案，在打造的创新型产品中深度融合金融服务、人工智能等技术。自然语言处理、生物识别和机器学习等是人工智能应用于金融领域涉及的主要内容。在金融行业应用最广泛的人工智能技术非机器学习莫属，通过深入研究庞大的金融大数据规律，学习相关方法，并将其灵活地运用到金融业务的不同阶段中，进一步简化办事程序、提高效率。

2. 外延

金融行业应用较为广泛的生物识别技术包括指静脉识别、指纹识别、人脸识别等。自然语言处理技术可以从行业研究报告等文本中准确地获取重要信息和指标，推动金融业数据分析的效率和信息收集能力的整体提升。

3. 应用场景

就金融业业务板块而言，风险控制、投资和服务是人工智能技术应用于金融行业的三个主要方面。从金融业务执行的前中后端顺序来看，前端的智能身份识别和智能客服、中端的智能风险控制和智能营销、后端的智能量化交易和智能投资顾问等是人工智能在金融领域的主要应用场景。具体而言，提高效率、降低费用是金融行业对人工智能的主要需求：第一，在金融风险控制、智能投资顾问等领域应用人工智能数字化技术，并按照算法策略要求予以严格执行，与传统的人工操作相比，更加便捷高效、客观具体，通过人工智能推动了技术能力的整体跃升；第二，人工智能的应用使金融服务成本得到大幅降低。因此，在人工智能等前沿技术的大力支持下，风控、资产投资以及金融服务等重要领域将逐步实现智能化。

（四）我国人工智能产业发展概况

1. 人工智能产业规模呈快速增长态势

当前，全球和中国的人工智能产业均处于高速发展期。据 IDC 数据，2022 年全球人工智能 IT 总投资规模为 1 288 亿美元，2023 年全球人工智能 IT 总投资规模预计将达到 1 540 亿美元，同比增长 19.6%。据工信部数据，截至目前我国人工智能核心产业规模已达 5 000 亿元，企业数量超过 4 400 家。据 IT 桔子数据统计，截至 2023 年 11 月 21 日，我国人工智能产业投融资金额为 2 499 亿元，投融资数量 743 件，预计全年同比增加 63.8%。其中，人工智能大模型作为前沿领域发展尤为迅猛。据速途元宇宙研究院发布的《人工智能大模型产业创新价值研究报告》数据，2023 年我国人工智能大模型市场规模将达到 21 亿美元，同比增长高达 110%，占全球市场规模的 10%。

2. 人工智能专业人才培养体系不断完善

2023 年，全球主要国家已将人工智能科技人才培养作为提升国家竞争力的重点举措，国内各高校围绕核心技术、顶尖人才等方面强化部署，通用人工智能人才培养新机制构建步伐显著加快。

3. 大模型深度赋能垂直行业和前沿领域趋势愈发突显

2023 年，国产大模型一时间呈现出爆发式增长态势，仅 2023 年 1—7 月，就有共计 64 个大模型发布。据不完全统计，截至 2023 年 11 月，国产大模型有 188 个，其中通用大模型 27 个，目前已有超 20 个大模型获得备案，大多数已向全社会开放服务。基于 2 200 家人工智能骨干企业的关系数据量化分析表明，我国人工智能已广泛赋能智慧金融、智慧医疗、智能制造、智慧能源等 19 个应用领域。大模型正成为前沿领域研究的重要工具：在新材料领域，我国已有科研团队将大模型 MatChat 大模型用于预测无机材料的合成路径；在生物医学领域，百度智能云大模型可用于提高药物研发效率和新药发现的准确性；在能源科学领域，由百度集团和国网智能电网研究院共同开发的电力行业 NLP 大模型，可有效提升电力系统的自动化和智能化水平。

（五）我国人工智能发展遇到的挑战

1. 缺乏开发动力

AI 的开放源码特性和快速跟进的好处使中国企业缺乏投资开发核心 AI 技术的动力。在西方发达国家，AI 专利的主要拥有者是私人企业，而在中国，AI 专利的拥有者主要是大学和研究机构，大多数都是政府拥有或资助的。但是，中国在产学合作方面比较薄弱，技术转让仍然受到限制。总的来说，尽管中国的整体 AI 研究成果（如科研成果发表、专利等）增长迅速，但缺乏真正的原创性和突破性创新技术。

而且，中国难以预测的商业环境，加上 AI 产品的巨大市场以及中国消费者对 AI 产品的热情，使得企业和投资者热衷于能够迅速赚钱的应用型 AI 研究，而不是能够产生长期影响的基础研究。很多研究人员已经指出，中国的研究在更基础的层面上还有很多地方需要改进。

2. 挑战传统金融监管体系

人工智能深入发展带来了技术变革红利的同时，也导致监管环境更加复杂化，其中包括监管对象的多样化、责任主体的复杂化和法律界限的模糊化。第一，算法是人工智能的核心。通常所说的"算法黑箱"就是指人工智能算法不具备透明性和公开性的问题，这也是人工智能带来的诸多新型重大问题中的一个。应该如何通过法律制度促进算法的规范化，应对"算法黑箱"的挑战，已然成为当下迫切需要解决的难题。第二，严格落实反洗钱监管。随着人工智能时代的到来，很多金融业务都可以进行远程操作，从真正意义上实现了无纸化办公，但这也大大增加了有关部门追踪资金来源及去向的难度。第三，潜在影响了市场监管。金融机构的风险管控如果采取自主学习和人工智能等方式，不仅会导致微观金融风险的加剧，还会引发顺周期行为，严重影响市场环境的稳定性。

专栏 2-1

基于人工智能方法构建的金融科技创新指数分析我国上市商业银行案例

（一）中国金融科技创新指数

根据金融科技的定义，中国金融科技创新指数涉及的核心要素可以分为四个层次，分别为金融科技禀赋基础、金融科技业务发展、金融科技认知水平以及金融科技核心能力。

1. 金融科技禀赋基础

金融科技禀赋基础是企业和国家拥有发展金融科技的资源和基础，代表着过去的积累和现在的环境。

2. 金融科技业务发展

金融科技业务发展是企业和国家现在进行金融科技发展的情况，代表着现在的状态。

3. 金融科技认知水平

金融科技认知水平包括自我认知与社会认知，表示自我发展的认同程度，代表着内外一致的程度以及外界环境的承认水平。

4. 金融科技核心能力

金融科技核心能力表示企业和国家金融科技核心水平的掌握情况，代表着未来发展的动力和基石。

（二）划分方式

四个层次是基于知识经济的企业数字化发展和反馈机制划分的。在互联网经济模式下，企业将逐步向数据化、链接化和智能化转型。此时，基于数据驱动的有效链接成为企业的核心竞争力，智能化则是维持和提升链接价值的可靠保证，也是数据化和链接化后的最终进化方向。金融科技评价实际上是在评价从企业智能化角度看企业的智能能力大小（程度），从而可以将评价划分为四个象限、两个维度（见图2-1）。

（三）评价过程

所有的评价过程都是将足够多的多维度相关因素以合理形式降维形成一个能够代表整体情况的数值，由此衡量指标程度或者参与横向对比。该过程在数学上即如下的映射过程：

$$f: \{X \mid X \in Rn\} \rightarrow \{I \mid I \in R1\}$$

式中，n 表示考虑的因素（或者变量），X 表示各样本（待评价对象）的因素向量，而 I 就是最后的评价结果（分数或者概率等）。

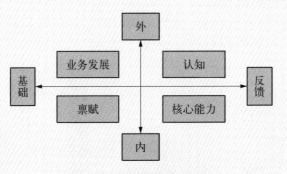

图 2-1　金融科技评价划分

具体评价过程中有三个关键的过程影响到评价的质量：一是选取 n 个相关因素；二是获得相关因素的高质量数据；三是评价方法的模型。

利用知识图谱和主成分分析进行相关因素的选取。本文基于上述四象限划分方法确定了四个基础维度后，利用金融科技的知识图谱技术来客观地衍生出这四个维度分别对应的子维度，或者叫二级指标。通常产生的维度很多，这就需要利用主成分分析提取主要影响的指标。因为主成分分析中的协方差方法对异常样本敏感，评价体系在主成分分析中使用了稳健协方差方法，并用改进的 MCD 算法[①]进行计算，用于具体评价。MCD 方法实际上是利用迭代思想，不断计算离群点和中心的马氏距离，最终找到一个稳定的中心群点，形成所需要的协方差估计。

（四）分析结果

银行业样本中，2019 年 25 家上市银行的整体金融科技发展水平相较 2018 年均取得了显著进步。金融科技创新指数得分位于 [80, 90] 区间段的银行由 5 家增加至 11 家（见图 2-2），说明业内金融科技水平整体提升，金融科技后发能力强劲。金融科技创新指数得分平均值

[①] 张宁、赵亮：《稳健协方差及其在上市公司信息披露质量评价中的应用》，《金融发展研究》2015 年第 12 期。

从 78.26 上涨至 83.26，标准差从 11.29 缩小到 10.82，表明银行间的金融科技发展水平差距在缩小。这与商业银行近年的发展布局方向相符：近年来商业银行的发展战略不断强化数字化转型发展和科技赋能的重要性，银行的金融科技投入也显著增加，多家银行成立了金融科技子公司，将金融科技作为核心竞争力加以培养。

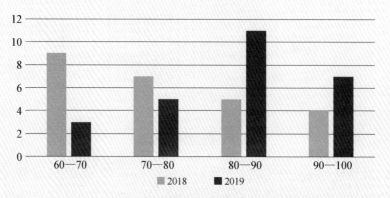

图 2-2　25 家上市银行金融科技创新指数得分分布

从所有制形式来看，国有大型商业银行的金融科技创新能力最强（见图 2-3），其金融科技的业务发展基础和基础禀赋得分都更高；股份制银行受益于金融科技板块不断成熟的技术和业务形式，其金融科技水平呈现出后发优势。从金融科技核心能力来看，2018 年国有商业银行金融科技核心平均能力（82.64）得分超过股份制银行（80.66），但差距并不明显（见图 2-4）。

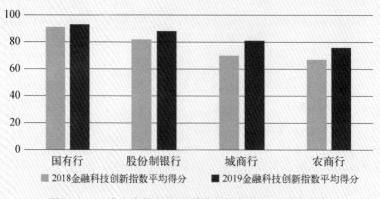

图 2-3　25 家上市银行金融科技创新指数平均得分分布

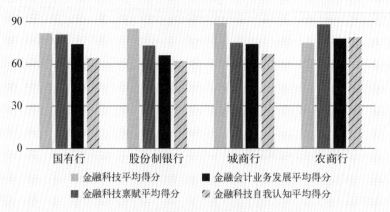

图 2-4　2018 年银行四大维度基础得分分布

2019 年金融科技创新指数得分的更新表明，银行业内部金融科技发展竞争相当激烈，不同银行间的金融科技水平差异已进一步缩窄。一些股份制银行，尽管得益于数据分析和人工智能技术应用方面的经验积累，在发展金融科技能力方面具有先发优势，但随着各大银行对于金融科技重视程度的不断提升和研发投入的不断扩大，这一优势被不断削弱。随着金融科学技术在商业银行全价值链应用渐趋成熟以及第三方金融科技公司的崛起，此前受制于自身规模和资金实力而难以在金融科技方面投入过多关注和研发资金的中小银行，在金融科技发展方面也显示出更广阔的进步空间。

资料来源：张宁、许姗、张萍等：《基于人工智能方法构建的金融科技创新指数适用性分析——以上市商业银行及保险公司为例》，《国际金融》2021 年第 10 期。

第二节　大数据交易平台

新一代信息技术加速突破应用，大数据、云计算、区块链、5G、工业互联网、物联网等将产生海量数据。根据《中国互联网发展报告 2018》，2018 年中国数字经济规模高达 31.3 万亿元，占 GDP 的比重达 34.8%，数字经济已然成为中国经济增长的新引擎。党的十九届四中全会首次提出将数据作为生产要素参与收益分配。作为数字经济时代的关键生产要素，数据可以确权、流通和交易，具有与其他生产要素一样的资产商品属性。

据中国电子信息产业发展研究院发布的《2018年中国大数据白皮书》统计，2017年我国大数据交易的市场规模为358亿元，预计到2025年国内大数据交易市场的规模超过900亿元。由于小规模交易数据很难发挥市场价值，必须依托平台集中达到一定量级规模才具市场交易价值，通过市场配置转化成生产力。为了满足市场需求，第三方数据交易平台应运而生。

一、大数据的定义

大数据是一种资产形式，拥有大数据，就意味着拥有大量信息资产。大数据并非简单的数据集合，而是巨量、高增长率和丰富多样的数据，运用常规软件工具很难获取、整合和运用处理这些数据集合，需要运用新的处理方法和模式，才能从中获取决策信息、优化流程。

大数据技术的核心是运用现有的数据集合，通过专业化处理，挖掘有价值的信息。通过数据加工，增加数据的价值，进而实现盈利，促进大数据相关产业的发展，而不是简单地掌握数据内容。因此，从技术上实现大数据挖掘，需要运用分布式处理方法，采用多台计算机同时运行，进而依托云计算技术进行存储和虚拟化操作。大数据与云计算是密不可分的两个方面，缺少任何一种，都无法实现大数据的价值挖掘。

二、大数据的产业链构成

（一）数据规则与规范

大数据规范体系的建立至关重要，规范体系是大数据归集、共享、分析和运用等活动的基础，是大数据产业健康发展的保障。大数据规范体系主要包括数据结构规范、格式范式规范、数据管理规范、安全规范等。目前，我国管理大数据规范建设的单位主要包括中国电子技术标准化研究院、大数据库公司、留存了大量数据的企业部门和各行业的数据标准管理组织。

（二）数据保护

随着大数据产业的不断发展，数据库呈现海量增长的特点，随之而来的安全问题凸显，对数据存储和访问的要求越来越高，需要从访问技术、信息保护技术、容灾机制等方面进行控制。而且大数据处理运用的是分布式管理方式，其中必然会面临数据传输、信息交互等环节，在传输过程中，必须保证数据信息不被泄露、丢失、破坏、篡改，因此，数据安全成为大数据行业最关键的问题之一。而且随着大数据概念的内涵和外延的拓宽，数据之间的关联性越来越高，这决定了数据保护应针对多源数据来探讨，而并非单一数据。

（三）数据清洗

目前，市场上拥有海量数据的主体主要包括政府部门、事业单位、阿里巴巴和京东之类的互联网企业，以及移动、联通、电信等运营商等。但是各个主体拥有的数据都不完整，无法反映主体的全部特征，而且数据存在缺失、不完善等问题，因此，需要经过数据的处理和清洗过程，才能进入数据运用环节。清洗过程包括修补、合并、规范检查等，常常需要人工参与。

（四）数据存储

数据存储与管理的主要参与者以传统数据库企业为主，国际上主要有 IBM、Oracle、Intel、Green-plum、infor Matri Cloudera 等；国内主要有中兴、华为、用友、浪潮、拓尔思、数据堂、九次方、亿赞普、达梦等。各家企业针对大数据应用开展各具特色的数据库架构和数据组织管理研究，形成针对具体领域的产品。

（五）数据分析

大数据分析包括浅显层面和深度层面：浅显分析主要是运用计算机技术从海量的结构化和非结构化数据中读取表层信息；深度分析是在读取表层信息的基础上，进行关联分析、深度挖掘的过程，常用方法有分类分析法、关联规则挖掘、聚类分析法、时间序列分析等。

（六）数据运用

大数据的出现对信息技术行业产生了颠覆性的影响，对整个信息产业带来了重构的冲击。国内拥有海量大数据的企业都纷纷在挖掘和应用大数据资源，以阿里巴巴集团为例，其拥有大量交易数据、消费者偏好数据、互联网资金支付流动数据等。在国际先进的大数据技术基础上，阿里巴巴集团进一步开发具有独特性的数据平台和应用方案，进而形成支撑行业发展的专业化应用。

三、国内外数据交易平台分析

（一）数据交易平台的分类

依据平台主体的背景不同，我国数据交易平台大致可分为两大类：一类是政府参与型的数据交易平台；另一类是企业主导型的数据交易平台。后者又包括两种类型：一是数据服务商类型，以北京数据堂、广东数多多、江苏聚合数据为典型代表，这类平台的数据来源广泛，同时承担数据采集、需求、供应、分析、服务等角色，全程参与数据产业链，形成产供销一体化模式；二是大型互联网企业派生类型，以京东、阿里巴巴等为代表的互联网巨头拥有巨量级的电商数据、金融数据、行为数据等，依托母公司建立的数据交易平台，子公司具有明显的传承"基因"，数据来源、服务领域以及业务特点等都与母公司有较强的关联性，特征显著。不同类型主体可向市场提供丰富的基础数据、多样化的数据产品，进而满足差异化的数据需求。错位竞争是数据交易市场蓬勃发展的重要因素。

依据业务模式不同，数据交易平台也可分为两类：一类是第三方数据交易平台，以会员方式筛选、准入数据供应方和需求方，以中间人身份撮合供需双方对接，平台本身不参与数据交易，数据定价、购买期限、使用方式、转让条件等均由买卖双方商议；另一类是混合数据交易平台，以中立身份为数据供需方提供交易平台的同时，也以数据供应商、服务商的角色参与数据交易。数据主要来源于企业内部、线下采集和线上爬取。

（二）我国数据交易平台的特征

1. 以经济发达地区为主，华南地区相对落后

从数据交易平台的背景来看，华东地区的政府参与型平台有3家，企业主导型平台有4家，既有政府的战略支持，又有市场内在驱动力的助推，双重因素共同引领华东地区大数据交易市场处于全国领先地位。华南地区的政府参与型数据交易平台发展相对比较慢，但市场化程度较高。西南地区建立了我国第一家数据交易所——贵阳大数据交易所，具有划时代的战略意义，贵州省具有良好的区位优势，带动了西南地区大数据交易产业发展。总的来说，地区经济发展水平和地方政府支持力度直接决定和影响着当地数据产业的发展。

2. 第三方数据平台多数为政府参与型数据交易平台

根据表2-1、2-2所示，23家数据交易平台中有8家第三方平台，其中，政府参与型占5家。由此可见，政府参与型平台相比企业主导型平台，更倾向于在市场中扮演交易平台管理者的角色，服务市场交易主体，为数据供需方提供中介平台和搭建桥梁，市场定位明确。企业主导型平台多数由数据服务公司、信息科技公司、大型互联网企业等建立，其拥有大

量数据资源、具有强大的数据挖掘、分析和服务能力,乐意发挥企业的信息和技术优势获取更多的市场利润,以主导者的身份参与市场数据的采集和交易活动。

表 2-1 政府参与型数据交易平台基本情况概览

平台名称	所在地区	业务模式	数据来源	服务领域	产品特点
贵阳大数据交易所	贵州省（西南）	混合数据交易平台	政府公开数据、企业内部数据、网页爬虫数据	政府、经济、教育、环境、法律医疗、交通、商业、工业等30多个领域	不进行基础数据交易
贵州数据宝网络科技有限公司	贵州省（西南）	混合数据交易平台	政府公开数据、数据供应方提供数据	经济、法律、交通、通信、商业	国有大数据的整合处理与加工
北京大数据交易服务平台	北京市（华北）	混合数据交易平台	政府公开数据、企业内部数据、网页爬虫数据	政府、经济、人文、交通	交通政务数据社会化共享
中关村数海大数据交易平台——重庆大数据交易市场	北京市（华北）	第三方数据交易平台	数据供应方提供的数据	政府、经济、教育、环境、医疗、交通	不储存数据,仅提供交易渠道
上海大数据交易中心	上海市（华东）	第三方数据交易平台	数据供应方提供的数据	政府、经济、人文、交通、商业	xID 技术体系
江苏大数据交易中心	江苏省（华东）	混合数据交易平台	政府公开数据、数据供应方提供的数据、网页爬虫数据	政府、教育、法律、医疗、人文、商业	主要面向宏观经济政策以及行业的调研
钱塘大数据交易中心	浙江省（华东）	第三方数据交易平台	数据供应方提供的数据	政府、经济、人文、交通、商业	擅长工业大数据服务
中原大数据交易平台	河南省（华中）	第三方数据交易平台	数据供应方提供的数据	电商、企业、生活服务、资源能源、交通地理、金融服务、医疗及其他	主要为工业、能源数据服务
华中大数据交易所	湖北省（华中）	第三方数据交易平台	数据供应方提供的数据	经济、教育、环境、医疗、交通、通信、农业	机构和个人用户均可使用,竞价交易

续表

平台名称	所在地区	业务模式	数据来源	服务领域	产品特点
东湖大数据交易中心	湖北省（华中）	混合数据交易平台	政府公开数据，企业内部数据	政府、招商、扶贫、工会、旅游、经济、环境、法律、医疗、人文、交通	政务数据资产运营的开拓者
哈尔滨数据交易平台	黑龙江省（东北）	混合数据交易平台	政府公开数据，网页爬虫数据	政府、经济、医疗、交通	主要面向政府决策

资料来源：各数据交易平台网站。

表2-2　企业主导型数据交易平台基本情况概览

平台名称	所在地区	业务模式	数据来源	服务领域	产品特点
数据堂	北京市（华北）	混合数据交易平台	企业内部数据、数据供应方提供数据、网页爬虫数据	环境、地理、人文、交通	人工智能数据
数粮大数据交易平台	北京市（华北）	第三方数据交易平台	数据供应方提供的数据	经济/金融/贸易、农业/工业/工程/能源/地产、通信/IT/社交、科教/文化/医药、商业/生活/交通、综合数据/其他数据	主要为数据包的商品服务
京东万象（大型互联网企业派生）	北京市（华北）	混合数据交易平台	企业内部数据、数据供应方提供数据、合作伙伴数据	城市、零售、金融、物流、智能供应链、智能IDC、教育、智能家居	产品主要以云服务为主
聚合数据	江苏省（华东）	混合数据交易平台	企业内部数据、网页爬虫数据、互联网开放数据	生活服务、金融科技、交通地理、充值缴费、数据智能、企业管理、应用开发、电子商务、吃喝玩乐、文娱视频	主要项目为电话短信、汽车加油等生活类服务
发源地	上海市（华东）	第三方数据交易平台	数据供应方提供的数据	社交、金融、电商、汽车、人才、房产、医疗、企业、旅游、科研、咨询、阅读、娱乐、体育、生活、游戏、影视、教育	保障产品知识产权、自主研发技术

续表

平台名称	所在地区	业务模式	数据来源	服务领域	产品特点
天元数据	江苏省（华东）	混合数据交易平台	政府公开数据、企业内部数据、数据供应方提供的数据；联盟伙伴数据	线上零售、生活服务、企业数据、农业、资源能源等10大类	电商数据高于行业平均水平
淘数据（大型互联网企业派生）	浙江省（华东）	混合数据交易平台	淘宝全行业、品牌、店铺、直播、预售数据、抖音快手数据、跨境电商数据	行业数据、爆款分析、热词推荐、产品里程碑	为淘宝卖家提供数据查询、分析
数多多	广东省（华南）	混合数据交易平台	网页爬虫数据	教育、金融、市场咨询、消费者洞察、广告、税务、公安	八爪鱼采集
iDataAPI	广东省（华南）	混合数据交易平台	网页爬虫数据	社交、电商、新闻资讯、工商、企业、泛娱乐、POI（Point of Information，指信息点）	智能、实时、允许历史数据回溯的数据产品
阿凡达数据	湖北省（华中）	第三方数据交易平台	网页爬虫数据	金融、充值认证、便民类、新闻文章、医药交通、科教文艺、创意数据征集、即时通讯	主要是关于网络热词
SHOWAPI	云南省（西南）	混合数据交易平台	网页爬虫数据、企业内部数据、数据供应方提供的数据	金融商业、企业管理、数字营销、交通地理、生活服务、虚拟充值、人工智能、连接器模板	主要为API（Application Program Interface，指应用程序接口）业务
美林数据	陕西省（西北）	混合数据交易平台	政府公开数据、企业内部数据、数据供应方提供的数据、网页爬虫数据	智能制造、智能能源、智慧军工、汽车装配、家电制造、智慧水务、智慧金融	主要为工业制造业、能源业数据服务

资料来源：各数据交易平台网站。

3. 政府型参与平台

政府参与型数据交易平台的数据来源主要包括政府公开数据、企业内部数据、数据供应方提供的数据以及网页爬虫数据，服务对象包括政府在内的各类主体。该类数据交易平台可以依托政府资源，便捷地获取政府公开数据，反过来又为政府相关部门提供数据清洗、定制、建模、分析、解决方案等服务。其提供的产品同样具有政府特性，例如，北京大数据交易服务平台以交通政务数据社会化共享为平台最大特色；江苏大数据交易中心的产品服务主要面向宏观经济政策制定和行业调研。

（三）欧美国家数据交易平台的特征

欧美日等发达国家的数据交易市场发展稍早，与我国发展路径存在一定的差异。以美国为例，数据交易平台业务模式以第三方平台为主，仅为数据供求双方提供交易渠道，自身不参与数据交易业务，更加关注平台的监管职责，各平台都有明确的交易规则，确保交易过程的安全有效。而且，美国数据交易平台的产生和发展来源于市场内在的驱动力，均是企业主导型，采取市场化运作机制，政府不参与平台管理。

另外，美国的政府数据公开共享，平台数据主要来源于数据供应方、网页爬虫、线下收集等渠道。美国社会认为政府数据是属于全体纳税人的有价资产，所有权理应属于全民，政府通常只收取低廉的费用成本（如打印费、装订费等），将数据免费开放给市场，同时分享大数据产业繁荣发展带来的税收红利。

美国企业主导的混合数据交易平台呈现小而精的特点，相比我国的数据交易平台，其服务领域相对狭窄，甚至有些公司专注于单一领域的数据采集、处理和分析业务，针对性强，便于客户查找和交易数据。如表2-3所示，Kuberre Systems公司只提供商业数据，而Factual公司专业提供地理数据，集中力量提供专业化的深度服务，客户群定位明确，有利于提升客户黏度。随着大数据交易市场的不断发展，分工日益细化，客户对平台服务水平的要求会越来越高，发展特定领域数据交易平台将是未来方向。

表2-3 美国的数据交易平台基本情况概览

平台名称	业务模式	数据来源	服务领域
Kong Inc.	第三方数据交易平台	数据供应方提供数据	经济、教育、医疗、人文、地理、通信、商业
Acxiom	第三方数据交易平台	数据供应方提供数据	商业、金融、医疗、旅游
Corelogic	第三方数据交易平台	数据供应方提供数据	房地产、商业
Recorded Future	第三方数据交易平台	数据供应方提供数据	商业、金融

续　表

平台名称	业务模式	数据来源	服务领域
Qlik	混合数据交易平台	数据供应方提供数据、网页爬虫数据、传统方式线下收集数据	经济、商业、人文
Kuberre Systems	混合数据交易平台	数据供应方提供数据、公共数据源	商业
Factual	混合数据交易平台	政府公开数据、网页爬虫数据、数据供应方提供数据	地理
BDEX	第三方数据服务平台	数据供应方提供数据	教育、医疗、人文、地理、交通
RapidAPI	第三方数据服务平台	数据供应方提供数据	经济、教育、医疗、地理、商业
Azure	第三方数据服务平台	数据供应方提供数据	经济、教育、环境、人文

资料来源：各数据交易平台网站。

四、我国数据交易平台存在的问题

（一）平台定位模糊，缺乏监管和指导

国内数据交易平台普遍存在市场定位、功能定位和职责定位不明晰的情况。第一，在市场定位方面，行业发展缺少整体规划和指引。地方政府基于政绩导向，大力鼓励地方数据平台建设，却没有给予合理的市场布局规划和行业发展指导，市场出现重复建设、服务领域雷同、市场割裂、交易规模小等现象。第二，在功能定位方面，行业监管机制缺失。不同的业务模式匹配不同的平台功能，第三方数据交易平台扮演纯粹的中立者角色，其功能应定位为平台运营方，承担平台安全维护和交易监督的责任，但部分平台仍在为数据供应商提供数据清洗、分析和定制服务，尽管有助于数据质量提升，却违背了平台独立性的原则。第三，在职责定位方面，平台法律责任尚不明确。数据交易过程中，若出现数据质量不符合事先约定、数据内容涉嫌侵害个人隐私或商业机密等问题，交易平台是否应承担相关责任，尚无法律法规作出明确规定。国内数据交易平台发布的服务协议中，通常强调数据供应商和需求方的权责，对于平台责任避重就轻，以"无法控制数据供应商资源""存在或源于此类数据供应商资源之任何内容、商品或服

务的真实性，亦不予保证或负责"等理由为平台免责。因此，如何规范和界定数据交易平台的权责，是亟待探讨的现实问题。

（二）平台交易规则参差，缺乏行业统一准则

近几年，部分地方政府陆续出台了关于规范数据交易市场发展的相关文件，对市场起到一定的推动作用，但这些零星的制度规范远远不能满足完善数据交易市场体系的需求，制约了我国数据交易市场的纵深发展。第一，平台准入标准不高。国内数据交易平台实行会员交易制，必须审核通过成为会员，才有数据买卖资格。然而，平台会员的资格审核门槛比较低，部分平台只要求用户在主页进行注册，并同意相关条款要求即可。第二，缺乏科学的数据质量评价体系。数据不同于其他商品，它的可复制性决定了其一旦出售就很难退货，因此，质量评价机制的构建显得尤为重要，是维护市场健康发展的必要条件。第三，数据接入格式要求不一。通常数据供应商不会只在一家平台出售数据，但各平台不同的数据接入标准，增加了供应商的成本，不利于数据的交易共享。

（三）平台专业化程度较低，缺少有针对性的服务

国内数据交易平台涉及领域宽泛，可为客户提供多样化的数据资源，降低客户的搜索成本，但在单一领域的深耕度不够。政府参与型数据交易平台表现尤为明显，其数据来源和服务领域都是以政府资源为核心特点，平台之间的相似度较高，没有体现比较优势。由于平台受资金、技术、人力等限制，不可能在多个领域做到专业化、精细化、深入化，大而全的结果往往是粗而不精，难以为用户提供有附加价值的针对性数据服务。当然，我国数据交易平台发展尚处于初级阶段，未准确掌握市场的数据需求方向，各领域对大数据的认知仍处于模糊状态，从初步接触过渡到主动寻求服务需要一定的时间，未来发展必定是市场细分后的专业化方向。

五、完善国内数据交易平台的可行性建议

（一）构建数字中国，应以公共部门的数字化转型为先导

政府既是目前大量政务数据的实际拥有者，更应是数字社会的积极倡导者和行动者。政府的数字化转型是刀刃向内的治理改革，是推动经济和社会数字化转型的关键。"十四五"期间，区域公共部门的数字化转型，应在区域范围现有的数据交换共享平台的基础上，继续完善数据标准体系，解决各地数据标准不一的问题；同时，在区域内对政务数据进行分类

分级管理，制定并扩大实施政务数据共享责任清单机制，切实拓展政务数据的互联互通与共享共用。

（二）建设高标准市场，应以数据要素的市场化改革为驱动

形成强大的国内市场是"十四五"期间构建新发展格局的核心目标之一，推进数据等要素市场化改革是建设高标准市场体系的重要驱动。以长三角为例，长三角市场一体化既是长三角一体化国家战略的组成部分，也是国内统一市场建设分区域分步骤推进的关键环节。在长三角区域数据要素的市场化改革中，一是应加快探索数据权属与分配规则，数据权属问题已经成为数据要素市场建设的最大制度障碍；二是推动区域性数据交易市场的建立。一方面，应通过培育新机构新业态推动数据市场加快发展。支持鼓励现有的区域性数据交易平台继续发展，在技术、安全和保障等方面做大做强，成为专业性的数据交易服务中介机构；另一方面，加快与交易直接相关的标准和制度建设，包括数据市场的准入制度、产品标准化制度、定价和交易制度的建立等。

（三）推进一体化发展，应以数据赋能区域协同和民生共享

在区域和城乡协调发展方面，"十四五"期间应着重发挥数字技术对各个地区乡村振兴的促进作用，以数字科技激发农村经济发展新动能。

城乡经济发展不平衡是我国经济高质量需要破除的障碍之一，以数字经济为代表的创新发展模式可以促进形成各地农村经济产业发展新模式，利用数字科技促进农村产业升级发展，提升乡村公共服务和社会治理的"智治"水平，为全国乡村振兴计划提供可复制和学习的样板。

（四）完善平台准入制度，找准差异化定位

为进一步优化数据要素市场化配置，规范平台治理机制，需关注以下三个问题：一是加快推进数据交易领域的法律制度建设。根据数据性质确定产权性质，明确数据交易中所有权、使用权和收益权的关系界定，让数据共享、让渡、交易、运用等市场活动有法可依，降低数据共享流通的壁垒；二是加大监管力度。应尽快制定大数据交易监管方面的法律制度，筹建数据交易监督管理部门，承担数据交易市场的监管职能。建立并严格执行交易平台审批制度，严把市场准入关口，解决交易平台遍地开花、经营水平参差不齐、缺乏协同创新的问题，打造大数据交易全国一盘棋的局面；三是发挥地方政府指导功能。本着"政府引导、尊重市场、差异定位"的原则，地方政府合理引导数据交易平台差异化定位，避免重复建设，更好地服务于地方重点建设领域。

第三节　区　块　链

作为"十四五"七大数字经济重点产业之一的区块链，首次被纳入国家五年规划当中，这充分体现了党中央、国务院对区块链技术和产业发展的高度重视。"十四五"将是数字经济大发展大繁荣的五年，也会是区块链创新加速、构建生态、广泛落地、纳入监管的五年。科学地把握区块链技术驱动数字经济发展的理论逻辑，对于促进中国经济社会高质量发展尤为重要。

一、区块链技术的起源与发展

区块链技术起源于比特币。比特币是一种点对点的电子现金系统，由中本聪（Satoshi Nakamoto）于2008年设计开发。这是一个分布式系统，其价值流通媒介是虚拟的加密数字货币——比特币。

比特币的发行和流通不受任一中心机构控制，只要有算力并接入互联网，就可以参与其中。其代码开源，由全世界极客组成的比特币核心钱包（Bitcoin Core）的核心开发者在GitHub（源代码托管仓库）上共同维护更新，在GitHub上有4万多人收藏，代码被分叉（fork）24 000多次。

2009年1月5日，比特币主网上的第一枚比特币诞生。比特币的网络节点采用工作量证明算法来产生区块，这也就是通常所说的"挖矿"。

"挖矿"是指使用计算机解决一项复杂的数学问题，谁的算力强，谁就有可能先解决难题并广播到网络中，这个数学问题的验证过程很简单，其他节点可以快速校验该答案的正确性。如果正确，就承认这个难题（区块数据）的合法性。区块数据里包含着交易，网络节点在确认数学问题答案的同时，也将确认交易的合法性，并将其记录在本地的区块链中。

后来，中本聪在白皮书《比特币：一种点对点的电子货币系统》中创新性地使用了未花费的交易输出（Unspent Transaction Output，UTXO）来记录比特币的交易。

比特币的交易由交易输入和交易输出组成，每笔交易都要花费一笔（或多笔）输入（Input），同时产生一笔（或多笔）输出（Output），其所产生的输出，就是未花费的交易输出。交易需要由发起方使用私钥完成对交易的签名，用以证明资产所有权和交易合法性，交易的接收者不用参与整个过程。

二、我国区块链产业发展现状

近年来,我国区块链市场获得了长足发展。中国信息通信研究院发布的《区块链白皮书(2019)》数据显示,2016 年我国区块链行业市场规模在 1 亿元左右,2018 年增长至 10 亿元,2019 年我国区块链产业稳步增长,规模约 12 亿元。预计到 2025 年,我国区块链核心产品和解决方案以及相关衍生行业的市场规模将达到百亿元。世界列车已驶入数字时代。全球数字化是不可逆转的趋势,没有一个国家、一家企业、一个人可以置身事外。

2016 年 1 月,区块链首次作为战略性前沿技术被写入"十三五"国家信息化规划。2019 年 10 月,区块链被定位为核心技术自主创新的重要突破口。当前,国家已将区块链纳入新型信息基础设施建设,区块链技术应用和产业融合正处于快速发展阶段。区块链推动数字经济发展与产业转型升级,产业区块链史诗级别的浪潮正在到来。资产上链将是未来区块链行业巨大的风口,链上资产将成为主流资产,不仅仅是人民币要实现数字化,各类资产都要实现数字化。在政策扶持下,区块链相关投资和创新资源将加速集聚,区块链技术有望迎来发展的红利期。

三、区块链技术的创新

(一)作为支付系统的创新

- 比特币可以作为全球性的资产,在任何情况下无论多大的资产都可以通过区块链网络转移到目标账户里,比特币的出块时间是 10 分钟,交易地点不受任何物理场所限制,只要有网络,用户就可以通过工具发起交易进行资产转移,没有国界和地域之分;

- 比特币的交易成本极低,普通的跨境支付费用大约为 1%,而有的支付方式的费用会高达 3% 左右,如果使用比特币网络支付,只需要支付少量的交易打包费即可,并且与金额大小无关,特别是在大额支付中更能体现其手续费低的优势;

- 比特币是去中心化的网络和系统,不归属于某一个中心化组织或者个人,它制定的规则不会被轻易修改,它的网络也不会由个别机器控制,自发行至今,网络稳定运行已经足够证明其安全性,且其总量为 2 100 万枚的机制至今都由所有矿工维护并未有更改;

- 交易公开并且匿名,任何人都有参与交易的机会,且其账户具有匿名性，无须申请特殊的权限即可进入网络，仅仅通过密码学的方式来证明身份的合法性，与现实的身份无关，具备一定的匿名性。

（二）去中心化的创新

在去中心化的创新方面，比特币带来了对系统构建的全新思考，核心是去中心化，但是仍需要正确理解比特币的去中心化属性，下面从3个维度来讲。

1. 架构层

在物理世界里，系统由多台计算机组成，在运行过程中，可以容忍部分计算机宕机而系统不受影响。比特币的网络节点分别部署在世界的各个角落，这些节点同时也都保存着完整的区块链数据，任何一台或者多台计算机宕机，都不会影响比特币网络的其他节点，更不会影响整个区块链网络的使用。

2. 治理层

系统的所有权并不受控于某一个中心，而是由多个机构或者个人共同所有。比特币网络的治理由所有参与的矿工决定，矿工的算力是均匀分布的，某个人或者组织很难控制大部分数量（51%）的矿工，这就保证了比特币系统在治理上的去中心化特性。

3. 逻辑层

从系统的设计和数据结构上看，它是一个完整的不可分割的整体，所有参与方维护的是同一份账本数据。每个参与计算的网络节点，其本身维护全量的区块链账本，且节点之间的账本具有强一致性，它们也是基于同一份数据进行验证、打包、增长区块的，其数据层实质上是一个强一致性的分布式账本。

四、区块链在征信体系中的应用

在我国现有的征信管理领域，中心化的系统需要将各参与机构共享信用数据汇聚、整理并发布，其中，还存在着第三方存证可信性的问题。基于区块链的征信信息体系，各参与机构以此来构建征信标准体系，并共享所拥有的信用数据。区块链系统自身具有的信息不可篡改、数据加密授权保护、智能合约等特性，能够有效地解决原有征信系统中信用信息安全性差、共享性低等问题，提高系统安全性和降低信用评级成本。

（一）我国征信体系发展现状

信用是产生金融信贷行为的核心，征信是用于提高信用水平的基础工具，征信体系是金融信用体系运行的基石和稳定发展的基础。信用调查是依法收集、整理、保存和处理自然人、法人和其他组织的信用信息，提供信用报告等外部服务的活动。实施信用评估和信用信息咨询，可以帮助客户判断和控制信用风险，进行信用管理。根据《中国个人征信专题研究报告 2016》的数据显示，当前我国征信体系覆盖率仅为 28%，这个数字远远不够满足 P2P 网络借贷平台的征信需要。目前，我国 P2P 行业征信体系主要存在以下问题。

1. 信用评级面向范围狭窄，数据共享性差

信用数据的丰富性和多元化是降低信用风险的必要条件。然而，当前 P2P 行业信用体系评定标准不健全，没有进行全方位、多层次范围内的分析，没有与中国人民银行征信系统对接。少部分 P2P 公司建立了自己的征信体系，但数据侧重点不一致、担心客户外流也导致了数据共享性差。信用评级受众面狭窄，数据共享性的信用评级增加了 P2P 信贷的风险。

2. 现有征信手段成本高且征信体系数据更新速度缓慢

目前主要采取的征信手段是以中国人民银行征信管理局负责进行线下征信，存在着数据应用有限、征信成本高等弊端。由于受到征信系统数据库容量的限制，传统数据库无法满足无限的信用数据要求。征信系统数据更新周期较长，无法做到实时更新，会让一些不法分子有机可乘。这在很大程度上增加了 P2P 行业的运营成本和风险。

3. 信用体系存在技术攻破风险

金融安全是金融机构的核心，P2P 网贷是以高速发展的网络技术为基础的，平台自身的技术安全性会直接影响用户的安全。P2P 网络借贷平台在进行信用征信时，平台的使用者在担心平台筹融资的同时也会担心自身的信息安全。平台需要向消费者披露信息使用情况、保护措施及相关风险。

（二）区块链技术在 P2P 征信体系中应用的优势

1. 解决信息孤岛，保障数据可信性

以 P2P 网贷平台为例，作为互联网金融发展的产物，迫切需要征信体系在互联网上开放共享。传统的信用体系因为开放程度和评级标准的不同，造成了信用信息混乱和信息不对称。信息孤岛已经成为 P2P 网贷发展的"软肋"。区块链节点自身提供的共识算法可以促进 P2P 借贷平台建立全网互联互通共享的信息资源共享平台。依托区块链技术，能够使信用数据来源更具有真实性以及评级标准更具科学性。

区块链将数据记录到不同的区块中，并在每个区块中记录前一个区块

的哈希值，将区块串成一个链条，这种特殊的算法共识机制和存储结构使得存储的数据具有去中心化、无法篡改、可溯源性和可验证性，同时也为数据查询提供了便利，避免了集中式账本过度依赖记账方信任的弊端。通过区块链技术可以真正创造"无需信任的信任"。

2. 降低征信成本，优化业务流程

我国传统金融行业征信、审核等环节成本高昂。区块链具备的数据可追溯、不可篡改、智能合约自动执行等技术特点，有助于缓解金融领域在信任、效率、成本控制、风险管理以及数据安全等方面的问题。区块链可以实现信用穿透，证明债权流转的真实有效性。金融机构可以在征信方面节约大量成本，放心地向企业、个人提供贷款，解决中小企业贷款融资难、银行风控难、部门监管难等问题。

3. 保护用户数据隐私，提高系统安全性

征信数据的交易旨在形成数据共享的征信体系，与传统征信相比，运用区块链征信的数据来源更为广泛，其中也会包含许多个人隐私数据。区块链系统中的数据分散到各个节点，但并不意味着会降低数据的安全性。区块链的基于密码学的全网记账机制，极大地保障了投资人资产的安全。区块链技术采用非对称加密算法对每个用户生成一个密钥。每次交易数据会先使用公钥进行加密，通过权限管理机制让持有私钥的用户才能解密。如果数据被非法篡改，公钥会立即进行验证。

专栏 2-2

区块链赋能数字经济典型案例——中国工商银行实践经验

在民生服务方面，中国工商银行借助区块链提升机构客户平台的公信力，为慈善机构客户提供项目管理、线上捐款、支付见证、捐款溯源、银企对账等多元化的金融服务，构建了区块链慈善金融生态。从而实现了集金融服务、慈善透明、公益溯源于一体的区块链服务，持续推动慈善公益行业的透明化、合规化。目前已在全国多地先后应用，为全国超200家慈善机构提供溯源上链服务，公益捐赠超500万笔，为百万笔扶贫订单提供溯源服务，资金总额超3亿元，取得了良好的示范作用。

在智慧政务方面，中国工商银行联合山东省医保局建设了医保区块链平台——鲁医链。将电子处方、药品配送、支付交易等信息上链存储，通过医院、药店、银行、监管共建联盟链，达到多方信息安全共享的目的，构建多方信任，保障医疗监管数据的阳光透明，实现了医保资金的穿透式监管；同时，因区块链电子处方不可篡改，且可追溯，实现了医疗机构电子处方链上安全共享和高效流转。目前已在山东省多个地市全面铺开应用，上链电子处方超 2 万笔，助力医保服务金融平台支付金额超 20 亿元，后续将面向全国推广。

在供应链金融方面，中国工商银行运用区块链技术率先推出银行增信无条件保兑产品工银 e 信。工银 e 信作为可流转、可融资、可拆分的数字信用凭证，为产业链上下游企业注入核心企业信用加成，盘活供应链应收账款，实现全产业链银行资金支持，降低上游供应商的融资成本。通过打通产业端贸易流和资金流的信息孤岛，解决优质核心企业授信难以随产业链进行深度延伸等问题，使产业链末端的小微企业也可便捷地获得低成本融资，惠及众多行业。平台自 2019 年 1 月上线以来，上链企业超 1.3 万家，累计融资金额超 530 亿元。

在资金管理方面，中国工商银行联合雄安新区，推出了雄安征迁安置资金管理区块链平台。在业界首次将区块链技术应用于征拆迁资金管理、工程建设资金管理场景，基于智能合约实现资金穿透式拨付，防范资金挪用风险，保障资金拨付阳光透明、资金安全发放。平台自 2019 年 1 月上线以来，已累计完成资金拨付超 500 亿元，取得了良好的应用成效。

在贸易金融方面，中国工商银行创新打造了中欧 e 单通跨境贸易金融平台，是全国首个基于中欧班列多式联运一单制的跨境贸易区块链平台，解决了单据流转慢、贸易背景待核实、信息不对称等业务痛点，交单由线下流转到线上准时送达约花费 15 天，业务效率提升超 90%，为"一带一路"沿线贸易企业提供便利的贸易服务和信息支持。平台打通了进出口企业、物流公司、银行、运营机构之间的信息壁垒，通过加速数据流转和信息共享，促进了业务环节的流转效率，实现各方互信互认，并在一定程度上解决了贸易背景真实性难以核验的问题。该创新案例也入选了中组部编写的《改革发展攻坚克难案例》。

资料来源：《银行科技丨吕仲涛：工商银行区块链平台的建设及创新实践》（2021 年 11 月 26 日），腾讯网，https://new.qq.com/rain/a/20211126A08MIV00，最后浏览日期：2023 年 1 月 6 日。

第三篇 场景模式创新

第一节 我国发展数字货币展望

随着信息技术和金融的高度融合，金融科技正改变着人们的生产、生活方式，同时也催生了新的经济业态，数字经济、在线经济正成为推动经济高质量发展的新动力。2018年，习近平总书记向首届数字中国建设峰会致贺信，提出："加快数字中国建设，就是要适应我国发展新的历史方位，全面贯彻新发展理念，以信息化培育新动能，用新动能推动新发展，以新发展创造新辉煌。"移动支付正是打通数字经济闭环的关键，以云闪付、支付宝、微信为代表的移动支付兴起，扩展了市场边界，降低了交易成本，为数字经济的发展提供了基础性支撑作用。近年来，云计算、区块链、大数据、人工智能等新兴技术蓬勃发展，并应用到数字货币领域，丰富了移动支付的内涵。

一、数字货币的概念与应用场景

（一）数字货币的概念

货币向数字化方向发展经历了多个阶段，具体如表 3-1 所示。国内外很多研究对数字货币及相关概念往往定义模糊，本书在对比国内外主流数字货币定义的基础上，采用国际清算银行关于数字货币的官方定义。

国际清算银行（Bank for International Settlements，BIS）将数字货币描述为："基于分布式记账技术、采用去中介化支付机制的虚拟货币，它颠覆了传统货币概念，打破原有的商业模式，是对全球金融市场和经济产生巨大影响的一项真正突破性创新。"数字货币呈现的特点是不仅具有与真实世界交互的支付功能，而且通过密码学构造出安全可靠的转账功能，去中心化的数字货币不再以法定货币作为基准货币，而是依靠一定的规则独立发行，并可自由交易。从物理形态上看，数字货币属于广义的电子货币；从发行机制上看，数字货币属于广义的虚拟货币。比特币在 2009 年成为第一个去中心化的加密货币，这之后全球不断有种类繁多的类似比特币的加密货币被创造出来。

要真正地理解数字货币的内涵和外延，还需梳理其与电子货币、虚拟货币之间的联系和区别，这有助于我们搞清楚货币数字化和法定数字货币的差异，以及法定数字货币对数字货币未来发展的影响。

1. 电子货币

随着电子信息技术的发展，传统货币的发行、储值和支付方式也在不断革新。电子货币是货币形态发展的一个阶段，是消费者使用电子化技术，将银行的现金余额兑换成代表一定价值的虚拟资产，或通过银行以及第三方支付平台推出的快捷支付渠道（电子账户、射频卡、二维码或其他硬件设备）进行支付交易的电子凭证。电子货币分为两类：以电子账户存在；以硬件形式（IC 卡等）存在。电子货币与虚拟货币的最大区别在于，电子货币与法定货币在计价单位和价值上保持一致，是传统货币的电子化表现形式，而虚拟货币有自己的计价单位和价值模式。

表 3-1 货币向数字化方向发展的三个阶段

	初始状态	第一阶段	第二阶段	第三阶段
货币载体	几乎完全纸质	纸质为主	纸质+数字	数字为主
流通方式		一对多	多对一	多对多
必要条件		充足的取现点	廉价的数字终端	多样化的消费途径
新型支付工具	支票	银行卡	手机	智能数字设备
典型国家	尼日尔	哥伦比亚	中国	加拿大
政府如何受益		高透明度、安全，便于财政管理	低成本	低成本
企业如何受益		安全，便于财务管理	新商业模式，便于财务管理	新商业模式、低成本
个人如何受益		安全、快捷、低成本、高私密度	快捷、低成本，便于财务管理	低成本
主要障碍		金融基础设施落后，付款人缺少信息和专业知识	用户之间缺乏信任，收款人缺少信息和专业知识	一次性投入高，数字货币的接受度参差不齐

资料来源：焦瑾璞、孙天琦、黄亭亭等：《数字货币与普惠金融发展——理论框架、国际实践与监管体系》，《金融监管研究》2015 年第 7 期。

2. 虚拟货币

虚拟货币是网络技术与计算机发展的产物,是在网络空间上使用的一种价值的数字记账方式,由私营机构或网络社区发行或管理,如国内较为著名的 Q 币。虚拟货币是价值的一种数字表达,它既不是央行,也不是某个公共组织发行的,也不一定与法定货币挂钩。虚拟货币有自己的计价单位,按照是否与法定货币自由兑换,可将虚拟货币分为三类:第一类虚拟货币不存在兑换关系,如人大经济论坛中的论坛币、某些游戏中的游戏币;第二类虚拟货币可以通过法定货币兑换而得,如 Q 币,但这种兑换是单向的,虚拟货币不能兑换成法定货币;第三类虚拟货币可以相互兑换,如最为著名的比特币,并可以购买商品和服务。

3. 数字货币与央行数字货币

理解数字货币的概念首先要厘清什么是法定数字货币(Digital Fiat Currency,DFC)或者央行数字货币(Central Bank Digital Currency,CBDC)。所谓法定数字货币,是指发行主体是中央银行,因此其与数字货币不一样,法定数字货币是中心化发行,本质仍是中央银行对公众发行的债务,采用数字化的货币形式,具有法定地位,是国家主权的象征,受货币当局监管。

可见,数字货币具有去中心化的特征,但是仍然可以"中心化",并由国家信用背书,这就是所谓的法定数字货币——央行数字货币。各国央行数字货币研究现状如表 3-2 所示。此外,各国央行数字货币的主要特征梳理如表 3-3 所示。从某种意义上来说,法定数字货币是货币数字化的延伸。对于目前的中国来说,首先推动法定数字货币的发展,再逐步开放其他数字货币,无疑是更为稳妥的一条道路,对于防范金融风险以及社会治理具有重要的积极意义。

表 3-2 相关国家央行数字货币研究现状

国家(地区)	探索情况
中国	2014 年,中国人民银行成立法定数字货币研究小组,论证央行发行法定数字货币的可行性; 2016 年 1 月,中国人民银行召开数字货币研讨会,论证央行数字货币对中国经济的意义,并认为应尽早推出央行数字货币; 2017 年 1 月,中国人民银行正式成立数字货币研究所,并在国务院批准后开展 DC/EP 的法定数字货币研发工作; 2019 年 11 月,央行法定数字货币已基本完成顶层设计、标准制定; 2020 年 4 月,央行法定数字货币推进试点测试;

续 表

国家（地区）	探索情况
中国	2022年1月，国务院办公厅发布《要素市场化配置综合改革试点总体方案》，支持数字人民币试点使用； 2022年2月，《金融标准化"十四五"发展规划》下发，稳妥地推进法定数字货币标准研制
美国	2020年2月，美联储主席表示，美联储正在对央行数字货币进行研究，但尚未决定是否推出； 2022年3月，美国政府发布了关于数字资产和区块链技术的行政命令。该命令将研发美国CBDC作为"最高紧迫性"的工作
英国	2015年3月，英国央行宣布规划发行一种数字货币； 2016年，在英国央行的授意下，伦敦大学研发法定数字货币原型——RSCoin以提供技术参照框架； 2020年3月，英国央行发表央行数字货币报告，探讨向数字经济转变； 2022年4月，英国政府宣布财政部作为监管稳定币的主体部门，并表示将采取一系列措施规范运用加密货币
新加坡	2016年11月，新加坡金融管理局和区块链联盟R3合作推出Project Ubin，探索分布式账本技术在数字货币领域的应用； 2019年，新加坡金融管理局和加拿大银行完成了使用央行数字货币进行跨境货币支付的试验
瑞典	2017年9月，瑞典央行启动E-Krona计划，探索法定数字货币在零售支付方面的可行性； 2018年4月，瑞典央行宣布将与IOTA区块链公司合作，研发推出国家数字货币； 2020年，瑞典央行宣布，预计将于7月份开展数字货币试点
加拿大	2016年6月，区块链联盟R3与加拿大银行共同发起法定数字货币Jasper项目； 2019年，新加坡金融管理局和加拿大银行完成了使用央行数字货币进行跨境货币支付的试验； 2022年3月，加拿大央行和麻省理工学院（MIT）同意就央行数字货币（CBDC）研究开展合作
俄罗斯	2017年10月，俄罗斯总统普京正式宣布，俄罗斯将在莫斯科举行的闭门会议上发布官方数字货币——加密卢布
菲律宾	2020年7月，菲律宾央行行长称，央行已成立一个委员会研究发行央行数字货币的可行性以及相关政策影响
挪威	2018年5月，挪威央行发布的一份工作文件表示，央行正在考虑开发法定数字货币作为现金的补充，以确保人们对当前货币体系的信心； 2019年5月，挪威央行的工作组发布央行数字货币报告。报告表明，随着公民退出使用物理形式的货币，银行必须考虑一些重要的新属性以确保高效稳健的支付系统
马绍尔群岛	2018年3月，马绍尔群岛议会通过立法正式宣布其将通过ICO（Initial Coin Offering，指首次代币发行）的方式发行数字货币Sovereign（SOV）作为法定货币； 2019年9月，马绍尔群岛官方透露，即将推出的国家数字货币SOV将可以通过预订的方式获得

续 表

国家（地区）	探索情况
委内瑞拉	2018年2月，推出官方石油币，成为全球首个发行法定数字货币的国家
厄瓜多尔	2014年12月，厄瓜多尔推出电子货币系统； 2015年2月，运营电子货币系统和基于该系统的厄瓜多尔币，市民可通过该系统在超市、银行等场景支付； 2018年3月，政府宣告系统停止运行
突尼斯	2015年，突尼斯央行探索将区块链技术应用于其国家货币Dinar，推出本国货币Dinar的数字版本E-Dinar，成为全球首个发行由法定货币支持的数字货币的国家
塞内加尔	2016年12月，塞内加尔央行发布基于区块链的数字货币eCFA，由当地银行和一家位于爱尔兰的创业公司eCurrency Mint Limited协助发行
泰国	2018年10月，泰国政府发行数字货币CTH 120亿枚； 2019年7月，泰国央行副行长公开表示，其与香港金融管理局共同合作研发的数字货币项目正式进入第三阶段； 2020年1月，香港金融管理局与泰国央行公布数字货币联合研究计划——Inthanon-LionRock项目的成果，并发表研究报告
乌拉圭	2017年11月，乌拉圭央行推出一项为期6个月的零售数字货币试点计划，用于发行和使用乌拉圭比索的数字版本
立陶宛	2018年，立陶宛启动了LBChain区块链平台项目，积极研究区块链和数字货币； 2019年12月，立陶宛央行批准数字货币LBCoin的实物样本，代币基于区块链，将于2020年春季发行； 2020年1月，立陶宛央行表示正继续努力加强数字货币工作

资料来源：巴曙松、张岱晁、朱元倩：《全球数字货币的发展现状和趋势》，《金融发展研究》2020年第11期。

表3-3 相关国家央行数字货币的主要特征

	中国人民银行	欧洲中央银行	加拿大银行	新加坡金融管理局	瑞典中央银行	泰国银行	巴哈马中央银行	英格兰银行
资金供应	中国人民银行控制发行和赎回	欧洲中央银行控制发行和赎回	加拿大银行控制发行和赎回	新加坡金融管理局控制发行和赎回	瑞典中央银行控制发行和赎回	泰国银行控制发行和赎回	巴哈马中央银行控制发行和赎回	英格兰银行控制发行和赎回
值	1:1转换为CNY	1:1转换为EUR	1:1转换为CAD	1:1兑换SGD	1:1转换为SEK	1:1兑换泰铢	1:1兑换BSD/USD	1:1兑换英镑
储备	100%的准备金率	100%的准备金率	100%的准备金率	100%的准备金率	100%的准备金率	100%的准备金率	未知	100%的准备金率
应用场景	零售和批发	零售和批发	批发	零售和批发	零售	批发	零售和批发	零售

续表

	中国人民银行	欧洲中央银行	加拿大银行	新加坡金融管理局	瑞典中央银行	泰国银行	巴哈马中央银行	英格兰银行
技术方案	技术中性	DLT（R3 corda）	DLT（R3 corda）	DLT（R3 corda）	考虑以DLT为主的解决方案	DLT（R3 corda）	考虑以DLT为主的解决方案	考虑以DLT为主的解决方案
发行流通体系	双层	双层	双层	双层	双层	双层	双层	双层

资料来源：巴曙松、张岱晁、朱元倩：《全球数字货币的发展现状和趋势》，《金融发展研究》2020年第11期。

所谓央行数字货币，即法定电子现金，是由货币当局发行的、有政府信用背书的具有现金特性的价值载体，是纸币和硬币的替代物，即 M0。数字货币与电子货币最大的区别是信用等级不同：数字货币是中央银行的负债，属于政府信用；电子货币（如银行存款、支付账户余额等）是商业银行、支付机构的负债，属于商业银行信用和商业企业信用。从用户的视角看，央行数字货币的使用范围更广，具有无限法偿性，具有强制性，而其他支付手段并没有这个功能。数字货币推出后，由于其可以离线支付、安全性更高、使用范围更广，而且不用绑定银行账户，实现可控匿名，预计双方的使用规模可能会此消彼长。

需要说明的是，目前较为流行的支付宝、微信以及云闪付等，仅仅是一种基于电子货币的支付方式，是货币数字化趋势的表现，而法定数字货币只会影响基础货币量，也就是 M0。因此，类似微信和支付宝这些第三方支付平台逐渐创造了一个无现金、无刷卡的社会，以 M2 货币供应水平运行。传统上，中央银行并不能直接控制 M2，有了法定数字货币之后，它们就可能绕过商业银行，并重新获得对货币创造与供应的控制。数字货币的效力完全不是微信支付和支付宝能够相提并论的，并且法定数字货币的出现，可以有效地弥补这类支付方式的各类缺陷，并对这种货币数字化的趋势进行有效监管和控制。

（二）数字货币的运营体系与应用场景

中国将要发行的数字货币将采用双层运营体系，即一币两库三中心。采用双层运营体系具有以下优点：一是充分利用了现有资源，调动和发挥了社会力量，实现了社会成本最低化；二是可以灵活地满足市场需求；三是避免了金融脱媒。央行数字货币要推广落地，必须基于各类场景，就像支付宝、微信支付的普及是基于线下二维码支付。央行数字货币有哪些应用场景呢？笔者认为可以基于 Web、Html5、APP、NFC、条码、区块链以及以太坊等技术，基于线上、线下已经构建的收单、转接基础设施形成 PC 网页、移动网页、移动应用、非接支付、条码支付等各类应用场景，在丰富应用场景的同时，也为老百姓带来切实的方便。

在数字货币的各类应用场景中，需要考虑各个群体的差异化需求，特别要重视跨越老年人群体的"数字鸿沟"。例如，未来数字钱包既要有"软"，也要有"硬"。"软"是指包括手机 APP 形式的软件钱包；"硬"就是不依赖手机，而是依托芯片的"硬钱包"，类似于在身份证、社保卡内的芯片，不会使用智能手机的老年人也可以使用"硬钱包"。另外，数字人民币应在技术、场景、应用上积极创新，在试点中覆盖更多人群，应充分考虑老年人等特殊群体的需求，体现更强的包容性。数字人民币的试点也不能"重城市轻农村"，不能"避难就易"，应针对有关"三农"的各种应用场景重点攻关，使数字人民币惠及广大农村、农业和农民。

二、我国发展数字货币的意义

我国坚持走中国特色社会主义道路，各领域改革多遵循渐进模式，在货币制度上也是如此。数字货币作为货币发展的最新形态是遵循社会经济发展规律的产物，不以人的意志为转移。货币的形式是与人类文明程度密切相关的，因此，货币数字化是人类社会发展的一个必然趋势。数字货币在提升支付和拨付效率、打击洗钱犯罪、降低货币制造管理成本等方面都具有非常广阔的应用空间。张野认为，在数字货币的设计上，要坚持四个原则：一是货币的主权性；二是使用上的便利性；三是安全性；四是匿名性。[1] 因此，加快我国数字货币建设，符合经济发展规律，是落实习近平新时代中国特色社会主义思想，践行新发展理念的必然要求。

第一，央行数字货币在技术层面和货币形态层面对传统货币进行了升级，体现了创新。

第二，央行数字货币使用门槛低，仅需要一部智能手机即可收付款，体现了协调。

第三，央行数字货币降低了传统现金发行、流通、回笼、销毁的成

---

[1] 胡晓炼，张野：《要数字货币，不要数字鸿沟》（2020 年 11 月 24 日），人民政协网，https://www.rmzxb.com.cn/c/2020-11-25/2723140.shtml，最后浏览日期：2023 年 5 月 17 日。

本，体现了绿色。

第四，央行数字货币推出后，可促进人民币国际化，体现了开放。

第五，央行数字货币作为底层基础设施，相关功能与社会共享，降低了相关参与方的开发成本，体现了共享。

三、数字货币在国内外发展概述

（一）国内的研究现状与应用场景

全球范围内，中国在央行数字货币研发上的进展最为迅速。2014年，在时任行长周小川的支持下，中国人民银行便成立了法定数字货币专门研究小组，并明确了发行数字货币这一战略目标。近年来，相关研发工作陆续启动，相关研发消息持续披露。2020年4月，央行数字货币首个应用场景在江苏省苏州市相城区落地。

自2021年起，京东科技与工、农、中、建、交、邮储六家运营机构均已开展合作，并顺利接入数字人民币电商平台消费试点场景。京东科技还帮助商家升级收银机，改造成功后的自助收银机不仅实现了受理数字人民币支付的功能，同时打通了商户各门店的 ERP 系统，大大提升了商户使用体验与收银效率。

当前在深圳市的数字货币试点，其支付方式与移动支付并无二致，只是对支付技术增加了双离线的需求，即支付设备与手机能同时在没有网络支撑的环境下支持交易。继深圳市、苏州市、北京市等地之后，数字人民币消费红包测试活动首次在成都市试点，于2021年2月24日正式开启，成都市政府将联合京东面向市民发放20万份总计4000万元的数字人民币红包。① 为进一步扩大数字人民币测试的应用场景，实现数字人民币全域推进，成都市人民政府、中国人民银行成都分行共同组织面向所有在成都工作或生活的市民（市民预约须同时满足两个条件：一是预约登记时所处地理位置在成都市；二是使用中国大陆手机号码和第二代居民身份证进行预约登记）通过报名、抽签方式确定约20万名中签用户，中签用户按要求开设个人数字人民币钱包后，数字人民币红包将自动发放至中签个人数字人民币钱包，在红包有效期内，个人可至指定商户进行消费。

与现行的移动支付方式不同，数字货币未来将对支付手段进行革新，

---

① 《数字货币新增试点》（2021年2月26日），腾讯网，https://new.qq.com/omn/20210226/20210226A01EI300.html，最后浏览日期：2023年5月17日。

交互介质、支付环境、商业模式等都将发生翻天覆地的改变。数字货币作为法定货币，它的改变将是前所未有的，对于以支付技术为核心的科技型公司来说，除了支付设备升级所带来的产业空间，未来数字货币的商业模式、"云+端"的支付场景解决方案将带来更大的市场。①

在国内城市开始试点的同时，央行数字货币研究所还加入多边央行数字货币桥研究项目，与多国一起探索央行数字货币在跨境支付中的应用，这对扩大数字人民币应用场景、参与国际金融治理、深化金融业"双向开放"等都具有积极意义。目前，全球主要经济体货币当局普遍关注法定数字货币，但法定数字货币作为新生事物，面临多重挑战。我国较早启动了央行数字货币的研发，如果在法定数字货币方面开展国际合作，与世界各国及国际组织加强数字货币研发、监管等方面的信息共享和经验交流，将有助于加快数字人民币的推出进程，也将更好地推动数字货币服务全球。

在跨境支付维度上，多边央行数字货币桥研究项目将通过开发试验原型，进一步研究分布式账本技术（Distributed Ledger Technology，DLT），实现央行数字货币对跨境交易全天候同步交收（Payment Versus Payment，PvP）结算，便利跨境贸易场景下的本外币兑换。多边央行数字货币桥研究项目将进一步构建有利环境，让更多亚洲及其他地区的央行共同研究提升金融基础设施的跨境支付能力，以解决跨境支付中的效率低、成本高及透明度低等难题。②

在助力我国人民币国际化的道路上，首先，在粤港澳大湾区开展探索性研究和尝试。国际金融枢纽是《粤港澳大湾区发展规划纲要》对大湾区的总体金融定位，从国家战略的角度考量，大湾区国际金融枢纽的内核是人民币国际化，而粤港澳大湾区在推动人民币国际化方面具有得天独厚的条件。在产业体系方面，深圳市作为国内数字经济发展的前沿阵地，金融创新活跃、高新技术产业发达，具备发展数字货币的基础和条件。2019年8月，中共中央、国务院发布《关于支持深圳建设中国特色社会主义先行示范区的意见》，明确了深圳市在粤港澳大湾区建设中的核心引擎功能，并且对深圳市提出了打造数字经济创新发展试验区的要求："支持在深圳开展数字货币研究与移动支付等创新应用。促进与港澳金融市场互联互通

---

① 《开放28个试点城市　让数字货币走入群众家里》（2021年1月20日），土星网，https://baijiahao.baidu.com/s?id=1689399658582037004&wfr=spider&for=pc，最后浏览日期：2023年5月17日。

② 《央行数研所探索央行数字货币跨境支付应用》（2021年2月25日），新华网，https://baijiahao.baidu.com/s?id=1692624988343614156&wfr=spider&for=pc，最后浏览日期：2023年5月17日。

和金融（基金）产品互认。在推进人民币国际化上先行先试，探索创新跨境金融监管。"此外，粤港澳大湾区有着雄厚的产业经济基础，具有境内境外两个金融市场的优势，可以开展多形式的人民币国际化探索，有助于推动人民币走出去。

其次，推进央行数字货币的区域化发展。利用粤港澳大湾区的区域辐射能力，依托我国与东盟各国家密切的贸易和投资往来，以数字货币合作为契机，构建基于央行数字货币的区域性跨境支付系统，在此基础上拓宽和加深数字金融服务的适用范围，进一步深化中国与东盟国家的贸易结算、跨境投资、货币互换、市场监管等方面的金融合作，向东盟国家提供普惠金融服务，这不仅有利于改善当前传统跨境支付的效率问题，而且有利于人民币的国际化使用。未来这一系统还可扩展至"一带一路"共建国家，在"一带一路"部分国家进行数字货币应用的试点试验，有效地发挥包括科技金融与数字金融在内的新型金融业态在"一带一路"建设中的重要作用。"一带一路"倡议为人民币国际化提供了一个良好契机，以"一带一路"跨境合作为主线，充分利用亚投行、丝路基金等融资安排，扩展人民币在中国与"一带一路"共建国家贸易与投融资结算中的跨境使用，进一步完善人民币承担支付和投资等功能所需的清算托管等方面基础设施的搭建，逐步推进人民币在"一带一路"共建国家的区域化发展。

最后，充分利用中国新兴经济体的属性，通过与"金砖国家"、欧亚经济联盟等新兴经济体的合作，"合纵连横"地推进人民币国际化。前些年有学者提议，可以通过加强"金砖国家"间的货币合作来逐渐实现人民币的"金砖化"，但实践证明这种做法的收效甚微，而金融科技和数字货币有可能为"金砖国家"间的金融及货币合作开辟全新前景。"金砖国家"商业委员会（BRICS Business Council）在 2019 年 11 月举行的第十一届"金砖国家"峰会上提议，在"金砖国家"间建立一个统一的支付系统，并且发行一款用于成员国间贸易清算的数字货币，以降低对美元的依赖。

（二）国外研究现状与应用场景

世界多国央行都在研究其主权货币是否应该拥有配备数字货币。欧洲央行 2020 年的一份报告称，数字欧元可能给欧元区公民提供一种安全的货币形式。发行数字欧元有利于支持欧洲经济数字化和欧盟战略独立性，以应对现金作为支付手段作用显著下降的局面，还可作为新的货币政策传导渠道，降低常规支付服务的风险，提升欧元的国际地位，改善货币和支付系统总成本等。2021 年 7 月，欧洲央行宣布启动数字欧元项目，第一阶段是为期两年的调查阶段，旨在解决数字欧元设计和发行等关键问题。

俄罗斯央行2020年12月19日表示，避开经济制裁将是推出由卢布支持的央行数字货币的原因之一。数字卢布可能有助于减少俄罗斯经济对美元的依赖，有助于减轻该国受到外国制裁的风险。

日本中央银行2021年4月7日发布公告称，从当天起对中央银行数字货币进行第一阶段性测试。专家指出日本的数字货币建设面临着架构体系、技术形式、跨境使用、应用场景具体设计与运用的考量。

2020年10月初，国际清算银行联合美联储、欧洲央行、英格兰银行、瑞士央行、瑞典央行、日本央行、加拿大银行7家央行联合发布了一份名为《中央银行数字货币：基本原理和核心特征》的报告，阐述通用CBDC的共同基本原则和核心特征。报告指出，为了在数字世界中发展和追求公共政策目标，各国央行正在积极研究向公众提供数字货币的利弊。来自各国央行的已发表研究、政策工作和概念验证，在确定潜在利益和风险方面取得了很大进展。①

1. 数字美元

（1）点对点（P2P）支付

随着电子商务和数字经济的发展，已经有许多P2P移动支付服务商（如支付宝和Paypal）创造了更快更直接的资金转移方式，克服了实物现金的限制。这些移动支付系统还是基于账户的，一笔交易只需几秒钟就能记录下来，但是根据P2P系统和转账金额的不同，交易方需要1—5个工作日才能获得资金。即交易时并不是完全完成的，在交易双方各自的账户被记录、调整和结算之前，交易仍然可以被逆转。

（2）线下零售支付

2020年的新冠肺炎疫情使人们更加关注处理实物现金的卫生情况。银行信用卡和借记卡支付依赖银行进行结算，存在一定的时间差。由于现金和银行卡支付的局限性，零售商已经开始接受加密货币等更新的支付方式。使用数字美元，客户就可以更低的成本直接、即时地向零售商支付，而不需要传统的中间商；零售商则可以节省信用卡和现金支付的处理费用（约占其年收入的5%—15%），并能更快地收到资金，而不需等待结算系统来处理信用卡和借记卡的付款，这也将进一步提高其资本

---

① 《全球数字货币竞争加速，美国释出接纳态度、中国完成首个试点》（2020年10月21日），新浪财经，https://baijiahao.baidu.com/s?id=1681132944987913246&wfr=spider&for=pc，最后浏览日期：2023年5月17日。

运营收益。

(3) 证券结算（交付对支付 DvP）

美国证券结算目前使用 DvP（Delivery Versus Payment）系统，意味着当且仅当支付发生时，证券才会交付。DvP 系统并不是一种即时解决方案，它有三种模式，主要在结算时间方面有所不同，并会导致不同的潜在信用风险（由中央证券存管机构减轻）。

模式 1　同时结算单个证券转让和相关资金转让，维护参与者的资金账户，并通过账簿记录所有转让。每笔交易的本金都必须被覆盖，需要大量资金，但减少了信贷和流动性风险。如果采用数字美元结算，因其具有可编程性，与数字证券结合后，可以实现真正的全额原子结算（grossatomic settlement），且不存在交易对手风险。

模式 2　只提供证券的同时结算，而相关资金转移是按净额进行的。证券记录在账户上，由提供证券结算并以分录形式记录的实体所持有，而资金账户可以由包括商业银行或中央银行在内的其他实体进行管理。

模式 3　同时提供证券和资金的净额结算，结算和资金账户可以由两个独立的实体持有，其主要特点是证券和资金的簿记转账发生在处理周期的最后一步。数字美元可以为最终结算提供支付支持，能提高可访问性，更容易协调，进而刺激创新。

2. 数字英镑

目前，英国央行尚未计划发行数字货币，但已开始研究发行法定数字货币的潜在影响。2019 年，英国央行行长马克·卡尼（Mark Carney）在美联储年度杰克逊霍尔研讨会上发言时提出，当前的国际货币体系并不完善，美元仍在全球贸易货币体系中居主导地位，一种可能替代美元的方法是通过央行数字货币网络建立新的合成霸权货币（SHC），可以削弱美元在国际贸易中的主导作用，有利于经济发展。

英格兰银行将建立一个快速、高度安全和有弹性的技术平台——核心账本作为央行数字货币支付系统的中心，负责记录价值凭证，处理使用央行数字货币进行的交易。核心账本的功能仅限于使用央行数字货币付款所需的基本功能，这一举措有利于构建简洁、快速和灵活的系统。核心账本附带一个应用程序编程接口（API），允许第三方支付接口提供者安全地发送支付指令，大部分支付创新功能将由接入核心账本的第三方金融机构通过附加服务实现。同时，为了确保支付系统的弹性、安全性和完整性，只有经批准的金融中介机构才能连接到核心账本，而且英格兰银行会设定相关法规，确保付款系统的安全。

第二节　金融科技在保险领域的创新应用

一、新保险时代：金融科技重新定义保险新未来

金融业界曾有人戏言："让银行行长睡不着觉的除了不良贷款率，还有金融的科技化转型。"近年来，各大金融机构纷纷设立科技部门，大量招募科技人才，战略上迎合金融科技的潮流便是明证。毫无疑问，无现金支付、人工智能、大数据、区块链等新兴科技的应用第一次把传统金融业带到了悬崖边缘。金融与科技这两个原本既相似又不同的领域，如今正加速叠加与反应。两者叠加所产生的威力已远远突破了金融的界限，深入社会生活的方方面面，不仅衍生了一场无声的金融革命，更在推动一场人类进步的社会革命。保险是人类最古老的风险管理及风险分散工具，在新保险时代，金融科技赋能传统保险业，不断促进保险生态系统的转型升级，金融科技必将重新定义保险新未来。

（一）金融科技：第四次工业革命的未来图谱

在金融科技浪潮下，以智能化、数字化为标志的新一轮科技创新必将引发第四次工业革命，也必将推动一场人类社会的进步运动。在金融科技浪潮下，保险科技逐渐兴起，人工智能、大数据、区块链等保险"黑科技"正不断连接保险价值链，赋能保险业高质量发展。在科技创新驱动下，保险科技时代正悄然来临，保险业未来已来。

1. 科技创新驱动下金融科技时代的来临

1769年，英国人瓦特（James Watt）改良蒸汽机，引发了生产方式从手工劳动向动力机器转变的重大飞跃，由此推动了第一次工业革命。19世纪六七十年代，电力成为补充和取代蒸汽动力的新能源，电话、电灯、电车等相继问世，并由此引发了第二次工业革命。第二次世界大战以后，计算机和网络技术兴起，不仅可以替代人类进行一部分脑力活动，也推动人类步入网络化和信息化社会，由此引发了第三次工业革命。

自2010年以来，全球科技创新又步入新阶段，大数据、人工智能、物联网、区块链、生物科技、3D打印等新兴科技取得突破式进展。新兴科技不仅优化和重塑企业的生产、经营、管理链条，其所引致的"破坏式创新"力量更打破了生物、物理和数字技术间的区隔，不断地为人类带来迅捷、普惠、公平的生活体验。

伴随着大数据、人工智能等新兴科技的创新应用，各类科技创新元素

也逐步延伸到金融服务当中去。金融从业者积极运用新兴科技创新金融服务的形态，从线上支付到区块链货币、从掌上银行到无人银行、从远程客服到智能投顾，各大金融机构纷纷向线上金融、智能金融布局和转型。与此同时，新兴科技企业也凭借其技术优势积极发力金融业务。例如，我国BATJ（百度、阿里、腾讯、京东）互联网四巨头纷纷布局金融业，平台型金融业务趋势而起，互联网金融已悄然成为传统金融业的"搅局者"。金融与科技的深度融合，不仅优化了传统金融的价值链，创造出新的业务生态，也对传统金融市场、金融机构和金融服务带来巨大的冲击和挑战。

从学理上讲，所谓金融科技，是指把新兴科技应用于金融服务的各个环节，通过技术创新与变革，推动金融服务更加迅捷、更加公平、更加普惠，推动金融体系的破坏式创新，进而增加金融消费者的总体福利。在现代经济社会中，金融科技的应用已经延伸到支付清算、电子货币、网络借贷、大数据、区块链、云计算、智能投顾、智能合同等多个领域，并对银行、证券、保险、支付等金融领域的核心功能产生重大影响。根据国际数据统计机构 Venture Scanner 的统计，全球金融科技大致延伸到 16 个大类（见图 3-1），跨越 64 个国家，总融资金额超过 807 亿美元。相较于前三次工业革命，金融科技时代的来临犹如一场静悄悄的革命，悄然地推动着人类生产生活方式的创新与变革。在金融科技的时代浪潮下，金融业的科技化转型已势在必行。

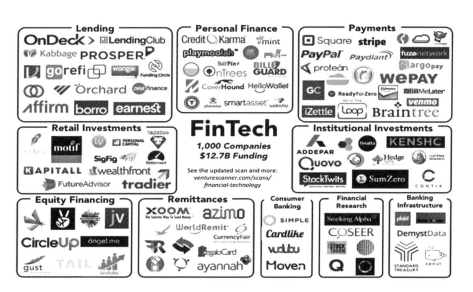

图 3-1　全球金融科技（Fintech）延伸领域的统计

2. 金融科技时代下人类社会的未来图景

在科技创新的时代背景下，时间和空间的距离被打破，人与人之间的联系更加密切频繁，人类行为和决策更加需要信息技术的支持。例如，通过运用大数据技术进行信息的搜集与分析，才能产生有价值的信息，普通民众可以预测交通、天气，进行疾病管理，对陌生人的身份进行验证以解决信用问题等；利用人工智能技术，企业可以分析客户的喜好，预测未来商品的趋势，提高经营管理效率等。金融机构加强对金融科技的创新应用，不仅能够提升产品及客户管理的水平，还能够进行全方位的信用评估，及时化解金融领域的系统性风险。总之，科技创新是驱动生产力发展的不竭动力，金融科技已经成为我国金融业转型发展的源泉。

第三次工业革命也被称为信息技术革命，以互联网和计算机为代表的新兴科技把人类推入虚拟社会，人们可利用的科学技术呈几何级增长态势，大大增加了科学技术的可及性和普惠性。以人类对数据的开发利用为例，在互联网及信息技术的助推下，人类利用数据的方式大致历经三个时期：.com 时期、社交网络时期、物联网时期。第一阶段是.com 时期。20世纪 90 年代互联网刚刚兴起之时，互联网从业者已经开始研究 Log 资料，尝试搜集互联网用户的 Cookie，并记录其搜寻行为等。第二阶段是社交网络时期。Facebook、Twitter、腾讯等社交软件积累了大量用户，与此同时，也累积了海量数据，这些社群数据不仅造就了商业价值，也改变着人类的认知思维。当前，人类社会已迈入利用数据的第三阶段，即物联网时期。此前，数据的搜集和利用可能仅局限于社交、商业等某一领域内；当下，无论是人还是机器都已经被数据解构，数据可能来源于可穿戴设备、智能机器人、无人驾驶等场景，通过数以亿计的传感器，万物互联的数据平台将被搭建，人类的呼吸、脉搏、睡眠乃至行为习惯都将成为重要的数据分析对象（见图 3-2）。物联网时代下，从出生到死亡，从工作到家庭，大数据将深刻影响每个个人。企业能够利用这些数据提升服务品质，增加管理效能，帮助决策和创造商业模式。对于一般民众而言，大数据是另一个自我，数据画像可能比我自己更了解我自己。

在金融科技驱动下，保险科技时代已悄然来临。金融科技创新为保险行业向高质量发展转型发挥重要作用，既不断提升保险客户需求，又成为保险业竞争的焦点。其中，人工智能、云计算、大数据、物联网等底层技术在保险行业的创新应用，使新技术、新模式、新业态跟保险深度融合，成为加快保险行业商业模式变革的重要途径。

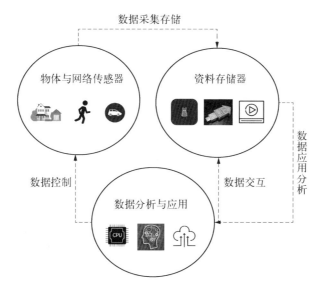

图 3-2　物联网环境下大数据的搜集与应用

（二）保险科技在传统保险业的创新应用

在互联网社会助推下，保险已经从标准化、格式化的商品，逐渐走向普惠化、碎片化、场景化以及个性化的服务。金融科技时代所同步催生的保险科技也能够应用在各类消费场景之中，势必会造就全球保险业的另一波热潮。

1. 保险科技创新应用的七大趋势

以人工智能、大数据、区块链为代表的新兴科技飞速发展，引发全球科技创新的新一轮热潮。与此同时，同步衍生的保险科技也深刻地改变着保险行业的竞争格局与生态。保险科技不仅重塑保险行业的技术服务标准，更从基础设施层面支持保险业的高质量转型发展，在拓展保险风险保障功能、增强保险行业风险管理核心能力等方面发挥着变革性作用。在金融科技的未来图景下，保险科技在保险业的创新应用会呈现七大趋势。

（1）保险展业渠道的更新升级

例如，基于移动互联网而被广泛使用的社群媒体、电商平台，以及包括生活中可能接触到的保险服务场景，如旅游网站、机票订购网站等，都能够成为保险销售的新渠道和新场景。保险从传统单一化、格式化的商品慢慢进化为碎片化、个性化的普惠型金融商品，消费者与保险的互动会更加高效和便捷，对风险以及保险的认知也会更加科学。

（2）保险从单纯的事后补偿逐渐走向全流程、全周期的风险管理与风险预防

以前，保险公司都是在保险事故发生之后才开始提供服务。迅速高效便捷的保险金赔付旨在保障保险消费者出险后的货币支付能力，以尽快恢复其正常的生产生活状态。但保险的功能在风险管理，并不仅在事后的单一理赔。在保险科技的底层技术支持下，保险公司能够实时掌握被保险标的的风险状况，作出风险预防及风险干预。保险公司与保险消费者之间的关系可以更加密切，通过提前回馈风险状况，来降低保险消费者出险的概率，减轻保险机构的理赔风险。目前，在保险科技创新应用的趋势下，这类型的风险管理服务正在兴起。

（3）结合保险大数据与人工智能辅助的保险智能决策

保险以大数据法则为核心，以精算为基础。目前，大数据与人工智能大多用于精算、理赔与核保的业务中，未来也能担任顾问的角色，进一步辅助保险业务员销售保险，比如，当面对客户咨询时，能即时产生分析图表来提供服务。保险大数据与人工智能技术的创新应用推动了保险商品的定价、承保理赔、展业营销、客户管理的快速发展。

（4）通过物联网提供增值服务

保险公司不仅仅是出险后的资金赔付者，也开始参与保户生产生活的方方面面。例如，保险公司开始运用物联网搜集个人健康信息或车辆信息，来发展咨询服务或风险预警管理机制，甚至鼓励用户达成特定任务，来换购商品或者降低保费。

（5）通过区块链精简保险作业流程

以区块链为核心的分布式存储技术，不仅可以降低保险欺诈的概率，也能够降低核保的理赔风险。例如，通过智能合约执行理赔并自动入账，能够使保险业务流程更加高效和安全。

（6）保险科技催生新型保险商品

比如无人车保险、信息安全保险、智慧财产保险、UBI（Usage-Based Insurance）保险、宠物保险等。

（7）保险生态系统的新升级

以南非保险公司 Discovery 推出的"活力健康险计划 Vitality"为例，保险公司结合客户日常生活中的运动、饮食、睡眠习惯等资料推出任务，客户再通过完成任务累积健康点数，来换取对应商品、健康食品、运动器材，甚至旅游的机会。它的成果非常明显，不仅使医疗成本下降10%—35%，保户的住院成本、慢性病成本也较非保户下降，健康指数也有所提

升。如此看来，该服务与零售、运动、食品、娱乐、航空、信用卡异业结合，以保险公司为核心来串联生态链。

2. 保险科技如何重塑保险生态圈

当前，全球保险业正经历一场科技革命，以大数据、人工智能、区块链、物联网为代表的保险科技已经渗透保险生态系统的各个环节。保险科技的创新应用对传统保险商业模式产生了颠覆性影响，主要表现在以下方面。

首先，保险科技改变保险消费体验。互联网突破了时间和空间的界限，给消费者带来更加迅捷、便利的消费体验。近年来，互联网保险发展得如火如荼，保险机构积极地同第三方网络平台合作，利用 Cookie 以及人工智能技术记录和分析用户的消费习惯，并搭建营销场景进行点对点推介。对于保险机构而言，数字化渠道和场景式营销降低了保险机构的人力成本，提高了营销效率。除此之外，保险是典型的非渴求式商品，长期以来，我国居民对保险的认可度普遍不高。在互联网渠道下，保险科技的创新应用能够有效地分析客户的健康、疾病、医疗、养老等需求，在特定场景下唤醒消费者的风险意识，强化消费者的保险需求；同时，促进了保险消费的信息对称，提升了消费者接触保险的便利性。

其次，保险科技优化保险服务环节。保险经营包括产品定价、风险控制、核保理赔等诸多环节，大数据是保险业风险管理的核心手段。在科学技术未臻成熟之前，保险业的数据搜集渠道比较狭窄，大多源于历史经验数据，并且数据质量较差，可利用度不高。保险是管理未来风险的机制，毫无疑问，数据治理能力不高严重制约了保险业风险管理的有效性和经营的稳定性。在科技革命浪潮之下，保险业在设计定价、承保理赔及风险控制等方面都融入了科技因素。在物联网技术的支持下，保险机构搜集数据的能力大大提高，可获取的数据体量呈爆发式增长。大数据进而融入精算理论中，保险机构对损失概率和损失程度的预测日趋科学，从而能够进行差异化定价，满足各类客户的不同需求。同时，数据的搜集和分析趋于同步，保险机构能够实时掌控被保险标的的风险状况，及时指导投保人完善风险管控措施，防范道德风险甚至保险欺诈。

最后，保险科技重塑保险生态。在互联网发展初期，保险机构仅通过与第三方网络平台进行销售合作，以充分利用其流量和渠道。彼时，互联网保险和其他保险产品并无太大区别，仅是从线下搬到线上而已。但在保险科技的助推下，场景式保险和专属保险纷纷面世，消费者对保险的认知度和接受度更高，退货运费险无疑是其中最具代表性的险种。保险机构与第三方网销平台展开合作，通过大数据记录和分析追踪消费者的消费行为，并在商品展示页和交易环节中嵌入退货运费险。数字化场景搭载退货运费险，使该险种的销售量呈井喷之势，不仅解决了消费痛点，也为保险业提供了新的业务机遇。据不完全统计，已有15家保险机构成立了48家科技类子公司，如平安集团旗下的平安科技、平安金融科技咨询以及人保金服旗下的爱保科技。由此可见，我国传统的保险机构已不局限于同第三方网络平台的销售合作，在战略上开始从"流量为王"向"科技为王"转变，更加注重保险科技的分析、管理和挖掘能力。

综上可见，保险科技是保险业"破坏式创新"的主要动能，"保险+科技"的新保险生态系统正在形成。

二、保险科技对保险生态系统的颠覆式创新

在金融科技浪潮下，保险科技对保险业的冲击和影响是全面而深远的。全球各大保险机构纷纷投入庞大的资源，尝试以科技化思维和数字化思维引领自身的转型升级。被誉为"大数据时代的预言家"的维克托·迈尔-舍恩伯格（Viktor Mayer-Schönberger）在其著作《大数据时代：生活、工作与思维的大变革》中提道："大数据开启了一次重大的时代转型。就像望远镜让我们能够感受宇宙，显微镜让我们能够观测微生物一样，大数据正在改变我们的生活以及理解世界的方式，成为新发明和新服务的源泉，而更多的改变正蓄势待发……"在大数据及保险科技的冲击下，我国保险业更应注重科技创新能力及数据治理能力，以科技和数据提升保险服务品质，在更大程度上满足人民群众的风险保障需求。

（一）保险科技助推保险业高质量创新发展

俗话说："无风险则无保险"，风险是保险业诞生和发展的源泉。然而，传统的保险定价、承保和理赔的技术水平并不高，导致保险机构对风险的承受能力不强，一些风险也不能被完全纳入保险风险保障的范围之内，还有一些风险的保障水平也远未能满足人民群众的风险保障需求。在保险科技时代下，保险机构识别风险的技术水平大大提升，风险管理及风险承担能力大幅增长，使保险的风险保障功能有了坚实的技术基础。在金融科技创新应用的时代，保险科技赋能保险业高质量创新发展主要表现在以下三个方面。

1. 由"流量为王"向"数据为王"转变

保险是典型的非渴求式商品，换言之，风险虽然客观存在且不可避

免,但消费者讳疾忌医,往往存在侥幸心理,一般不会主动购买保险。"股票是人民群众追着买,而保险是营销员求着人民群众买",这一俗语正验证了保险业发展所面临的窘境。基于保险的特性,我国保险业长期采用"人海"战术,发展庞大的代理人队伍来推销保险。可以说,代理人营销是培育人民大众的保险意识,提升我国保险保障水平的重要方式。20世纪末,中国正式开启互联网时代,消费者越来越多地通过网络搜索信息,寻找服务。在网络社会中,高流量意味着高关注,也能变现高商业价值。我国各大保险机构纷纷搭载网络渠道的快车,通过网页投放广告、搜索竞价排名、自建保险销售网站的方式拓展保险营销网络。相较于线下的"人海"战术,通过网络线上营销保险,针对性更强,人力成本更低。但通过网络线上营销保险只是简单地切换保险营销渠道而已,保险营销与互联网并没有深度结合。与此同时,通过互联网渠道营销的保险使保险消费纠纷问题更加凸显。

2012年以后,中国移动互联网进入高速发展期,网络购物、移动社交等新业态呈井喷之势,互联网与日常生活深度融合。在移动互联网之下,各大保险机构异常重视线上营销能力的建设,特别是同第三方网络平台的合作。例如,蚂蚁金服自建保险板块,利用自身的流量优势销售定制化保险产品;众安在线与淘宝合作,在销售场景中嵌入退货运费险。

综观我国保险营销的发展史,其经历了网上卖保险、场景化保险、保险全流程改造、保险生态系统四个阶段(见图3-3)。究其本质,这四个阶段都是以流量为核心,各大保险机构致力于通过流量挖掘客户资源,最终实现获客和盈利变现。但仍应看到,片面地重视渠道引流使得各大保险机构在与第三方网络平台合作中处于劣势地位,尤其是渠道成本占保险经营成本的比重非常之高,保险机构无法掌握第三方网络平台最为核心的数据资源,也难以反哺后端的产品研发及风险控制环节。近年来,各大保险机构已不局限于同第三方网络平台的简单合作,而是积极寻求数据共享与数据挖掘。以保险巨头平安保险集团为例,其在行业内率先树立科技驱动

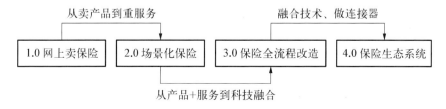

图3-3 我国保险营销的演变历程

思维，把保险科技作为布局的重点领域，在用户挖掘及持续盈利上取得了不俗的成绩。在保险科技时代，保险业以流量和渠道制胜的传统打法已不能赢得市场，数据和科技正成为驱动保险业转型升级的重要力量。

2. 由产品导向向消费者导向转变

囿于保险科技水平的落后，传统保险产品的开发定价、营销管理、承保理赔及风险控制的各个环节是相互割裂、互不衔接的。消费者对于保险商品的认知主要来源于营销员的推介，导致其在购买保险时并不十分清楚自身的风险需求以及所购保险适合与否。在理赔环节，消费者往往基于主观认识要求保险机构理赔。而一旦保险机构认定该事故并不属于保险范围或存在其他免责情形时，消费者与保险机构间的消费纠纷就大量滋生。保险商品是无形服务，保险产品设计包含精算、法律、医疗等多学科知识，存在天然的信息不对称，消费者也难以理解保险设计，这使得消费者对保险服务缺乏信任。

在保险科技时代，科技、保险、服务深度融合，保险商品研发定价、营销管理、风险控制都相互衔接、相互推进，消费者对保险的认知更加科学。例如，通过数据分析用户的保险需求，使用户的风险意识和保险需求在具体消费场景下被主动唤醒，提升了保险服务的接受度和认可度。又如，通过物联网技术搜集用户的健康数据，不仅能够为消费者定制个性化和差异化的保险商品，也能够实现健康风险的过程化管理，从而降低疾病风险。再如，通过大数据分析车辆损失程度，保险理赔系统自动作出赔付，优化了保险服务的环节和流程，提升了消费者对保险的满意度。概言之，保险科技来源于用户，必将服务于用户，保险科技是深化保险消费者中心理念的有力支撑。

3. 由资本驱动型向科技赋能型转变

一般而言，保险业有承保和投资两大板块业务。在承保端，保险机构吸纳广大投保人的保费累积形成保险基金，同时承诺保险机构在保险事故发生时赔付或给付保险金，以达成保险风险分散及保障之初始目的。在投资端，保险机构运用庞大的保险基金，保证保险资金保值增值，并赠付随时可能发生的保险金。可以说，保险是典型的管风险和管资本的行业。在此逻辑之下，保险机构的盈利点在于前端吸纳保费，通过死差、利差和费差来扩大承保收益；在后端优化投资结构，利用保险资金的规模优势获取投资收益。纵观全球保险业的发展趋势，保险市场竞争日益激烈，保险获客难度增大，纯保障型保险并不受消费者青睐。保险机构为扩大市场份额，转而设计和销售理财型保险（分红险、万能险和投资连结保险）。上述理财型保险虽有助于提升保险的竞争力,但并非保险风险分散的主业。更有保险机构片面追求资产规模,大量销售有保险之名但无保险之实的"假保险",以至于累积了大量金融风险。由此可见,回归保险保障之本源与保险是资本驱动型之行业特性有矛盾之处。

保险业是管资本和管风险的行业,但在保险科技时代,保险业更是管科技的行业。首先,保险科技推动保险回归保险风险保障的本源。为了因应新的生活和消费形态,科技赋能保险业的各个环节。保险服务通过保险科技精准地嵌入各个消费场景之中,消费者的风险意识和保险需求大大增强,传统保险商品的非渴求性之劣势得到扭转,提升了消费者对保险的理解能力。其次,保险科技提升了保险风险控制能力。在保险科技支撑下,数据的搜集和分析是实时同步的,在承保端,保险机构能够实现对保险标的风险的过程化管控,最大限度地降低风险发生的概率和损失程度。最后,保险科技推动保险业转型升级的同时,也可能引发科技风险。例如,保险数据大多来源于用户的个人信息,包括用户身份、健康、财产等极为私密的信息,一旦泄露,将会给保险业带来巨大的负面冲击。此外,在人工作业时代,保险营销、承保理赔等环节的风险传递较小,一旦发生错误,其波及的深度和广度都处于可控范围内;但在保险科技时代,保险机构的整体运作依赖于数据传输和分析,数据系统若出现问题,其所引发的破坏性将不可小觑。因此,保险业必须提升其科技治理能力,防范科技所引致的系统性风险。

（二）保险科技对传统保险生态系统的改造

近年来,全球保险业都在着手构建保险科技分析与应用方案,以应对保险科技时代的业务挑战。保险科技所引致的"破坏式创新"力量也在积极颠覆及重构传统保险价值链。保险产品的设计定价、营销管理、核保理赔以及风险控制等环节也慢慢地融入科技元素,为保险用户提供更加满意、更加便捷的消费体验。

1. 产品服务个性化

保险致力于分散和补偿个体遭受风险所带来的损失,是人类发明的互助共济之良善制度。理论上讲,保险服务是人类生存和发展的刚需消费,贯穿人类生老病死的各个时期。但据统计,2021年我国保险深度(保费收入/国内生产总值)和保险密度(保费收入/总人口)分别为4.1%以及3 327元/人。保险消费在我国居民消费中占比之低,表明我国家庭抗风险能力显著不足。由于保险融合了精算、法律、医疗等多领域的知识,使得保险消费的门槛非常高。保险行业调研显示,我国大多数消费者在购买保险时需要个性化建议(见图3-4)。可见,创新保险产品服务模式,满足我国保险消费者个性化需求是大势所趋。

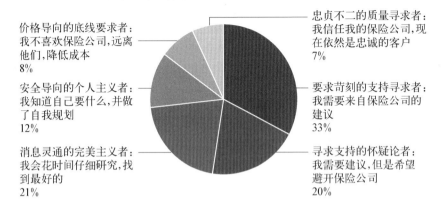

图3-4　保险消费个性化需求的调查

资料来源：2015年IBV保险行业调研。

保险科技是深化我国保险消费的助推器。例如,在保险大数据技术的支撑下,用户浏览和消费的数据信息被实时记录。保险机构通过对数据进行挖掘,能够实现对用户的"精准画像",进而预测用户的需求。在互联网时代,保险科技促使保险商品越来越嵌入消费场景当中,碎片化、场景化保险应运而生。账户安全险、退货运费险、航班延误险……数字保险逐渐小微化和颗粒化,使得保险消费更加亲民,更加普惠,也在不断满足保险消费者的个性化需求。

想象一下2050年的健康保险(见图3-5)。保险科技与保险生态系统有机融合,可穿戴设备、智能家居、城市物联网系统能够实时搜集并传递居民的健康数据。数据共享机制已完全建立,人力资源部门、卫生健康部门、公立私立医院、保险公司等市场主体可随时沟通数据。此时,消费者欲投保健康保险,只需要向保险公司进行数据授权,保险公司得到授权后即可调取并分析消费者的健康数据,通过人工智能系统分析后出具定制化保单,保单自动生效。若保险事故发生,则通过区块链技术自动记录保险事故,并自动理赔。在保险科技的未来图景下,消费者甚至不需要做任何事情,保险机构便可把数据转化为定制化保单反馈给消费者。在保险科技未臻成熟前,保险科技应用的深度和广度都极其有限,但随着时间的推移,保险科技终将成为人类可利用的富矿。

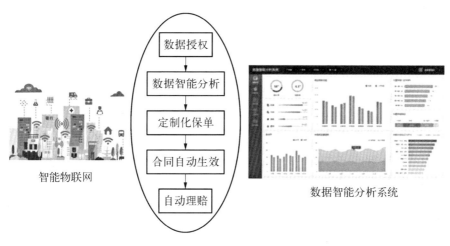

图 3-5　大数据支持下的智能保险

2. 风险定价精准化

保险科技催生个性化和定制化保险，同时也能实现风险定价的精准化。理论上，某一风险具备可保性的前提是存在大量且同质的风险，由此保险机构才能进行风险的筛选和分类。但具备同质性的风险个体适用统一的保险费率必然会牺牲每个风险个体的特殊性，导致保险机构无法实施差异化费率，也阻碍了定制化和个性化保险商品的研发。

在保险科技背景下，大量同质风险的保险技术与个体风险定价的精准化之冲突能够完美消解。保险机构可利用物联网技术，通过传感器实时搜集数据，并将每个风险个体的身体状况、行为举止、周围环境乃至人际关系进行量化处理，而后对每一风险信息进行统一编码。在后端的人工智能分析系统中，风险的筛选和分类并非以被保险标的为单位，而是以被保险标的所传达的风险信息为依据。于保险机构而言，在定价环节，可以对大量同类风险信息进行筛选和分类，并统一定价。但在保险销售环节，每一保险标的所呈现的价格是其综合风险信息定价的加总。在传统保险定价中，由于数据源少，数据分析能力低，只能粗略地以被保险标的为单位实施统一费率。但在保险科技的支撑下，被保险标的所内藏的风险信息被裂解成风险因子。基于风险因子的定价不仅科学有效，更能够满足消费者的个性化需求。

通过保险科技来实施差异化费率已经应用在车辆保险领域，且技术日趋成熟。UBI（Usage Based Insurance）是基于驾驶行为的车辆保险产品。保险机构在被保险车辆上安装车载自动诊断系统（On-Board Diagnostics，

OBD）实时记录行车数据，如行驶里程、急转弯、急刹车、加速度等。基于车联网技术，上述驾驶行为数据通过 OBD 实时回传到保险机构的人工智能分析系统中，保险机构再通过各种风险定价模型直接对各类风险信息进行分析，给出最精确的保险价格（见图 3-6）。

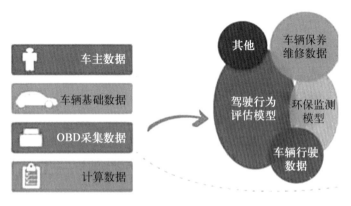

图 3-6　UBI 车险运作原理

3. 信息提供透明化

目前，我国保险市场蓬勃发展，保险公司数量繁多，所开发的保险产品也异常丰富，普通消费者在购买保险产品时，不免有眼花缭乱之感。加之保险具有复杂性、无形性的特点，保险业务员的推销及说明成为消费者认知保险的主要渠道。当前我国保险展业仍采取"人海战术"，远不能满足消费者个性化的风险保障需求。除此之外，保险业务员佣金收入主要来源于新单的保费收入，在短期激励之下，业务员往往存在夸大保障范围、隐瞒责任免除及退保事项、承诺固定收益等欺骗诱导行为，由此滋生保险消费纠纷。

目前，越来越多的保险代理及保险经纪公司正在向互联网化、平台化方向发展。首先，平台通过保险大数据分析消费者的保险需求，相比线下业务员的推销更为客观中立。其次，平台集成市场上大多数公司的保险商品，可谓"保险超市"。通过人工智能技术分析消费者的需求，平台可以匹配多家公司的产品，筛选相同或相类似的保险商品，不仅可以进行比价服务，也能够清晰地展示各个产品的保障范围、除外责任、索赔程序等事项。最后，保险消费者对保险商品的问询往往具有相似性，平台通过大数据及人工智能技术对用户的问询进行分类总结，能够及时总结消费者的问询，并通过智能问答客服，24 小时全天候、无等待地解答消费者对保险产品的疑虑。可见，以大数据、人工智能为代表的保险科技能够削减保信息不对称带来的负面效应，使保险服务更加透明。

与此同时，保险科技也能够矫正保险机构的信息劣势地位。核保和理赔是保险经营管理的重要环节，直接决定了保费收取及保险金赔付。但核保和理赔能否顺利进行则仰赖投保方是否如实地提供相关信息。例如，被保险人的身体状况（如病史）决定了保险机构是否承保及以何种费率承保，若被保险人隐瞒疾病，带病投保，将产生保险欺诈问题。在保险科技创新应用之下，人力资源和社会保障部、卫生健康委员会、医院以及各家保险公司的数据沟通及信息存储会更加顺畅，保险机构调查和了解投保方的数据更为快捷和简便，而不仅仅依赖投保方的主动告知。再如，有不法之徒为骗取巨额保险金，往往在同一时期内向多家保险公司投保巨额意外险，通过虚构保险事故向多家保险公司索赔。以前，保险公司之间的数据系统相互割裂，并不联通。但在大数据及人工智能技术下，投保系统将对此重复投保情形进行智能分析比对，并自动预警，最大限度地防范恶意骗保行为。

4. 风险控制过程化

道德风险和逆向选择在保险市场中普遍存在。保险机构为防范这两类风险，往往采取事前的信息搜集（如实告知）和事后的调查核实（核赔程序）两种手段，但这两种风险控制手段存在很大局限性。事前的信息搜集仰赖投保方的如实告知，保险机构乃是被动地获取承保信息，确认信息的真实性与完整性也需要耗费保险机构大量的人力和物力。事后的核赔程序仅是实现保险赔付的手段之一，难以体现保险风险管理的制度优势。以健康险为例，随着我国居民对健康的认识不断提升，消费者不再重点关注就医之后的保险金赔付，而更加重视前期的健康管理，积极预防可能的健康风险。但由于风险控制技术落后、健康数据沟通不畅等原因，健康险迟迟无法实现健康管理这一目标。

保险科技推动健康险向管理型保险（见图3-7）转型。在物联网技术的支持下，可穿戴设备、智能家居等设备普遍被应用于居民生活。保险机构通过智能传感器可实时同步获取被保险人的健康数据，如体脂、呼吸、睡眠、行走、锻炼时长、生活环境等。健康数据规模大、质量高，能够从多维度客观地反映被保险人的健康状况。在日常生活中，保险机构可通过信息流向消费者分发健康小知识，充当消费者的健康顾问。若被保险人的身体数据出现异常，可能存在健康风险，保险机构则会及时提醒被保险人就医，防止小病发展成大病。若被保险人不幸罹患大病，保险机构及时启动理赔程序，利用所掌握的医疗资源协助被保险人就医。在保险科技浪潮下，保险真正实现了赔付型保险向管理型保险转变。

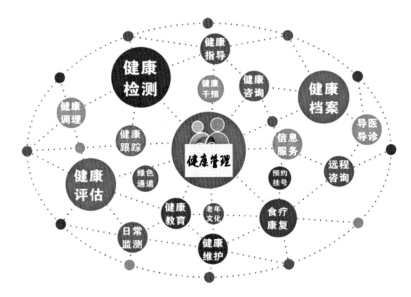

图 3-7 管理型健康险

三、上海保险科技创新运用典型案例分析

保险科技是引领保险业变革的关键要素。当前,我国的保险科技日新月异,人工智能、大数据、区块链、物联网等保险科技在保险业的深度应用及创新模式层出不穷。上海市是全国保险业的"排头兵",保险科技创新应用的事例也非常之多。为深入推进保险科技向纵深发展,有必要选取上海市保险科技创新应用的成熟案例,总结具体经验,清晰地展现保险科技的应用场景、所解决的行业痛点以及未来的应用前景。

(一)大数据技术催生"驾驶行为保险"

目前,大数据在人寿保险中的应用仍处于摸索阶段,而大数据与财产保险的结合则率先走在了前列。特别是财产险的主力军——车险,在大数据时代迎来共识:UBI 车险可能是中国大数据战略下的首个保险爆点。

1. 驾诚宝:车辆驾驶行为数据分析系统

驾诚宝由上海经达信息科技股份有限公司基于交通大数据处理技术研发而成,是实现车辆驾驶行为全过程监管,实现保险公司、运输企业等多方共赢的驾驶行为评估与风险管控的软件平台。

(1)数据搜递因子

驾驶行为数据的搜集和传输是 UBI 车险的基础(见表 3-4)。驾诚宝通过对车辆加装车载卫星定位终端、OBD、高级驾驶辅助系统（Advanced Driving Assistance System，ADAS）等智能终端，实时搜集和上传车辆及驾驶员信息，为后台进行数据分析提供数据来源。概括而言，驾诚宝的数据搜集和传递因子主要包括以下3个方面。

① 疲劳驾驶分析。在 ADAS 系统中内置疲劳驾驶检测系统（Driver Monitoring System，DMS），通过对驾驶员进行不间断的图像采集，分析驾驶员的面部表情、眼部信号、头部运动等特征，推断驾驶员的疲劳状态，并进行报警和提示。

② 里程数。依据车载卫星定位装置中的里程读数信息和里程仪重置等导致的数据不一致而进行数据补偿，统计分析车辆总行驶里程，每天、每周、每月行驶总里程以及不同道路上的行驶总里程。

③ 速度。主要运用时空模型和细粒度超速识别方法，分析车辆在各类型道路上行驶的超速行为，以及采用速度分布及概率判别法识别车辆急加速和急减速行为。

表 3-4　驾驶员行为风险的影响因子

数据类型	数 据 分 析 依 据
疲劳驾驶	有数据显示，因疲劳驾驶造成的交通事故占总数的20%，占特大交通事故总数的40%以上。根据国家交管部门的规定，同时结合卫星定位平台数据采集的特点，驾诚宝平台把疲劳驾驶定义为：连续驾驶超过4小时未停车休息或休息时间少于10分钟的行为。当然，用户也可以根据需求对疲劳驾驶的判断标准进行自定义
夜间驾驶	由于光线、能见度、周围环境等方面的因素，夜间驾驶发生事故的可能性要明显大于白天。驾诚宝平台结合卫星定位平台数据采集的特点，分析夜晚10点到次日凌晨5点之间的驾驶行为
行驶里程	有统计指出，车辆行驶的里程数与发生交通事故的概率具有直接关联性。驾诚宝平台可统计分析车辆每天、每周、每月行驶的总里程，并可按不同的道路类型进行划分
超速行驶	众所周知，行驶速度越快，危险程度就越大，十次事故九次快，因此，超速行驶是引发交通事故的重要因素之一。驾诚宝平台采用细粒度超速识别方法，通过将GPS定位数据匹配到路网，分析车辆在高速公路/快速公路、主干道路/城市快速路、主要道路、次要道路、普通街道行驶时的超速行为
急加速/急减速	驾驶人急加速/急减速的行为和习惯，很容易导致其来不及判断车距，从而发生追尾等情况，甚至有大货车会因为此行为造成车上货物散落，危害前车安全。驾诚宝平台采用速度分布及概率判别法，识别分析车辆急加速/急减速行为，并可根据用户需求及车辆类型、车况调整判别阈值

资料来源：表格整理自驾诚宝官网。

(2) 统计分析模块（见表3-5）

驾诚宝开发驾驶行为模式的相关算法，通过对相关数据进行分析，寻找各类违规驾驶信息（如超速、严重超速、急加速、急减速、急转弯、疲劳驾驶等），实现安全驾驶行为和违规驾驶行为的有效判别，进而计算交通事故的概率及保险事故风险指数。

表3-5 UBI车险运用数据进行风险判别

功能性质	功能类型	功能介绍
实时监控类	车辆监控	用户实时了解车辆的行驶道路、经纬度、方向、速度、里程等状态
	轨迹回放	在地图上再现车辆在某个时间段的轨迹状况
统计类功能	车辆总体驾驶行为分析报告	进行车辆驾驶行为分析，并通过网站查看或下载车辆驾驶行为统计类报告
	车辆驾驶行为分析数据	
	车辆驾驶行为评分表	

资料来源：表格整理自驾诚宝官网。

2. 保险大数据运用于UBI车险的优势

目前，驾诚宝主要面向保险公司及运输企业两类客户。作为UBI车险的典型代表，驾诚宝运用大数据技术实现车辆风险控制的实时化和精准化，为车辆保险市场创新树立了典范，其主要存在如下功能和优势。

(1) 车辆风险数据处理速度快、精度高

以驾诚宝为代表的UBI车险主要由智能物联网设备和数据分析系统两部分组成。前者负责搜集和上传有关车辆及驾驶行为的风险信息；后者负责利用算法和模型分析数据，对驾驶员的驾驶行为进行风险识别及告警。相较于人工核保核赔的传统车险，运用大数据技术的UBI车险对风险信息的搜集和识别能力更强，精度更高。例如，驾诚宝每年每车的定位数据约为64万条，但平均分析耗时仅为15秒，足见其功能之强大。

(2) 为保险公司提供风险管控手段，降低保险赔付率

以往车辆保险的定价由三大类构成，即从车因子（车型、车龄、里程数等）、从人因子（年龄、性别、婚姻状况等）、其他因子（业务渠道、免赔额等）。上述定价依据并非直接针对关键的风险信息，而仅仅是间接定价因素。借助物联网技术，UBI车险通过对行驶里程、急转弯、急刹车、加速度等数据进行算法和模型的分析，精准判断保险事故的发生概

率，不仅能够给出优惠价格，还能够过程化管控风险，降低保险赔付率。

（3）规范驾驶员行为，从源头上降低风险

UBI车险可根据对驾驶人员一段时间内的驾驶行为的大数据分析得出车辆驾驶行为评分；同时，驾驶行为报告也会反馈给运输单位，作为驾驶员考评及教育的依据。若保险公司依据运输企业的驾驶行为报告给出费率折扣，运输企业能够节省保险成本，也会对优秀驾驶员进行奖励，从而促使车辆驾驶员养成良好的驾驶行为习惯，从根本上降低交通事故的发生率，促进社会车辆管理。

（二）物联网助推管理型健康险的新升级

《"健康中国2030"规划纲要》指出，鼓励开发与健康管理相关的健康保险产品。但前期受制于数据鸿沟及技术落后等客观障碍，我国健康险长期偏重事后补偿功能，无法满足消费者前端的健康管理需求。随着我国慢性病疾病谱的变化，实现全人群、全生命周期的慢性病健康管理成为健康险未来发展的方向。在物联网技术的助推下，健康数据沟通及共享机制逐步建立，健康管理产业迎来破局，我国健康险市场呈现新的发展态势。

1. 步步保：智能物联网下的健康保险

众安在线是国内首家互联网保险公司，由腾讯、蚂蚁金服、中国平安等国内一流企业为保障和促进互联网生态发展而发起设立。2017年，众安保险携手小米运动与乐动力APP推出国内首款可穿戴设备及运动大数据结合的健康管理保险。用户在投保时，步步保系统会根据用户的历史运动情况以及预期目标，介绍不同保额档位的重大疾病保险保障，用户历史平均步数越多，介绍保额就越高。步步保产品界面如图3-8所示。保单生效后，用户每天运动的步数越多，下个月需要缴纳的保费就越少。据了解，根据测算，如果用户在参加健康计划前30天的平均步数达到5 000步，则被介绍10万保额重大疾病保险保障；在申请加入健康计划后，申请日的次日会作为每月的固定结算日，只要每天运动步数达到设定目标，步数可以抵扣保费，下月结算时就可以多免费1天。

该产品自推出市场便受到消费者的广泛欢迎。数据显示，截至目前，步步保两年内累计授权用户数已达1 000万，投保用户数超过130万，覆盖除香港、澳门、台湾以外的所有省、自治区、直辖市。步步保用户以"80后""90后"为主，符合互联网用户的属性，其男女比例为7∶3，也与运动人群性别分布的比例基本一致。步步保目前已经和众多智能设备和运动APP达成合作，如国内智能手机巨头华为和魅族手机，小米运动APP、乐心运动APP、手机淘宝APP、乐动力APP、Bong手环、刷刷手

图3-8 步步保产品的界面

环均已上线步步保服务。

2. 智能物联网助力管理型健康险创新

步步保是国内管理型健康险的典型代表，其成功推出归因于我国可穿戴设备的推广及应用，解决了传统健康险在健康管理上的难题，也推动了国内管理型健康险的新升级。具体而言，基于智能物联网的管理型健康险有以下优势。

（1）产品门槛低，用户黏性高

首先，不同于其他保险产品的预先缴费模式，步步保是众安保险向用户推出的一款赠险产品，消费者可0元投保，保障期限为1年，初始保额是5000元，在保险期间内，可通过每日步数兑换保额，保额最高可提升至5万元；其次，步步保的投保流程是在线上进行的，操作简单快捷；最后，"运动+保险"的合作模式迎合了消费者需求，提升了用户黏性。

（2）以运动因子作为保费定价依据

传统的健康险定价是以被保险人的年龄和性别为依据，"一刀切"地计算固定费率，并不区分被保险人的生活习惯等因素。首先，年龄和性别只是判断被保险人健康风险的间接因素，并不具有准确性；其次，忽视了良好生活习惯的人群的利益，好习惯和坏习惯人群适用统一费率，不仅存在公平问题，也会造成逆向选择；最后，传统健康险的定价模式仅能实现保险补偿，无法实现主动的健康管理。

步步保运动智能可穿戴设备加健康大数据，能够突破传统健康险所面临的数据难题和技术障碍，实时搜集被保险人的睡眠、呼吸、运动等健康数据，同步对被保险人的健康风险进行分析，判断保险事故发生的概率。相较于传统健康险的定价方式，步步保以运动因子为保费定价依据，具备科学性和准确性，也使具有良好生活习惯的人群享受保费优惠，保证了保险定价的公平性。

（3）激励用户主动进行健康管理

相较于补偿型健康险，"治未病，保健康"是管理型健康险的突出优势。以步步保为代表的管理型健康险运用"保险科技+健康数据"赋能保险生态。首先，以差异化费率激励用户主动进行健康管理。管理型健康险以运动健康数据作为定价依据，生活习惯好、运动频率高的用户可享受保费优惠，通过差异费率引导用户的生活习惯，激励用户主动进行健康管理；其次，把用户融入保险风险管理之中。例如，步步保不仅是一款健康保险产品，更强化了运动社交属性。步步保定期组织马拉松、夜跑、跑友聚会等活动，充分调动了用户的运动积极性，增强了用户黏性，也帮助培养了用户健康良好的生活态度。

（三）运用区块链技术破解保险欺诈难题

保险是最强调诚信的组织形式，但在一定程度上，投保方对保险标的的信息了解得更为完整充分，保险机构往往处于信息劣势地位。因此，可能有不法之徒故意隐瞒、虚构被保险标的的有关情况，企图诈取巨额保险金。在保险科技时代下，保险机构信息搜集和挖掘能力大大提升，一定程度上矫正了其信息劣势地位，从而对防范保险欺诈大有裨益。

1. 上海保险业区块链智能化反欺诈模式

近年来，原银保监会多次下发文件，强调要以保险科技为核心部署保险反欺诈工作。近年来，保险科技发展突飞猛进，上海市保险业利用保险科技破解保险反欺诈难题取得了不俗的成绩。随着保险科技向纵深发展，区块链也逐步被应用在防范保险欺诈领域。2020年6月，上海保险交易所下发了《关于邀请共建行业风控区块链平台的函》，旨在利用区块链技术解决保险机构之间"数据孤岛"导致的保险欺诈问题。据悉，2019年，上海保险交易所曾以防范航班延误险交易恶意重复投保风险为切入点，运用区块链技术在跨机构风控信息交互上实时保密的优势，会同各保险机构共同建设了保险风控区块链平台。此次文件的印发，是为了进一步扩大保险风控区块链平台的覆盖面。

保险区块链利用分布式存储技术，实现存储信息的安全性和不可篡改性，能够实现电子保单、保单存折、理赔和保全4大功能上的互联互通。通过保险区块链存储信息数据，各家保险机构无论是进行线上资料的更新，还是申办健康险和意外险等医疗理赔，都只需要在任何一家完成申请，信息数据便会同步更新到其余区块链联盟成员之中。由此可见，通过利用保险区块链技术，保险数据存储的安全性将会大大提升。相关承保理赔信息的整合及数据分析一直是保险反欺诈的重要依据和基础。近年来，上海市保险业积极推动监管部门、公安机关、保险公司以及行业协会的横向合作，建立保险行业反欺诈数据库，依托保险区块链平台实现信息共享，运用智能化手段提高打击效率，通过科技赋能，构建保险诈骗风险研判系统。

加强保险区块链在保险反欺诈领域的创新运用。当前，上海市保险业已经制作了《大数据反保险欺诈工作手册》，通过行业协会互联专线服务器，将车险疑似欺诈线索、农险疑似欺诈线索、意健险疑似欺诈线索等信息及时传达到各保险公司，辅助保险公司对相关信息的筛查。例如，由于有心脏病史的投保人出险概率非常高，在正常情况下很难就相关险种进行投保，如果该人所投保的保险公司不了解其心脏病史的情况，后续很容易导致保险公司不当赔付。应用保险区块链技术后，保险公司可对该投保人的长期病史、相关诊断、药物使用情况等一目了然，短期内的造假和隐瞒很容易被识破。

2. 区块链在保险反欺诈领域的应用前景

促进数据交流和信息共享是上海市运用保险区块链进行保险反欺诈的成熟经验。未来，保险区块链在保险反欺诈领域仍有许多用武之地，如在核保核赔、防范重复投保等领域。

（1）保险区块链辅助核保核赔

核保和核赔是保险欺诈的多发领域。原因在于，以往核保和核赔程序多是由保险公司人工完成，线下作业的效率低、成本高，风险识别能力弱。运用保险区块链技术，保险公司所掌握的数据规模和质量空前提升，依托数据分析系统，未来核保核赔程序相当程度上是线上自动化操作，减少了人工操作的失误率，提升了保险欺诈线索的识别水平。蚂蚁保险的定损宝便是基于保险区块链技术开发的智能核赔系统。车主在发生车辆碰撞时，可利用手机等移动设备把车辆碰撞部位的图片或视频上传至云端，经由区块链加密固定，保证了取证存证的权威性、及时性和有效性。与此同时，定损宝内置了大量车辆损失数据，同步利用算法建立数据分析模型，定损宝系统会自动分析车辆损失情况。基于保险区块链技术开发的定损宝是智能核赔的典型例子，其不仅节省了人力成本，更提升了核赔程序的效率，压缩了保险欺诈的空间。

(2) 保险区块链防范重复投保

以往通过线下投保、电话投保，投保人可能会向多家公司重复投保某一险种，在保险事故发生后，就同一保险事故向多家保险公司索赔。重复投保行为不仅浪费了有限的保险资源，更滋生了赌博和投机等现象。近年来，以航班延误险、短期津贴型医疗险等定额给付型险种来"薅羊毛"的赔付案件呈上升势头，这种现象根源于重复投保。保险区块链技术的应用成为防范重复投保的关键。在保险区块链技术的冲击下，众多保险公司实现数据互联互通是大势所趋。在人工智能辅助之下对投保方的投保数据进行批量处理和比对，能够及时发现投保方的重复投保行为，并向保险公司及时发出预警，提示进行风险甄别和研判。

四、上海市保险科技创新发展中存在的问题

为促进金融科技的健康可持续发展，2020 年 1 月 8 日，上海市印发了《加快推进上海金融科技中心建设实施方案》，指出要深化科技赋能保险业务全流程，加速保险服务及商业模式的变革与创新。当前，上海市保险业科技创新日新月异，传统保险机构积极寻求数字化转型、保险科技初创企业纷纷设立、新科技和新模式层出不穷，保险科技深度运用于 UBI 车险、管理型健康险和保险反欺诈等诸多领域。值得注意的是，上海市乃至国内保险科技的发展仍处于初级阶段，虽然保险科技强力驱动保险业的转型升级，但同时也面临着一些不容忽视的挑战，这些挑战主要在保险科技的数据来源层面、保险科技的技术标准层面和保险科技的创新应用层面。本节拟在前期调研的基础上，同步梳理和分析上海保险科技发展中存在的问题，分析这些问题对保险业科技化转型带来的阻碍。基于问题的分析，以便为后文提出推动保险科技在上海市保险业的深度创新与运用的具体建议打下基础。

(一) 保险科技数据来源层面

正如原保监会[1]副主席周延礼先生所指出，保险业靠数据起家，数据

---

[1] 全称为中国保险监督管理委员会，2018 年改为中国银行保险监督管理委员会。2023 年更名为国家金融监督管理总局。

对保险费率的厘定、保险承保理赔和保险客户管理等方面起到至关重要的作用，数字孪生也极大地推动保险业生态呈现出新的特征。基于此，发展保险科技要充分挖掘大数据这一非常重要的资产，但要实现保险大数据的经济价值，首要前提是识别和搜集保险数据。实践中，保险数据信息就像水和空气一样无处不在，数据信息来源非常广泛，包括年龄、性别、病史、职业、地理位置、建筑结构、产品性能等。保险企业怎样扩大数据来源面，搜集和取得数量大、质量高的保险数据，直接决定了保险科技创新运用的广度和深度。就调研情况来看，保险科技数据来源层面仍存在以下问题。

1. 智慧城市物联网系统建设仍待提速

大数据如同水和空气一般是切实存在的，但各类数据信息无法自动来到人们面前，而是需要一系列技术手段进行整合和生成，从而加以分析和利用。当前，我国智能物联网系统仍不健全，智能物联网普及度不高、可穿戴设备技术不成熟，导致各大保险机构线上线下实时动态地获取用户数据存在较大的技术障碍。保险科技是以保险数据为基础，保险数据缺乏制约了保险科技的深度运用与发展。现阶段，我国保险科技发展尚处于起步阶段，在数据获取能力、数据对接能力和数据存储能力上都有所欠缺。技术制约导致数据来源渠道狭窄、数据规模较小、数据质量较差，都严重制约了保险大数据的开发和利用。

纵观目前保险大数据的搜集和获取，主要是在互联网环境下，绝大多数的保险公司积极同淘宝、腾讯、京东等第三方网络平台合作，进行数据引流和渠道管理。在技术上，大部分保险机构仅停留在以Cookie来分析用户搜索行为的初级阶段，尚未升级到全方位进行"用户画像"来分析用户需求的高级阶段。除此之外，保险业数据的开发和利用也非孤立单独的领域，而是由医疗健康数据、人口数据、安全生产数据等转化而来。但目前这些数据大部分存放于公立医院、人力资源和社会保障部门等公共部门，数据获取和挖掘存在较大难度，数据壁垒难题将长期存在。且在科技革命的冲击下，数据爆炸是未来趋势，但我国数据存储能力仍有欠缺，宽带网络之间的对接和切换导致数据联通不畅，云存储及云分析系统仍处于摸索阶段。上述技术难题都严重制约了保险数据的开发和利用，进而阻碍了保险科技的深度创新及应用。

2. 数据共享及流通机制存在诸多障碍

数据并非凭空产生，除客观事物数据外，大部分有利用价值的数据多来自用户的日常生活行为。"数据来自用户、造福于用户"是大数据技术运用的终极目的。只有搜集和挖掘与用户行为相关的数据，才能更好地满足用户需求。大数据技术是人类面临的新课题，一方面，促进用户数据的合理利用，更大程度地满足人类的数据使用需求是未来趋势；另一方面，用户数据关涉用户疾病、健康、家庭财产等隐私，用户个人信息保护也是数据利用的前提。由此可见，保险数据的合理利用和用户隐私保护是大数据发展中面临的矛盾和挑战。

对保险业而言，保险数据的利用在制度层面可能面临如下难题：其一，数据权属问题。我国保险业在历史上累积了大量存量数据，未来还会有规模庞大的增量数据。存量数据和增量数据均存放于保险公司的业务系统中，但数据本身又来源于保险消费者，保险公司能否主动利用这些数据便存在广泛的争议。其二，同其他金融业相比，保险数据牵涉更多用户隐私，包括年龄、性别、职业、病史等，近年来，用户对隐私及个人信息的保护意识日益增强，如何平衡数据利用及消费者个人信息保护的关系对保险业产生很大挑战。其三，数据歧视问题。通过大数据技术，保险人能够实时同步了解投保方的风险状况，有助于保险的差异化定价、开发定制化产品。但硬币的另一面是，保险人倾向于拒绝高风险人群的投保要求，而青睐于低风险人群。由此导致高风险人群得不到保险保障，造成保险歧视的窘境。

目前，我国数据利用的相关法律法规尚未出台，数据授权使用存在明显的法律障碍，导致各保险机构对数据的共享和沟通存有很大顾虑。2020年7月2日，全国人大发布《中华人民共和国数据安全法（草案）》，对数据安全及发展作了概括性规定。在数据市场如火如荼的发展趋势下，数据授权及使用的法律规则体系会越来越健全。

3. 保险数据要素市场化进程亟待提速

数据要素的市场化配置是实现数据经济价值的重要途径。保险业数据的获取不能仅仅依靠保险机构本身，而需要同市场主体、公共部门对接，使公私部门的数据有效地转化为可利用的风险数据。但由于目前我国大量数据权属不清晰，数据产权无法得到准确界定，遑论数据流通和交易。总而言之，目前在我国仍欠缺建立数据要素市场的基础性条件。

以健康医疗数据为例，如前文所述，健康医疗数据对推行管理型健康险有着重大意义。但目前健康医疗数据长期存在"数据孤岛"难题，即医疗健康数据散布于公立医院、人力资源和社会保障部、卫生健康委员会、保险公司等部门，由于数据利用风险较高，加之存在部门利益（如公立医院），各个数据存放主体普遍不愿意进行数据共享和挖掘，这导致规模庞大的医疗健康数据得不到整合和利用，医疗健康险领域的"数据壁垒"现象也成为久治不愈的顽疾。

同其他金融业相比，保险业赖以进行精算和定价的数据的来源非常广泛。基于此，一方面，保险业加强同外部公私部门的数据合作，把散布于各处的数据转换为可利用、可分析的风险数据，以深化保险业风险管理者的社会角色；另一方面，保险业要培育和建设各保险机构间的数据交易市场。在鼓励差异化竞争和保护商业秘密的前提下，实现各保险机构间的数据流通和交易，提升保险数据的经济价值，以强化我国保险业的数据应用能力。

（二）保险科技技术标准层面

金融科技以信息技术为核心，其业务模式背后是庞大、复杂、相互关联的信息系统，这些系统高度虚拟化、网络化和数字化，具有高度的移动性和分布式。因此，金融科技是金融与新技术融合的产物，其背后的风险具有复杂性、多样性和传染性。但金融科技仍以技术为核心，技术标准和规范作为通用语言是金融科技应用的前提条件。统一的、标准的金融科技技术规范和标准体系，可以支撑金融科技业务稳健发展和金融创新的合规性，提升金融科技产品的质量和可靠性。

1. 保险科技技术标准及规范体系亟待建立

目前，金融科技在监管标准、行业标准、团体标准和企业标准层面的研究已经相当之多，理论界和实务界也形成了一些共识标准。但总体而言，金融科技的标准还不够细、不够全，还需要建立金融科技基本原则和标准体系。为深入推进金融科技技术标准的统一化和标准化，2020年10月21日，中国人民银行正式发布《金融科技创新应用测试规范》（JR/T 0198-2020）、《金融科技创新安全通用规范》（JR/T 0199-2020）、《金融科技创新风险监控规范》（JR/T 0200-2020）三项金融行业标准，从不同的角度对金融科技创新进行管控。《金融科技创新应用测试规范》从事前公示声明、事中投诉监督、事后评价结束等全生命周期对金融科技创新监管工具的运行流程进行规范，明确声明书格式、测试流程、风控机制、评价方式等方面的要求，为金融管理部门、自律组织、持牌金融机构、科技公司等开展创新测试提供依据。《金融科技创新安全通用规范》从交易安全、服务质量、算法安全、架构安全、数据安全、网络安全、内控管理、业务连续性保障等方面，明确对金融科技创新相关科技产品的基础性、通用性要求，为金融科技创新应用健康上线把好安全关口。《金融科技创新风险监控规范》明确了金融科技创新风险的监控框架、对象、流程和机制，要求采用机构报送、接口采集、自动探测、信息共享等方式实时分析创新应用运行状况，实现对潜在风险的动态探测和综合评估，确保金融科技创新应用的风险总体可控。

保险大数据是保险科技最重要的资源，在保险数据开放共享的过程当中，如何保证广大保单持有人的数据信息及隐私不被泄露，不被别有用心的第三方滥用，避免引发广大保单持有人的信任危机，这些都需要保险业进行研究。除此以外，目前各大保险机构对保险数据的挖掘和使用尚处于起步阶段，各保险机构的数据定义及范围差异极大，并且存量数据和增量数据交叉重叠，数据属性和特征并没有科学的分类和编码，"书不同文"的现象普遍存在。再者，我国数据交易机制尚未建立，各保险机构对数据的利用仍以机构内部数据为主，保险数据处于相对封闭的状态，数据整合面临"数不同轨"的难题。数据规范及标准不统一，数据资源离散分布，导致保险数据资源相当混乱，也严重阻碍了保险数据产业的发展应用。

保险科技技术标准及规范体系的完善是推动保险科技深度创新及应用的前提和基础。早在2016年，原保监会在《中国保险业标准化"十三五"规划》中就对保险业已有的数据标准作出了梳理，也对未来数据标准化作出了部署和安排。目前已经颁布的保险行业数据标准有《银行保险业务人寿保险数据交换规范（JR/T0031-2016）》《保险基础数据元目录（JR/T0033-2015）》《再保险数据交换规范（JR/T0036-2016）》《银行保险业务财产保险数据交换规范（JR/T0037-2016）》《机动车保险数据交换规范（JR/T0053-2016）》等，以上数据规范及标准大致覆盖了保险业的主要业务，但国内保险数据标准化工作才刚刚起步，值得注意的是，倘若简单地以主要险种及业务进行条块化的数据分类及标准化工作，恐会人为地削弱保险大数据的利用价值。

2. 保险数据分级利用及保护体系付之阙如

目前我国保险业的存量数据规模庞大，增量数据规模日趋增长，数据特征复杂多元，数据的相关性和可利用性较差。所谓数据分类，是指把具有某种相同属性或相同特征的数据信息进行整合和归并，同时，通过类别属性或特征对不同数据进行区分。保险数据跨越医学、数学、保险、精算、法律等各个领域的知识，各专业数据与保险数据的分类转化是保险业数据应用必须着力解决的问题。保险数据分类有助于识别和判断数据信息的准确性，也有利于分析数据的相关关系和密切程度，进而编制具有经济价值的数据网络。再者，数据分类是保险数据应用的前提与基础。保险机构的差异化定价、精准营销、特定群体画像、定制服务等环节，均有赖于对用户数据进行分类，以便保险机构采取更贴合、更适当的经营策略。此外，保险数据的分类有助于用户个人信息及隐私的保护。保险数据可能囊括用户行为信息的方方面面，对用户数据进行分类是判别隐私数据及非隐私数据的基础性工作，但对具有明确指向性的数据进行匿名化和脱敏处理，能够大大提升数据的可利用度。

目前，我国保险业数据分类体系仍然缺位，导致保险数据的挖掘和利用存有很大障碍。2018年，中国保险行业协会牵头制定《健康保险数据安全管理指引（征求意见稿）》，其中明确对健康保险数据进行类型化区分：一类是明确与个人有关的信息数据，如个人基本数据、个人健康数据等；一类是开展业务过程中产生的商业数据；还有一类是除上述两类之外的其他数据。上述分类虽然仅适用于健康险，但对保险数据的深入分类提供了样板。相信在不久的将来，我国标准的、统一的保险数据分类体系有望建成和完善。

（三）保险科技创新应用层面

保险科技的创新应用是实现保险科技经济价值的"最后一公里"，如何提升保险科技的创新运用能力是促进保险业转型升级的重要抓手。目前我国保险科技创新应用仍存在诸多短板，保险科技赋能保险生态圈的深度和广度均有待提升。在此有必要梳理保险科技创新应用层面的问题，探讨如何最大限度地发挥和实现保险科技的应用价值。

1. 保险科技在保险生态上的应用深度不够

从理论上讲，保险科技赋能保险生态系统具有前所未有的驱动力。一方面，保险科技能够渗透保险产品开发、精算定价、精准营销、核保理赔、客户管理等保险价值链的全流程，从而提升保险经营管理的效率；另一方面，保险科技能够使保险服务商得以追踪并掌握保险消费者的使用场景及行为模式，准确判断风险概率及损失程度，从而厘定个性化保险费率，发展个性化的定制保险商品，同时，通过预先管理个人风险，向消费者提供风险管理信息，实现保险保障及风险管理的双重功能，最终为消费者创造更高的价值。由此可见，保险科技在保险生态圈和保险价值链上具有相当的应用深度和应用广度。

囿于保险科技发展仍处于起步阶段，保险科技在保险生态圈的应用面较为狭窄、应用深度严重不足。以保险大数据为例，在我国，目前大数据主要应用于保险营销环节，而在保险产品的研发、定价、核保、理赔等深层次环节的应用程度相对较浅，这表明我国保险大数据在保险价值链的应用创新上仍存在短板。产生上述问题有两方面原因：其一，传统保险业乃至整个金融业与科技行业分属两种不同的行业类别，以往保险机构的网站及线上渠道建设大多采用外包给第三方网络公司的方式，保险机构只是将科技作为附属工具，并没有把科技纳入保险企业的战略规划当中，传统保险业与科技领域的隔膜严重阻碍了我国保险大数据的全面应用；其二，保险专业人才培养尚无法因应保险科技的时代需求。目前在保险科技及大数据时代的冲击下，既精通保险专业知识，又精通科技创新应用的复合型人才，可谓少之又少。缺少"保险+科技"的复合型人才储备，导致保险数据的创新应用存在人才短板。

综上所述，保险科技要更多地与具体场景进行深度和多层次的结合。保险科技不仅逐步扩大了保险风险管理的覆盖面，也在稳步提升消费者对保险的接受度，更会在将来的国家治理、企业决策以及个人生活等方面起到重要作用。未来，伴随着保险科技创新运用水平的不断提升，保险科技驱动保险生态系统转型升级、深度赋能保险价值链全流程是必然趋势。

2. 保险科技与保险大数据的融合度不高

以前，保险人据以判断风险大小的影响因素大多来源于间接风险因子。在人身保险中，保险人往往将年龄、性别、体重、职业等作为定价核保因子。在车辆保险中，保险人往往将车型、里程数、车龄等作为定价核保因子。但上述要素并非与风险直接相关的因子，可能存在定价核保的失误和偏差。保险科技水平的突飞猛进帮助保险人从更广、更深的面向搜集被保险标的的信息，以更加清晰地掌握和了解被保险标的的风险状况。因此，加强保险科技与保险大数据的融合，是升级保险生态链的重要环节。

在实践中，保险数据与保险科技融合度不高的问题十分突出。保险人用于定价和核保的数据范围及数据质量要求很高，这对保险科技在具体场景中应用也提出了更高的要求。以可穿戴设备为例，目前市场上非常流行的可穿戴设备当属各类智能运动手环，手环可实时同步搜集穿戴人的心率、睡眠、运动里程等数据，但这些数据面狭窄、准确度不高，无法准确地传达穿戴人的风险信息。可以说，现有保险科技运用所提供的数据规模和数据质量，并无法满足保险人更深层次及更大范围的数据分析需求。此外，保险科技采用的数据标准与保险人据以判断风险的数据标准存在不一致之处，可能造成数据偏差。两类数据标准如何衔接和转换也是两者融合亟须解决的问题。因此，在今后保险科技的发展过程中，前端的数据采集和后端的技术运用要相互联动，在标准、范围和衔接上要保持统一步伐，否则，会造成保险科技与保险数据脱节的情况。

3. 保险科技对保险业监管创新应用不足

前已述及，保险科技在保险业的运用可能面临严峻的法律挑战。例如，保险数据的搜集和使用会涉及用户大量人身、财产等私密信息。除此之外，更为重要的是，保险科技仍是以信息技术为核心，其业务模式背后是庞大、复杂、相互关联的信息系统，这些系统高度虚拟化、网络化和数字化，具有高度的移动性和分布式。因此，金融科技是金融与新技术融合的产物，其背后的风险具有复杂性、多样性和传染性。基于技术特性，保险科技在保险业的运用可能会衍生额外的技术风险，技术风险与经营风险叠加会加速传播并扩大风险，从而导致保险业的系统性危机。在传统保险业语境下，保险业所管理的大多是非技术性风险，只有在承保理赔失当、投资失误的情形下才可能出现经营危机。但在保险科技时代，保险业面临着技术失当导致系统性危机的风险，并且这种技术失误具有较强的传染性，可能会引发系统性危机。因此，可以说保险业是管资本和管风险的行业，但在保险科技时代，保险业更是管科技的行业。

在保险科技赋能保险生态链的趋势之下，建设和完善保险科技监管网络是必然要求。但目前保险科技只是运用于保险业经营管理的某些环节，尚未延伸到保险监管的改革和创新当中。事实上，大数据、人工智能、区块链等保险科技可以深入保险监管的全作业流程，通过过程化、实时化的风险控制，形成嵌入式监管方式，提高监管效率。我国目前已有中国保险信息技术管理有限责任公司、中国保险交易所等数据联通和整合机构，保险数据设施的建设将为大数据融入保险业监管创造新的契机。在保险数据监管的助推下，缓步地把保险科技嵌入保险监管的各个环节将成为现实趋势。

五、上海保险科技创新可持续发展的对策建议

2020年1月8日，上海市人民政府办公厅印发《加快推进上海金融科技中心建设实施方案》，指出要坚持科技创新，为上海国际保险中心建设注入新动能。保险科技作为金融科技的有机组成部分，已成为引领上海市保险业转型升级的关键因素。尽管上海市保险科技产业蓬勃发展，保险科技创新应用及创新模式层出不穷。但在实践中，上海市保险科技的创新发展仍存在诸多短板。如何加强保险科技的创新运用、提升科技赋能保险价值链，是上海市冲刺国际保险中心建设的当务之急。

（一）不断加强保险科技的基础设施建设

保险数据是保险科技成熟和发展赖以生存的对象，没有保险大数据，

保险科技的发展将成为无源之水和无本之木。反言之，保险科技是保险数据得以发掘和利用的基础，没有保险科技的进步，保险数据也不可能大量地呈现在人们面前。因此，不断加强保险科技的基础设施建设，搭建以物联网为基础的数据传输网络，以积累具有庞大规模和更高质量的保险数据，才能实现保险科技赋能保险价值链。

1. 加快建设智慧城市物联网系统

"智慧城市"的概念最早源于 IBM 提出的智慧地球。所谓智慧是指通过把新一代的信息科技，如物联网、云计算、移动互联、人工智能等，应用到城市中的电力系统、自来水系统、交通系统、建筑物、油气管道等基础设施，以及工厂、办公室、居家生活等生产生活系统的各种物件当中，将我们所能感知的所有设备系统整合形成经济有效的互动，让人们可以有更好的工作效率及生活品质。随着智能物联网技术的导入，智慧城市的实现离我们愈来愈近。与此同时，在城市智慧物联网系统的支持下，保险数据体量呈爆发式增长，这为保险业的颠覆式发展提供了新的契机。首先，从企业自身层面，保险人可通过智能物联网所搜集的数据提供精准的数据分析，推出个性化、定制化保单，以提升企业的竞争力。其次，从城市治理层面，保险人可通过大数据技术在智慧交通、智慧住宅、智慧医疗、智慧金融与智慧防灾等每一领域发挥重要作用。

上海市是世界知名的超大型城市，人口规模庞大，交通设施发达，教育医疗资源丰富，但同时许多交通、医疗、防灾等城市管理问题也成为重要挑战。借由大数据技术等保险科技，保险能够延伸到城市风险管理的各个角落。由此，促进智慧城市、物联网及保险业三者间的融合创新是未来超大型城市管理的发展趋势。

2. 建立保险数据共享及交易机制

保险科技的发展离不开畅通便利的数据共享及交易渠道，目前，保险数据的内容构成和来源渠道丰富多样。首先，由于保险是社会风险的管理者，保险人必须通过数据分析判断被保险标的的风险状况。因此，保险数据的内容构成是横跨多学科领域的，如医学（医疗健康风险）、交通（交通运输风险）、外贸（出口信用风险）、建筑（洪水火灾风险）等。其次，保险数据内容的广泛性决定了保险数据来源渠道的广泛性。当前，保险数据主要凭保险人的一己之力进行搜集和整理，各保险机构之间、保险机构与外部主体之间的数据联通渠道不畅。保险机构迫切需要打通与政府部门、公立医院、其他市场主体之间的数据通道。在智慧城市及城市智能物联网系统加速建设的背景下，大数据规模和量级也呈爆发式增长态势。打通保险数据来源渠道的睹点,建立长远的数据共享及交易机制势在必行。

建立保险数据共享及交易机制关键在于以下两点:首先,界定保险数据权属,促进保险数据的合理使用。明晰的产权是市场配置资源的决定性要素,对于保险数据来说尤为重要。我国保险业历史上累积了大量数据,未来还将获取更多数据,但这些数据来源于广大保险消费者,关涉被保险人的身体特征、健康疾病、行为轨迹等私密信息,保险人能否自主利用这些数据信息会产生很大争议。平衡合理使用与保护合法权益这两者的关系,是未来保险大数据开发利用必须解决的问题。其次,培育保险数据交易市场。数据是具有经济价值的无形资源,而数据交易是实现数据价值的最佳渠道。在大数据时代下,保险业的数据内容更加丰富多样,数据来源渠道也更加广泛,由此需要培育保险数据交易市场,支持和鼓励保险机构及非保险机构进行数据交易。保险数据交易市场能够促进保险数据流通,提升保险数据的价值,并反向促进保险数据的挖掘和利用。

(二)持续提升上海市保险大数据治理能力

任何一个行业都可能忽视大数据,但保险业不能。数据是保险业的立身之本。持续提升数据治理能力是发展保险科技的根本动力,也是未来上海市保险业的核心竞争力。

1. 树立"保险+数据+科技"的战略思维

大数据并不是一个虚无缥缈的概念,更不是一场临时性运动。随着第四次工业革命的到来,大数据已悄无声息地融入保险价值链,优化了保险商品的设计和结构、创造了新的保险营销渠道、提升了消费者的保险体验。在数据和科技驱动之下,"保险+数据+科技"的新生态系统正在形成。2020年是上海市建成国际保险中心的决胜之年,贯彻"保险+数据+科技"的战略思维是上海市冲刺国际保险中心建设的关键所在。具体而言,上海市保险业及各保险机构仍需从以下方面着力。

首先,把大数据技术融入保险全价值链和保险全生态系统之中。目前,大数据仅运用到保险精准营销等低层次环节,而在更高级的定价设计、核保理赔、风险管理等环节的运用水平并不太高。为此,各大保险机构可以设立保险数据研发中心,梳理企业内部业务的全流程,推进大数据与保险业务的深度结合。除此以外,各保险机构同第三方网络平台的合作是获取数据、管理客户的重要渠道。各保险机构要摒弃"流量为王"的思维,树立"数据为王"的理念,利用第三方网络平台的大流量累积保险风险数据,为消费者提供场景化、互动式的保险服务。

其次,树立保险消费者福利最大化的理念。大数据技术在保险业的深度运用直接惠及广大保险消费者。例如，通过大数据精准分析保险需求，使合适的保险商品匹配到合适的保险消费者，减少了人为的销售误导和保险欺诈。大数据搭建营销场景，实现多层次互动，不仅使保险服务可视化，更唤醒了潜在的保险需求，提升了大众对保险的认知度。保险业数据运用的终极价值是满足保险消费者的需求，实现保险消费者的福利最大化。

2. 建立健全统一规范的数据标准化体系

保险数据的挖掘、利用、共享、流通及交易仰赖于保险数据的标准化。但目前我国保险大数据产业尚处于起步阶段，各大保险机构对保险数据的定义及涵摄范围差异极大，存量数据和增量数据交叉重叠，保险数据的属性和特征没有科学的分类编码，"书不同文"的现象普遍存在。除此之外，目前我国保险数据鸿沟依然存在，各保险机构对数据的利用仍以机构内部数据为主，保险数据处于相对封闭的状态，数据整合面临"数不同轨"的难题。数据规范及数据标准不统一，数据资源离散分布，导致保险数据资源相当混乱，也严重阻碍了保险大数据产业的发展应用。

建立统一规范的数据标准体系是推动保险大数据创新应用的基础性工作。上海市作为全国保险业的排头兵，保险业发展基础好，政策支持力度大，科学技术突飞猛进，上述有利因素决定了上海市保险业有能力、有责任在保险数据标准化工作上起到模范带头作用。具体要从以下两个方面实施：其一，实施风险数据的统一编码。保险业可利用的数据属性和特征复杂多样，因此，基于现行风险评估和定价体系，把各个险种的风险因子实施统一编码势在必行，这有助于提升数据利用的准确性和便利性；其二，制定外部数据和内部数据的转换和整合标准。保险风险数据来源于各行各业，各业别的数据分类体系和标准差异较大。把保险业的外部数据有效地转换为风险数据，有助于提升保险大数据的量级和质量。

3. 建立健全保险大数据的安全保护机制

最具经济价值的保险数据大多来源于用户的身体特征及日常生活行为。一方面，促进用户数据的合理利用，更大程度地满足人类的数据使用需求是未来趋势；另一方面，用户数据关涉用户疾病、健康、家庭财产等隐私，用户个人信息保护也是数据利用的前提。由此可见，保险数据的合理利用和用户隐私保护是大数据发展中面临的矛盾和挑战。

在消费者个人数据安全理念持续深化的趋势下，建立健全保险业数据安全保护机制是保险大数据产业发展的必然要求。首先，加强保险数据的分类，对具有指向性的数据信息进行匿名化和脱敏处理。保险数据可能囊括用户身体特征及日常行为信息的方方面面，有必要对用户数据进行分类甄别。对于姓名、年龄、性别等指向性非常明显的隐私数据，必须进行匿名化和脱敏处理，以提升数据的利用度；对于描述事物属性的一般性数据，由于其并不具有特别的指向性，保险人能够直接利用。其次，制定保险数据授权使用的法律规则。保险数据虽然存放于保险人处，但来源于广大用户。保险人利用用户数据时必须进行明确说明和风险提示，征得用户授权才能取得使用权限。

（三）提升上海市保险生态系统的整合能力

"保险+数据+科技"的新商业模式正在加速重构保险生态链，驱动保险机构进行科技化和数字化转型。"数据+科技"赋能保险是保险业的前途所在，未来，保险人不仅仅是只懂风险管理的金融机构，而是科技和保险融合的创新企业。

1. 加强保险科技与保险大数据的融合发展

保险科技与保险数据是相辅相成的关系。没有科技进步，保险数据也不可能大量呈现在人们面前。保险数据的挖掘和利用反过来又会促进保险科技水平的提升。因此，加强保险科技与保险大数据的融合发展，是升级保险生态链的重要环节。但目前在实践中，保险科技的应用场景还比较狭窄，制约了保险数据的搜集和积累。为此，上海保险业必须重点强化对科技的了解和认知，支持和鼓励各大保险机构加强同科技型企业的合作，或自设保险科技公司，培育和打造保险生态圈。例如，保险人可基于市场趋势和消费者需求研发各类智能生活设备，如智能手环、智能跑鞋、智能机器人、智能安防系统等。此外，以上述智能设备为技术支撑，保险人可通过搜集风险数据挖掘消费者的需求，从而进行保险商品设计和研发。"智能设备+保险服务"这一模式是构造保险生态圈的核心，旨在为消费者提供全方位的生活服务圈，同时，使风险管理服务贯穿到消费者的日常生活之中。保险科技与保险数据的融合发展使保险人不仅是风险管理者，更成为消费者的生活管家。

2. 推动保险科技在保险价值链上的创新运用

纵观国内外保险科技的具体运用，保险科技可运用于保险精算、定价、营销、核保、理赔、客户管理等保险价值链的全流程。但目前我国保险科技的应用层次较浅，大数据等保险技术主要应用于保险营销等浅层环节，在保险商品的研发、定价、核保、理赔等更高层次和环节的应用程度则相对较浅。持续推动保险科技在保险价值链的创新应用，是上海市保险生态系统的"最后一公里"。为此，上海保险业尤其要从以下两个方面着力：首先，牢固树立"保险+数据+科技"的战略理念。当今保险科技、保险大数据已彻底颠覆了传统保险业的商业模式，科技驱动保险业转型发展的未来已来。上海市保险业要把科技和数据纳入产业规划之中，鼓励各大保险机构突破业务边界，加强与科技型企业的合作交流，把数据和科技思维纳入日常运营和市场开拓当中。其次，"保险+科技+数据"的复合型人才是上海市保险业未来发展的生力军。在保险科技时代下，有必要改革传统单一的保险人才培养模式，培育既精通保险专业知识，又精通科技创新应用的复合型人才，以因应保险科技的时代洪流。

3. 运用保险科技创新保险监管手段及方式

在保险科技赋能保险生态链的趋势下，我国保险业面临着前所未有的机遇。但与此同时，保险科技在保险业的创新运用可能面临严峻的法律挑战。一方面，保险数据的搜集和使用会涉及用户大量人身、财产等私密信息，保险人可能面临数据泄露风险；另一方面，大数据、人工智能和区块链等保险科技的运用可能衍生额外的技术风险，技术风险与经营风险叠加会加速传播并扩大风险，从而导致保险业的系统性危机。因此，运用保险科技同步提升保险监管的效能尤为重要。为此，上海市保险监管机关要着重注意以下两点：首先，引导并鼓励各保险机构数据网络的对接，打造上海市保险数据网络。一方面，各大保险机构数据网络的连通能够实现机构间的数据共享；另一方面，保险监管机关能够通过保险数据网络实现同步、实时监管，并提前进行风险预警。其次，运用保险科技打击保险欺诈。例如，在数据信息互不联通的传统环境下，保险欺诈行为十分隐蔽，极易发生虚构保险事故骗取巨额保险金的情形。但在保险科技的驱动下，这些重复投保行为会无所遁形；利用大数据技术进行骗保信息的搜集，利用人工智能建立对骗保行为的建模和比对，利用区块链技术进行搜证和存证。在保险科技的助力下，识别恶意骗保和保险欺诈会更加有效，此类行为的发生概率也将大大降低。

第三节 数字经济背景下的商业保理发展对策

一、商业保理的发展概况

（一）商业保理行业发展概况

党的十八大以来，习近平总书记作出世界处于百年未有之大变局的重大判断。在国际金融危机影响、新工业革命挑战和新冠肺炎疫情冲击等诸多因素作用下,全球经济面临不确定性且风险加剧,全球治理体系和国际秩序变革加速推进。这个大变局给中华民族伟大复兴带来了重大机遇,也必然会带来诸多风险和挑战,我国需要积极进行战略调整以抢抓机遇、迎接挑战,形成顺应世界百年未有之大变局的新发展格局。

自2017年中央金融工作会议以来,商业保理行业也迎来伟大的变革时期。"金融机构要坚守服务实体经济的本分"被首次写入2021年的《政府工作报告》。近年来,商业保理已成为供应链金融的重要组成部分,在破解供应链上下游中小微企业融资难、融资贵问题上发挥了积极作用。

同时,商业保理行业在经过爆发式增长后,迎来监管转隶新阶段,行业进入高质量发展新时期,拥抱监管、守正创新、服务实体成为行业共同探讨的热点话题,行业内涌现出大量深耕细分行业、创新业务模式、实现金融科技的典型企业。

据统计,截至2021年12月31日,全国存续的商业保理法人企业及分公司共计7 984家,存续的企业数量较2020年同期的8 568家减少了6.82%。目前,我国商业保理行业主体结构更趋完善。在2021年396家监管名单企业中,民营保理公司数量占比58%,央企、国企保理公司占比41%。(数据来源:商业保理专委会)

自2018年监管转隶以来,商业保理行业进入高质量发展阶段,尤其是2019年以来,各地方金融局纷纷开展行业摸查工作,推动行业守正创新、规范发展。截至2021年5月10日,不同省市自治区纳入监管企业数量及经营相关数据如表3-6所示。

表3-6 不同省市自治区纳入监管企业数量及经营相关数据

省 市	纳入监管企业数量	正常经营相关数据	非正常经营相关数据
辽宁省	—	—	疑似失联、空壳保理企业299家
河北省	—	合法设立保理企业1家	失联保理企业2家
河南省	4家	—	—
山东省(不含青岛市)	33家	正常经营保理企业182家	非正常经营保理企业43家
青岛市	26家	—	非正常经营保理企业151家

续 表

省 市	纳入监管企业数量	正常经营相关数据	非正常经营相关数据
安徽省	5 家	正常经营保理企业 9 家	非正常经营保理企业 36 家
江西省	9 家	—	—
江苏省	—	正常经营保理企业 63 家	失联保理企业 20 家
浙江省	1 家	—	—
湖南省	3 家	—	非正常经营保理企业 12 家（均为分公司）
湖北省	8 家	—	—
青海省	—	正常经营保理企业 0 家	非正常经营保理企业 4 家
福建省	1 家	正常报送数据的保理企业 59 家	—
广东省（不含深圳市）	70 家	—	—
深圳市	—	—	失联保理企业 4 292 家*
北京市	14 家	—	—
上海市	—	—	非正常经营保理企业 262 家
重庆市	35 家	—	—
合计	209 家	314 家	5 121 家

* 数据截至 2021 年 5 月 10 日。搜集了我国 32 个省（自治区、直辖市）金融局官网、行业协会、专业机构等数据，并对公布、搜集到的数据进行整理。深圳市失联保理企业数量，是根据深圳市金融局公布的十批失联保理企业名单、四批失联保理企业移出名单公示计算得出。

经中国服务贸易协会商业保理专业委员会（Commercial Factoring Expertise Committee of CATIS，CFEC）测算，2021 年，我国商业保理业务增速超过 20%，以 2020 年的 1.5 万亿元为基数，2021 年业务量应在 1.8 万亿元左右，2022 年商业保理业务量达到 2.24 万亿元，2025 年，商业保理业务规模将在 2020 年的基础上增长 1 倍，有望达到 3 万亿元。

尽管外部环境发生深刻变化，商业保理业务总量仍保持增长。2020 年，商业保理行业虽然经历了上半年基本停业或者由线下转线上，但到下半年，保理业务逐步复苏，并实现了增长的转变。

作为服务中小微企业、支持实体经济发展的有效方式，商业保理是传统金融行业的重要补充，能够发挥服务实体经济的"毛细血管"的作用。商业保理企业聚焦中小企业，为其提供应收账款融资、应收账款登记服务。面对疫情给供应链、产业链稳定和广大中小微企业正常经营带来的冲击，广大商业保理企业积极开发应收账款融资产品，为中小企业客户减免利息和保费。据中国服务贸易协会商业保理专业委员会测算，2021年商业保理业务同比增长34.7%，达到2.02万亿元，占我国保理市场份额的37.2%。商业保理公司在人民银行动产融资登记系统中登记的应收账款转让笔数约37.33万笔，同比增长93.6%。近年来，商业保理企业已深入建工、物流、医疗、贸易、能源、交通、旅游、批发零售等多个垂直细分行业，为上百万家中小企业提供了应收账款融资和管理服务，保理促进产业链供应链稳定升级的价值愈发凸显。

（二）商业保理行业的监管政策、法规现状

近年来，我国商业保理行业外部发展环境取得了实质性改善，这对于推动行业持续规范、健康发展具有重要意义。

1. 市场环境

在疫情影响下，2021年，全国规模以上工业企业实现利润总额87 092.1亿元，比上年增长34.3%，比2019年增长39.8%，两年平均增长18.2%。2021年，在规模以上工业企业中，国有控股企业实现利润总额22 769.7亿元，比上年增长56.0%；股份制企业实现利润总额62 702.2亿元，增长40.2%；外商及港澳台商投资企业实现利润总额22 845.5亿元，增长21.1%；私营企业实现利润总额29 150.4亿元，增长27.6%。

2. 监管环境

2018年5月14日，商业保理行业监管转隶，2019年10月18日，原银保监会办公厅发布《中国银保监会办公厅关于加强商业保理企业监督管理的通知》，宣告了商业保理行业进入"强监管"时代，有利于营造规范经营、良性竞争的发展环境。随着监管转隶，各省、市行政监管陆续出台商业保理行业管理办法，纷纷组织开展商业保理公司风险排查专项工作，名单制管理、分类监管、科技监管成为主流趋势。通过搜集、对比各地方对商业保理行业的政策，可总结出以下3点。

（1）注册政策

除少数地区，各地方严把保理企业准入关，在股东资质、审核流程、

材料报送上提出较为严格的标准，保理企业注册难度大、时间长。

（2）发展政策

自商业保理行业监管转隶以来，各地方对商业保理行业发展的支持政策数量少、力度弱，重在强调业务指引、服务实体，鼓励行业发展、解决行业难题方面的政策较少。然而，在商业保理企业聚集区，有关部门也在积极优化保理政策发展环境，引导帮助商业保理企业拓宽融资渠道、提升创新能力、促进可持续发展。以天津市为例，天津经济技术开发区推出了跨境人民币保理业务新模式，探索出一套有效的国际商业保理管理模式，为保理企业开展国际保理业务提供了指引。在商业保理接入增信方面，天津经济技术开发区推动了部分商业保理企业接入人民银行征信系统，在商业保理风险控制等方面有积极作用。

（3）监管政策

2019年11月，随着《中国银保监会关于商请组织开展商业保理行业专项清理排查的函》发布，各地纷纷组织开展了商业保理公司清理排查专项工作，清理排查是全国商业保理行业监管的普遍特点，重在强调保理行业高质量发展。同时，上海市监管政策相对前沿，并且逐渐形成了特色的地方监管体系，主要体现在强化事中事后监管、率先开展监管评级、补足个人业务规范等。

3. 司法环境

2020年5月28日，《中华人民共和国民法典》在十三届全国人民代表大会第三次会议中审议通过，合同编中"保理合同"终于作为典型合同之一列入其中，保理合同从"无名"走向"有名"，是我国保理立法进程上具有里程碑意义的重大事件。此举促进了行业法规进一步完善，形成法律与实践的良性互动，有助于推动行业高质量发展。此外，《保障中小企业款项支付条例》正式施行，中国人民银行等八部门发布的《关于规范发展供应链金融支持供应链产业链稳定循环和优化升级的意见》也为供应链金融的规范发展和创新奠定了政策框架和制度基础。

（三）商业保理行业发展遇到的瓶颈

1. 缺乏信用信息共享机制

目前，行业对失信客户和债务人的管理手段不健全，行业内缺乏统一的信用信息共享和约束机制，对失信企业不能达到震慑作用，造成了失信成本低、欺诈风险高发的不利局面。虽然国务院同意商业保理公司接入央行征信系统（2020年6月28日印发的《国务院关于做好自由贸易试验区第六批改革试点经验复制推广工作的通知》中提到），上海市、深圳市、重庆市等部分保理公司已成功获批接入央行征信系统，但是也存在接入企业数量少、进度慢的问题，不能满足保理行业需求。

在新监管形势下，商业保理企业已被通知登录商业保理业务信息系统，并要求真实、准确、完整地填报信息，各地方监管部门也在积极落实相关工作。希望在监管部门、各行业协会的积极推动下，能够尽快建立起完善的行业信用风险管理机制。

2. 保理企业负担较高的税赋

2016年5月全国范围内全面实施"营改增"试点后，商业保理行业营业税差额征税的政策红利随之消失。按照财税〔2016〕第36号《营业税改征增值税试点实施办法》规定：贷款服务，以提供贷款服务取得的全部利息及利息性质的收入为销售额；纳税人购进贷款服务支付的利息及利息性质的相关支出，其进项税额不得抵扣销项税额。在"营改增"之后，商业保理行业不但未享受减税福利，而且形成重复纳税、税额增加的不合理现象。

为了维持合理的税后利润水平，商业保理企业被迫提高保理利率，间接增加了中小企业的融资成本，这明显有悖于商业保理解决中小企业融资难、融资贵使命的初衷。高额税赋令许多规模较小的民营商业保理公司难以为继，有的公司被迫转型，保理产品创新也受到严重影响。

3. 跨境保理业务发展受限

虽然我国对商业保理企业开展跨境保理业务没有限制，但跨境保理中涉及外汇款结转问题，由于商业保理公司没有外汇结转资格，目前境内保理公司在实务中无法按照规范路径操作跨境保理业务，尚不能为我国中小企业提供出口保理服务。目前，只有少数商业保理公司通过其境外机构为我国出口企业提供保理服务。

4. 保理融资渠道仍需创新

保理公司融资困难是阻碍保理公司发展的首要问题。目前，保理公司的融资途径包括股东借款、银行授信和保理资产证券化等，融资渠道相对狭窄。

保理公司融资难主要体现在两个方面：一方面，尽管一些保理公司基于良好的股东背景可以获得银行授信，然而银行在进行放款时会进行二次审批，流程繁杂、要求严格，导致多数保理公司的银行授信使用率大大降低；另一方面，近年来，保理资产证券化迅速发展，缓解了部分商业保理企业的融资困境，但准入门槛相对较高，只有少数保理公司能够满足条件，目前成功发行保理ABS（Asset-backed Securities，资产支持证券）的公司数量较少，尚不能满足行业快速发展的需求。

5. 监管细节尚待明确

行业监管一直是商业保理行业最关注的话题之一，监管规则变化也是行业发展面临的最大不确定性。在行业调研过程中，商业保理行业监管问题一直广受关注，尚不明晰的监管条款引发业内讨论热潮，这也给商业保理行业未来发展带来不确定性。2019 年以来，商业保理公司数量众多，管理办法作为监管框架还不够细致。学术界对商业保理行业监管的研究成果甚少，少量的研究成果也未与监管实务相结合，缺乏可操作性、科学性。

二、数字经济的发展背景

(一) 我国数字经济的发展历程

数字经济是伴随信息技术革命而逐步发展起来的新型经济形态。数字经济的理念最初由唐·塔普斯科特（Don Tapscott）提出，是指数字技术得到广泛应用，并使整个经济环境发生根本性变化的经济系统活动，除此之外，数字经济同样属于一类崭新的社会政治经济体系。中国信息通信研究院发布的《中国数字经济发展白皮书（2020 年）》中，也有关于数字经济更为具体化的解释，即数字经济是一类新型经济形态，其中，数字化信息与知识为关键生产要素，数字技术是重要的驱动力量，现代化信息网络是重要的载体，以此作为基础将数字技术和实体经济进行进一步的融合，优化经济社会在智能化、数字化等方面的水平。"互联网+"广泛涉猎医疗、养老、教育、公共服务等领域，电子商务、移动支付、经济交流等新型数字经济形式目前已经开始逐渐引领全球发展。

1. 发展历程

随着我国移动互联网技术的快速发展，中国数字经济从无到有并逐渐发展繁荣。中国的数字经济基本上分为三个时期。

（1）萌芽期（1994—2020 年）

此阶段，我国开始正式纳入国际互联网，且互联网使用的用户数量迅猛增长，与此同时，从事互联网行业的企业数量不断增加。

（2）快速发展期（2003—2013 年）

此阶段，以淘宝、京东为代表的电子商务平台，以支付宝为主要代表的第三方支付平台，以及以 QQ 与微信作为主要代表的即时通信软件等开始进入快速发展时期，多元的互联网形式极大地增加了网民数量，随着智能手机的普及，使用手机上网的人数第一次高出使用台式电脑上网的人数。

（3）蓬勃发展时期（2013年至今）

此阶段的主要特征是：区块链技术、云计算技术等大力推动科技发展，进而衍生出应用存储、网络广告、共享经济、数字货币等一大批新的商业经济模式。

2. 当前现状

近年来，数字经济成为我国国民经济高质量发展的新动能。由中国信息通信研究院发布的《全球数字经济白皮书（2022年）》显示，2021年，全球47个主要国家数字经济增加值规模达到38.1万亿美元。其中，中国数字经济规模达到7.1万亿美元，占47个国家总量的18%以上，仅次于美国，位居世界第二。

在数字经济的四大领域方面，数字产业化总体实现稳步增长；产业数字化加快增长，产业数字化转型由单点应用向连续协同演进；数字治理能力逐步提升；数据价值化的推进速度逐渐加快。

（1）产业数字化

2020年，我国产业数字化规模达31.7万亿元，占数字经济的比重为80.9%，占GDP的比重为31.2%，成为支撑国民经济发展的重要力量。

（2）数字产业化

2021年，我国数字产业化规模为8.35万亿元，同比名义增长11.9%，占数字经济的比重为18.3%，占GDP的比重为7.3%，数字产业化发展正经历由量的扩张到质的提升的转变。2021年，产业数字化规模达到37.18万亿元，同比名义增长17.2%，占数字经济的比重为81.7%，占GDP的比重为32.5%，产业数字化转型持续向纵深加速发展。产业数字化继续成为数字经济发展的主引擎。

（3）数字化治理

治理规则逐步完善，治理手段进一步优化，治理方式加快创新。

（4）数据价值化

随着数字化转型加快，数据对提高生产效率的乘数作用凸显，成为最具时代特色的新生产要素。

（二）金融科技在商业保理领域的应用

商业保理行业已取得可喜的发展成果，服务实体经济的价值也愈发突出，但困扰行业发展的一些问题依旧存在。风险控制能力差、保理业务场景单一等问题有待解决。

目前来看，随着数字经济的发展，产业互联网发展潜力将进一步释放，数字技术能够为行业创新发展提供动能。随着保理服务的细分行业领域持续拓展，商业保理企业也面临着数字化转型的重要机遇。建立以体验为核心、以数据为基础、以技术为驱动的数字架构体系，有助于优化保理现有服务和流程，增强商业保理企业的创新力和竞争力。

数字化转型就是要鼓励商业保理企业深耕产业科技生态，不断提升数字化、场景化、线上化水平，拓宽业务场景。如依托互联网、大数据、区块链等技术搭建互联网供应链金融共享平台，在传统线下供应链金融服务的基础上实现线上化、平台化，找到一套针对供应链下中小企业信用风险的评级方法和融资模式，助力解决中小企业融资问题。

保理行业的数字化转型，还需要做好风控。大数据风控离不开数据整合、数据建模、实时计算、风险测量、风险定价与产业分析六个方面。当前，已有商业保理企业做过探索，通过搭建数字化展业平台实现了债权线上确认。有的保理企业积极通过科技手段和业务交叉验证的科学方式，自动有效地识别资产的真实性，并为供应链下游的大量小微客户实行风险建模和风险运营，快速掌握企业的各项数据和风险信号，有效地提升了获客能力。

三、数字经济助力商业保理发展

（一）数字化系统在商业保理企业管理中的应用

由于数字化技术的应用渗透，供应链金融在不动产或知识产权质押物价值估测、参与主体信用评估以及资金回收风险控制等功能设计方面均发生了巨大的变革。由此，基于数字供应链金融的禀赋特性，探讨企业在不同场景下应用供应链金融模式的运作流程和关键点布局的创新设计。

1. 数字供应链预付账款融资模式

数字供应链预付账款融资模式主要发生在企业的采购环节，强调融资企业与上游供应商签订承诺回购契约，并利用平台指定物流企业确认的既定仓单向金融机构申请贷款，最终以融资企业未来销货收入为还款来源。如图 3-9 所示，具体业务流程如下。

（1）融资企业和上游供应商签订购销协议，并据此在线申请预付账款融资。

（2）平台通过大数据技术抓取融资企业与上游供应商的生产和交易场

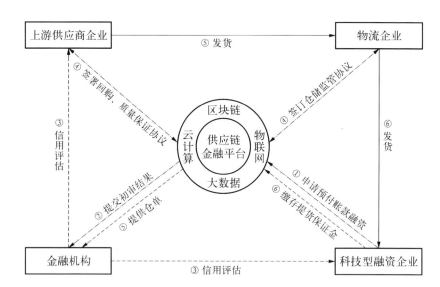

图 3-9 数字供应链预付账融资模式示意图

景,借助云计算对交易数据进行提取、整合、分析,生成信用评估报告,传递给金融机构。

(3)金融机构结合企业线下资信情况进行多维度的评估。

(4)平台与上游供应商签订回购及质量保证协议,与物流企业签订仓储监管协议。

(5)平台通知上游供应商向指定物流企业仓库发货,物流企业通过物联网技术采集货物信息并生成电子仓单,与金融机构实时共享。

(6)融资企业提交取货保证金,金融机构在线向物流企业发布指令,释放相应金额的货物提货权给融资企业。

根据上述流程,上游供应商承诺回购、物流企业提供仓单质押及企业未来销货收入还款是数字供应链预付账款融资模式运作的关键控制点。利用大数据的深度挖掘功能,从庞大的数据库中追溯供应链主体间的真实贸易活动并建立耦合关系,勾勒出上游供应商的全景式图像进行全方位分析,明晰上游供应商承诺回购的信用情况;通过物联网中的电子标签技术,使得线上线下货物数据对接,24 小时智能库管和远程定位保证质押货物的安全性,同时,大数据和云计算技术结合对质押物的商品价格波动进行监测,为金融机构调整授信额度和利率提供便利;此外,在数字技术的支持下,遵循严密的自偿逻辑设计智能化合约,确保企业销货收入用于还款,这种供应链闭合资金回流程序设计可以防范资金回收风险。

2. 数字供应链存货质押融资模式

数字供应链存货质押融资模式通常发生在有存货质押物的企业的生产环节，要求通过物联网、云计算等技术对企业的动产质押实施动态监控和价值评估，由企业以存货作为质押物向金融机构申请贷款，并且以其未来存货销售的资金流入作为还款来源。具体业务流程如下。

（1）融资企业凭借拥有的存货，向供应链金融平台在线申请存货质押贷款。

（2）平台通过物联网电子标签技术，借助标准化接口将融资企业的存货信息录入系统。

（3）应用大数据、物联网等数字技术实时实现存货价值评估并出具评估证明，由平台提交给金融机构。

（4）金融机构结合融资企业线下资信状况对其进行多维度评估，并作出授信决策。

（5）平台与融资企业签署质押合同，并要求其将存货移存至指定的同城物流企业。

（6）物流企业验收存货并对存货状态进行不间断的监管，为金融机构放款提供即时数据。

（7）融资企业的货物收入由平台支付结算中心自动、足额划拨到金融机构，贷款偿还完毕，则质押合同失效。

上述流程表明，存货监控和价值评估、存货质押以及存货未来销售收入还款是数字供应链存货质押融资模式的关键控制点。要求平台建立庞大的物联网系统，通过二维码识读设备、红外感应器、射频识别装置等信息接收器，在仓储中实时、精确地检测企业存货的料温、浓度、体积、密度、质量等信息，并将线下物品转化为线上数据，实现线上线下无缝衔接，解决企业动产质押价值评估难、评估贵问题；同时，通过视频监控及频射技术实现对存货地点转移、物品缺失及毁损情况的移动报警与实时监控，借助供应链金融平台，物流企业与金融机构实现质押物信息实时共享，金融机构可随时调阅质押物现时信息，并可做到"一键解押"，提高存货质押融资的效率，更好地适应企业融资"短、频、快"的特点；此外，系统闭合的自偿体系确保企业存货的销售收入回流金融机构。

3. 数字供应链应收账款融资模式

数字供应链应收账款融资模式通常发生在企业的销售环节，处于上游的融资企业以应收账款作为质押申请贷款，筹集资金进行下一轮生产，以客户未来偿付款作为还款来源。具体业务流程如下。

（1）企业与下游采购商签订销售合同，并以应收账款作为质押物在线申请贷款。

（2）平台利用区块链、物联网技术对上下游企业的经营情况、还款能力、信用水平进行全方位的审查与评估，并将评估报告提交给金融机构。

（3）金融机构结合上下游企业线上评估报告及线下征信记录等进行多维度综合评估。

（4）金融机构向融资企业提供授信，由平台支付结算中心将款项划拨给融资企业。

（5）供应链下游企业将作为还款来源的销货收入划拨给平台支付结算中心，平台将本息偿付给金融机构，余款划转给融资企业。

（6）金融机构获得本次融资的本息，应收账款质押合同自动失效。

在上述流程中，应收账款的真实性、应收账款的质量和客户未来偿付款是数字供应链应收账款融资模式的关键控制点。由于区块链技术的应用，基于时间戳的链式区块结构实现了每一笔交易过程的可追溯，防范了上下游企业以虚假销售活动骗取贷款的行为，同时，平台中的相关主体全部参与记账，生成集体维护的分布式账本，能够保证应收账款债权的真实性；此外，平台运用大数据建立企业的信用档案库，持续实时更新档案内容，结合云计算实现债权质量的综合审核，并利用智能化合约完成在线自动审批下款；最后，系统严密的自偿体系保证了客户未来偿付款及时回流金融机构。

4. 数字供应链知识产权质押融资模式

数字供应链知识产权质押融资模式适合于企业与合作伙伴之间存在知识产权转让的交易场景，要求利用数字化技术搭建无形资产相关信息共享模块，融资企业利用对受让企业知识产权未来收益权作为质押物向金融机构贷款，以受让企业应付的知识产权转让费作为还款来源。具体业务流程如下。

（1）融资企业在政府相关部门进行知识产权登记，平台通过标准化接口引入政府相关部门（如科技管理部门、知识产权交易中心等）掌握的知识产权信息。

（2）平台依靠数字技术搭建无形资产信息共享模块，实现融资企业与受让企业对接，签订知识产权使用或转让协议。

（3）融资企业在线提交知识产权质押贷款申请。

（4）平台利用数字技术对知识产权信息进行筛选与判断，评价融资企业知识产权的应用价值、未来收益及其经营状况、发展潜力、技术前景等，分析受让企业应用知识产权前后的经营和利润状况。

（5）金融机构根据平台提交的评估结果及技术供需双方签订的协议，结合融资企业线下资信情况和受让企业的经营业绩、信誉状况，作出贷款决策。

（6）受让企业利用专利、商标等无形资产组织生产，并按照协议约定的转让费作为融资企业的贷款还款来源。

综合上述流程，知识产权信息共享和价值评估、知识产权收益权质押以及知识产权转让费还款是数字供应链知识产权质押融资模式运作的关键控制点。利用互联网、大数据等技术建立知识产权共享模块，可以克服融资企业与无形资产受让企业之间的信息不对称，实现供应链内部优势资源共享；借助大数据、云计算和人工智能等，对知识产权的可行性、市场价值、未来发展前景进行综合分析与评价，可以快速地对知识产权价值进行合理的价值判断，基于知识产权收益权作担保进行质押贷款是契合企业知识密集型特征的供应链金融创新，其中，知识产权收益权是供应链金融的核心质押物，属于权利质押的担保范畴，受让方运用知识产权后创造的新增利润是融资企业收取知识产权转让费的重要来源，因此，平台需要结合数字化技术的应用，核查知识产权收益权是否具备担保性，掌握受让方运用无形资产前后的经营状况，运用无形资产评估方法对知识产权转让的收益权价值进行准确估测，为金融机构披复授信额度提供决策依据；最后，知识产权转让费还款同样体现了供应链金融自偿性的资金回流特征。

（二）金融科技助力商业保理业务开展案例

1. 小额标品案例（应收类）

（1）案例背景

平安商业保理有限公司（简称平安保理）成立于 2013 年 11 月，总部位于上海市陆家嘴金融贸易区。作为平安集团在商业保理领域的重要战略布局，平安保理自成立以来始终致力于成为中小企业信用融资领域内具备持续价值创造能力的商业保理企业。

目前，市场上较多的供应链尾部客户群体的组织管理能力相对滞后，公司经营不规范，规模小，资信能力与大企业相比较差，融资能力弱，大批量客户群体无法申请到适合的企业贷款。结合目前互联网金融正逐渐从用户流量驱动向金融科技驱动转型、商业保理企业向金融科技服务企业转型等行业发展新趋势，平安保理希望通过构建供应链金融普惠产品，真正解决小微企业融资问题，因此正式启动小额标品项目。

(2) 解决问题

根据行业研究报告所示，2018年国内金融机构发放单户500万元以下贷款的比例仅占全部企业贷款的2%。2019年71.6%的微型企业存在融资需求，其中，62.7%的小微企业资金需求在100万以下。供应链尾部客户群体经营不规范，规模小，大量客户群体无法申请到适合的企业贷款。小额标品主要围绕小微企业以下三大痛点。

首先，常规金融机构授信评估多基于客户本身的资信情况，无供应链合作生态数据，未对主营业务进行综合经营情况分析。

其次，尾部客户群体缺少可用抵押物，获取低成本的融资产品难度较高。

最后，小微企业不是金融机构授信的主流群体，信息不对称性高，有融资需求时较难及时获得贷款额度。

(3) 案例描述

小额标品聚焦供应链场景的长尾客群，通过设计数据驱动模型，链接多维生态数据，实现小额分散和规则标准化，从而防范风险。

小额标品的主要创新点包括：通过链接多维生态数据，实现"四流"（资金流、信息流、物流、商流）合一，公司内部建立大数据风控评审模型，助力长尾小微企业信用多级传递。构建供应链金融科技系统，通过持续搭建和完善科技平台，包括内部双平台（人员管理平台、员工移动作业平台）与经销商/供应商使用平台（平安保理公众号、客户移动操作平台、客户网页操作平台），真正实现线上化作业、移动化办公、自动化运营，为客户高效批复信用额度。

金融科技能够帮助实现降本增效。平安保理通过运用区块链+物联网，获取了不可篡改的生态数据，有效地解决了数据的真实性问题。运用智能合约，帮助经销商、金融机构实现高效线上化合同签约，大大提高了放款效率。

(4) 取得效果

2021年，通过不断优化迭代，平安保理小额标品业绩实现突破式发展，全年服务客户数提升超200%。近2700家原先无融资通道的小微客户通过线上化无接触使用到平安保理小额标品。疫情期间，平安保理向近1000家小微客户提供周转资金。

小额产品为300万元以下额度需求的小微客户提供高效用款产品。通过对客户生态数据分析，针对优质客户秒批秒放、良好客户尽调信审、劣质客户直接淘汰，实现T+1日批复额度，T+1日完成放款。截至目前，小微客户提款平均时效仅1天。而目前传统金融产品从电话预约、现场拜访到资料收集,需要花费1—2周时间。

小额标品是平安保理对线上化及智能风控两个方向的有效结合,对于进一步推动小微产品业务、进一步服务中小微企业具有显著效果。平安保理始终致力于构建供应链生态,探索产融结合的创新业务模式。通过打造智能风控与强化金融科技,平安保理与民生行业中小企业共同携手成长,为助力实体经济发展、打造中国商业信用体系作出应有贡献。

2. 金融科技助力医疗小微企业复工复产

(1) 案例背景

2020年突如其来的新冠肺炎疫情对中国带来了巨大的灾难,为了复工复产,政府出台了许多政策支持中小微企业发展,作为国药控股集团下属的唯一从事保理业务的公司,国药融汇保理陷入深深的思考:疫情来临,医药行业的中小流通企业不断地为医院输送"炮弹",而医院的"子弹"在长达几个月甚至无法预测的长期战斗中如何得到保证,经销商的资金储备是否已经为这场长期的战役做好了准备,确保整个医疗产业链从厂商、经销商到医院都能保持产业链上的良性循环。太多疑问让国药融汇保理感觉必须做点什么,将资金的"炮弹"精准地给到最需要的企业;同时,解决小微企业融资风险和提高放款效率,必然是国药融汇保理作为专注于医药行业供应链金融的保理商必须攻克的课题。

(2) 解决问题

在医药领域,一直以来都呈现两头强中间弱的产业格局。医院的强势拉长了经销商的账期,经销商资金回笼能力降低;药厂强势要求经销商预付款,也给了中游流通企业极大的垫资压力。对于药品类的企业而言,"两票制"改革后,国药、上药、华润等几家大型国企占据绝大多数的市场份额,但对于医疗器械、诊断试剂和服务于医院的其他中小微企业而言,疫情的到来既是机会更是生死存亡。很多中小微医药流通企业经营稳定,上下游优质,但由于自身民营性质和轻资产的经销商模式,其融资能力有限,阻碍了企业发展。

想满足医药中小微经销商客群的需求,除了从产业视角对其经营的核心产品、上下游、细分市场格局等进行深入分析外,对于一家央企背景的金融机构来说,想做区别于传统保理的业务,并满足其短、频、急的用款需求,需要解决两个难点:风险模型和简便高效的全线上流程。

(3) 案例描述

基于国药融汇保理在医药行业内深耕三年的数据积累和客户群体拜

访,国药融汇保理对不同的医疗生态圈和细分市场进行了分类,将核心医疗机构和流通企业作为白名单买方,同时基于大数法则,对客户的下游应收账款数据、客户画像、企业经销数据等进行全面分析,完成了对医疗细分市场的客户群体定位和风控模型的分级分层。此外,对于经销商客户的授信额度,国药融汇保理以医药细分行业风控打分卡为主、人工介入为辅的形式进行模型设计。

与此同时,基于股东方的科技系统的支持,国药融汇保理在疫情开始后短短2个月内便完成了针对医药行业快捷保理的系统测试及上线,让客户满足了足不出户,用微信完成注册申请、签约、提款的全流程线上操作,实现了T+1授信加放款的业务。通过风控模型和系统支持,国药融汇保理从客户的实际需求出发,大大提高了客户资金的使用效率。

(4)取得效果

针对医药行业客户的融资产品"融医融"正式上线,来自河南的某药企成为国药融汇保理的第一位企业客户。在谈及对产品的感受时,其法人表示:"有这么高效的产品着实让人惊喜,尤其是对于医药行业,国药控股能有这么一家保理公司满足医药同行的需求,知晓医药行业客户的痛点,并且在疫情阶段能这么快速地做出市场应对方案,不仅体现了国企的市场敏感度和决策及执行力,也彰显了作为医药流通龙头企业的社会担当。"

疫情期间,"融医融"产品在医药流通企业中发挥了重要作用。该产品基于医药行业的行业属性,对其风控模型进行了创新:通过产业和金融两条线综合评估企业风险,通过 Fintech-AI 技术提供便捷的线上金融服务,精准定义医药行业的目标客群,紧密贴合医药小微企业的特点和用款需求。由此,融汇保理在医药产融结合的路上又迈出了坚实的一步。

基于"融医融"产品,国药融汇保理后续会针对国药本身的行业优势和医药细分市场不同的使用场景,对产品进行迭代升级,也期待国药融汇保理专属于医药行业的金融产品能实现"专业的人做专业的事",不负社会赋予国药融汇保理的企业使命和责任。

四、商业保理在数字化经济背景下的发展对策及建议

(一)商业保理数字化转型面临的挑战

1. 产业数字化水平偏低,与实体经济融合不深

目前,大量中小企业的数字化工具普及程度较低,只有少部分企业实

现了数字化转型，实现了生产工具智能化、生产流程数字化。总体而言，产业数字化水平偏低，距离实现生产决策数字化还有很长的道路。互联网技术发展如火如荼，与许多传统实业行业进行结合创新，但互联网时代下企业的数字化转型还未形成体系，企业大多在制造装备等硬件方面投资较多，大数据分析缺乏相应的投入，专业人才匮乏。同时，部分企业对数字化转型的认知不足，缺乏对数字化转型的系统规划。另外，部分企业在数字化转型的推进过程中，各部门各环节存在"信息孤岛"的问题，平台缺乏上下游远程协同。各行业间在生产和数据标准等方面存在较大差异，难以进行统一标准的数字化转型。上述因素造成了目前产业数字化水平偏低、与实体经济融合深度不足等问题。

2. 数字化转型伴生新型风险，传统风控手段与机制亟待创新升级

一是操作风险方面，供应链金融数字化转型驱动商业银行由封闭走向开放，与供应链上的企业、电商、物流公司、仓储公司乃至科技公司、同业机构全面互联互通，极易导致合作方的操作风险间接传导至银行。二是市场风险方面，数字化时代的市场风险模型更加依赖人工智能和大数据、模型构建更为复杂、模型验证更为困难、输出结果较难解释，这使得模型应用产生不确定性。三是信用风险方面，数字化转型衍生的生态合作模式可能导致部分银行过度依赖助贷、导流等合作机构，将授信审查、风险控制等核心环节外包，成为单纯的放贷资金提供方，从而弱化自身信用风险的管控能力。四是技术风险方面，供应链金融数字化转型驱动网络应用直接渗入众多金融场景，使得银行系统更易遭受网络威胁，数据安全与隐私保护难度倍增。

3. 地区间数字化程度差异较大

在各地数字化推进的过程中，其数字化程度也与城市发展水平、重视程度等息息相关。相对而言，经济水平更高、开放程度更大、更重视数字化转型的一二线城市在转型过程中取得了更突出的成果。上海等城市推动发展数字化的城市大脑、数字生产等数字化系统，为地方经济发展、产业生产转型、政务简化高效等方面发挥作用。广大农村地区则面临基础设施不足、经济发展较慢、知识储备不足、专业人才匮乏等问题，进一步加大了其数字化转型的难度。因此，各地区间存在数字鸿沟，且短期内难以弥合。

4. 社会化数据治理不足

随着互联网技术的快速发展更迭，数字化系统已经逐步深入覆盖居民的生活与工作，在身份识别、经济往来、安全管控、生产销售等方面发挥

作用，保障了居民的人身与财产安全。但是也存在发展氛围不足、信息安全难以保障、居民数字安全意识较弱等问题。随着大数据时代的到来，居民数字化参与度大大提高，数据纵深实现突破性增长，将覆盖更多用户个人健康、资产配置等方面的信息，这也将对数据安全治理体系提出更高要求。另外，目前行业间数字化发展氛围不足，全社会数据协同水平较低，大多只有行业头部企业推进内部数字化，行业内、行业间都存在信息壁垒问题。同时，居民数字素养有待提高，目前对于自身信息安全的保护意识较为薄弱，也为数字化体系下沉推进增加了困难。

5. 相关法律法规与监管制度存在滞后性

近几年，数字化转型发展得如火如荼，从政策铺垫、实践探索，到快速发展，国家政策也在不断健全和完善。尤其是在经济新常态下，经济结构转型对互联网技术融入生产提出了新的要求。数字化转型也顺应这一发展潮流，得以快速发展。目前，对数字化转型的发展缺乏具体的规则标准和说明，难以适应当前社会经济转型需求，需要相关部门结合实际，实行与经济发展相适应的新的指导政策，以实现更加全面长远的发展体系。同时，监管制度也存在一定的滞后性，监管责任划分不明，难以对数字化转型实现安全监管与合理应用。

（二）数字经济能够提供的解决路径

金融科技已经渗透金融业务的各个领域，以借贷、理财、保险、支付等为代表的典型金融领域在快速发展的同时仍面临不少问题，金融科技在各业务领域中的创新与应用使业务痛点得到了不同程度的解决。

近年来，金融科技成为业界关注的焦点，从大数据到"互联网+"，再到人工智能、区块链等，都成为反复谈论的话题。在供应链金融领域，核心内容就是横向实现供应链金融各参与方跨行业整合，纵向实现垂直产业链上的供应链信息整合，在底层以区块链、大数据、云计算、人工智能等技术为基础，在业务模式上形成以供应链金融服务平台、产业链信息平台、金融服务平台、政府数据平台、金融监管平台相结合的平台体系，将物流、资金流、信息流、商流"四流"合一，联合供应链中各参与主体共同实现供应链上各企业不同的资金需求，最终建立一个安全、规范、便捷、持续的服务生态。

供应链金融平台主要基于电子化的应收账款、应付账款和库存等流动资产开展融资服务。目前，供应链金融服务平台主要提供市场上已很成熟的应收类保理金融产品，包括国内保理、国际保理、池保理、反向保理等。平台在其中扮演需求归集、信息传递、智能化管理、提升服务体验等角色。同时，已经陆续有供应链金融平台在尝试区块链技术，将中小企业对上游的应付及下游的应收串联起来，形成以下游应收账款为担保，进而为其提供应付账款融资的金融服务形式。平台在其中扮演着重要的区块链管理角色，即透过平台联盟链，也透过平台实现链上信息智能化管理，降低金融服务商所需要承担的风险可能性。

供应链金融平台在推动产业发展上，主要从业务场景构建能力、数字化能力、大数据分析能力、风险管控能力、渠道整合能力、服务响应能力六个方面大大提升了行业的服务质量。

1. 业务场景构建能力

供应链金融平台旨在为整个产业链的所有成员提供配套服务，需要建立在完整的供应链业务场景下，因此，需要平台对于产业链当中各个不同的参与成员间的业务形式、业务流程、潜在风险等有深刻理解，进而厘清各业务环节间的关联关系，构建具备产业特征的针对性服务场景。

2. 数字化能力

服务能否真正实现线上化，平台的数字化能力至为重要，能否打通各个信息渠道实现数据整合，能否将关键业务的节点信息如实有效地反映到平台，能否构建出数字化的平台认证机制，能否具备足够的技术实力，这些都是平台最为关键的技术能力。

3. 大数据分析能力

除最基础的数据收集外，数据持续的整合、清洗、挖掘是决定能否实现智能化决策的前提，这也是平台除了在金融服务本身以外，进一步对整个产业发展提供战略判断的依据。

4. 风险管控能力

供应链金融在过去最核心的矛盾就是所服务的对象与其所能提供的风险担保存在落差，导致对于金融服务商风险管理能力提出了非常高的要求。平台透过信息整合可对金融服务商提供更真实、详细、及时的信息参考，透过对业务风控结构进一步的合理设计，还能基于平台实现对风险管理更加智能化的反应及预判，协助金融服务商更及时、高效地关注导航页的隐性风险、关联风险。

5. 渠道整合能力

平台化的服务是以互联网为基础的多对多服务关系，一方面，透过互联网渠道实现对客户的快速识别，进而快速地与客户建立联系，聚焦需求；另一方面，透过互联网整合实际的服务提供者，实现对客户需求的终端支持。

6. 服务响应能力

供应链金融平台发展到现在，不仅仅是通过 WEB 操作的方式提供所谓的线上化服务，在对于客户快速响应提升客户体验的目标下，平台服务的响应方式继续在向线上化、智能化、微服务等方向发展，这也是后续各供应链金融平台的主要优化内容。

（三）商业保理数字化发展建议

1. 加强顶层制度设计，发挥核心企业的辐射带动作用

政府要通过与相关部门的协商，逐步建立起完善的、具体的数字化转型相关法律法规，进一步做到依法依规，提高解决问题的效率和规范性。数字化技术更迭迅速，因此，要在制度监管中给予一定的空间，鼓励创新，进一步明细化和具体化监管规则，因地制宜地制定监管政策，在规范发展和鼓励创新中寻求平衡，推动数字化转型平稳长远地发展。

推进产业供应链数字化转型，核心企业的辐射带动作用至关重要。要加强顶层制度设计，国家层面应尽快制定产业供应链数字化转型升级的指导意见，明确相关财税金融激励政策，有效引导核心企业根据自身数字化发展的状况及能力，与银行机构协同联动，秉持连接、融合的原则，分类施策、进化进阶，构建和夯实产业供应链的数字化基础。对于已具有数字化体系的核心企业，商业银行可与其直连对接，利用其优势地位与集团控制能力，为上下游客户提供全链式数字化金融服务；利用其数据完备优势，在智能化授信、自动化放款、风险定价等方面获得更多融资便利，共享产业发展红利。对于已具有线上化体系的核心企业，可借助商业银行自己在数字化领域的实践经验，以数据驱动为核心，在业务线上化、流程自动化、审批智能化等方面实现数字化进阶。对于未建立线上化体系的核心企业，可由商业银行帮助企业搭建"体系+金融"，逐步进行数字化积累和升级。

2. 推动各产业各地区数字化转型协同发展

针对各地区经济基础差距、数字化水平参差不齐的现状，一方面，要加大人工智能、区块链等信息技术在生产流通等领域的应用；另一方面，要加快推动相关基础设施建设，实现资源的优化配置，为相对落后地区提供数字化转型的配套设施与制度建设。另外，大量中小企业由于资金不足、专业人才匮乏，数字化转型难度较高。对此，应降低其数字化转型门槛，以产业互联网平台服务为大量中小企业提供相应服务，拓宽其转型中所需的融资渠道。通过优化资源配置、拓宽融资渠道、提供平台服务等方式，推动各产业各地区数字化转型协同发展。

3. 丰富应用场景，推动其在更多垂直细分领域的融合发展

丰富应用场景，提升全民数字素养，在推动信息技术与传统制造行业积极结合的同时，要推动其在更多垂直细分领域的融合发展。在医疗、教育、物流等领域发挥数字化技术的作用，提高行业效率，进行业务模式转型升级。要加强保护自身信息安全意识，营造良好的市场环境，为全社会数字化转型奠定良好的发展基础。

4. 加深数字经济和实体经济的融合程度

在互联网技术飞速发展、经济结构逐渐转型的背景下，应该鼓励企业结合自身发展现状与未来需求，因地制宜地开展数字化转型，从宏观上加深数字经济和实体经济的融合程度。推动制造企业引进数字化生产方式，构建数字化管理体系，以龙头企业的数字化转型带动产业逐步实现数字化生产。在加强新技术应用的同时，也要协同各环节间的信息共享，提高产业链上下游协同水平。同时，行业内、行业间在生产和数据标准等方面存在较大差异，需要对此建立健全标准，在信息平台上实现信息流通。

5. 打造开放格局，提升生态数字化水平

一是在场景开放上，各银行要秉持互联网行业开放、合作、共享的生存法则，分层对外开放金融场景，在信贷、结算、理财、资管等方面与产业平台共融共建，按照"场景在前、金融在后"的开放模式开辟多维度应用场景，不断扩展交易链、服务链的深度与广度。二是在数据开放上，要立足根治"数据烟囱""信息孤岛"和碎片化的顽疾，加快打造大数据融合平台，与供应链上的合作伙伴共享数据、算法、交易及流程，依照"数据+金融+场景"的创新模式，量身推送数字化金融服务。三是在平台开放上，要加强与相对成熟的金融科技公司跨界合作，联手开发构建供应链金融中台，继而连通众多中小微客户、电商、仓储、物流及抵质押登记平台，培育、优化合作多赢的供应链金融生态。

6. 打造科技内核，提升企业的数字化能力

一是以渠道场景化建设为切入点，推进全面线上化经营。通过银企直联、平台对接、开放API等方式实现场景化连接，根据企业商票流转、应收账款流转等交易场景，为客户提供线上融资便利。同时，积极运用OCR（光学字符识别）、生物识别、区块链、VR/AR等新兴技术，打通内外部渠道，为客户提供发票识别、电子影像传输、电子签章管理、电子合同签署等多种场景服务，实现业务全流程自动化。二是着力推进风控决策智能化。商业银行要积极学习借鉴国内外先进银行风控决策智能化的成熟经验，强化与科技公司的协同联动，着力打造标准化的数字供应链金融服务

平台，不断扩展数据信息维度，优化数据风控模型，通过将宏观因子、行业及周期性因子、区域及产品因子等纳入大数据风控模型，重构多维指标评价体系、实时动态管理分析模型以及智能风控决策引擎，推动风险管理从"人控"到"数控""智控"的跃升。三是重构数字化框架体系。重点要对场景实施模块化管理，在系统上科学划分并创建产品管理、客户管理、风险管理等系列数字化模块，对多维度、多类型数据进行整合化应用。同时，要对系统结构进行颠覆式改造，使数字化模块与嵌入式服务深度交互融合，形成标准化 API 输出模式，从而有效地驱动业务线上化批量开展，大幅提升金融运营效率与金融服务可得性。

7. 构建数据决策下的风险管理体系，有效防范数字化时代的新型风险

一是借助现代金融科技为风险管理赋予新思维、新模式和新手段。充分运用机器学习、遗传算法、知识图谱等新兴技术，不断优化供应链金融风险管理指标体系及模型设计；依托大数据技术，为客户构建 360度精准画像，全方位、立体化揭示风险特征；利用微表情识别技术，实时抓取客户微小表情变化，智能判断并提示欺诈风险，从而将"技防"机制深度嵌入供应链金融风险防范体系的全链条。二是灵活调整风险策略。秉持核心风控自主掌握原则，研究制定自主开发风控模型的数据规范、流程规范及技术标准，全面提升线上业务的风控水平。三是审慎管控与新技术、新业态、新模式伴生的风险。必须科学地研判生物识别、VR/AR 等各类新技术的安全性和适用性，合理设定合作方的准入条件和门槛，坚决守住安全关口与风险底线，确保供应链金融在数字化转型升级的征程中行稳致远。

（四）商业保理的监管思路

1. 行业定位探索：服务实体，提升风险防范能力

商业保理是以受让应收账款为前提，而应收账款是商业信用的主要表现，从定义上看，商业保理业务则是建立在应收账款的基础上，对商业信用进行审核、交易、管理的业务模式。

作为提供创新型贸易融资和风险管理的新业态，商业保理具有逆经济周期而行的特点，能缓解中小企业融资难、融资贵的问题。随着现代供应链的普及与发展，商业保理已逐渐深入制造业、物流、建筑、融资租赁等行业，成为促进经济发展、服务实体经济的良药。同时，商业保理企业在不断提升自身专业化服务能力的前提下，为中小企业客户提供应收账款管理综合服务，其基于交易真实性及完备的交易流程把控的业务特点，帮助中小企业提升了自身风险防范能力，从而实现应收账款真正流动起来，对

我国社会信用体系建设和多样化发展也具有重要的作用。

2. 稳健发展商业保理的建议

回归本源，服务实体经济。按照国家金融要服务实体经济、防范系统性风险的政策导向，加大对民营经济和中小企业的服务力度是未来商业保理行业的发展方向。商业保理业务将回归业务本源，丰富业务类型，支持实体经济，帮助中小企业获得持续、稳定的金融服务。商业保理在服务民营经济和中小企业方面具有天然的优势、有着巨大的发展空间。

重视科技，深化技术创新与应用。物联网、大数据、人工智能等技术逐渐应用于各个领域，悄然变革各行各业的发展。新冠肺炎疫情暴发以来，科技防疫、线上办公等为疫情防控、社会稳定与发展发挥关键作用。同时，伴随金融科技的发展，金融业务模式日益灵活。借助经济发展的影响、政策环境的支持，金融领域发生深刻变革，越来越多的公司在供应链金融、平台经济、消费分期、金融科技、国际业务等方面实现创新与突破。无论是互联网支付、网络借贷、股权众筹融资等业务模式的创新，还是云计算、区块链及人工智能等新兴技术带来的行业变革，都属于金融科技的范畴，体现了科技对金融机构、金融产品、金融市场、金融制度和金融文化的深远影响。

第四节　投融资机制转型中的利益相关者多目标冲突治理机制

一、投融资机制转型中利益相关者多目标冲突的内涵

（一）背景及意义

后疫情时代，全球环境、经济市场、产业格局发生变化，我国着力倡导加快构建以国内大循环为主体、国内国际双循环相互促进的新发展格局，"碳达峰、碳中和"已成为国家战略。上海市作为长江流域的"龙头"，迎来了城市建设力度最大、发展最快、变化最大的历史时期。当前，上海市正将社会资金引入以五个新城建设为主的城市建设领域，并将市场机制运用到计划、建设与运营管理的各个环节。

在这一过程中，原有投融资方式和渠道已经难以适应上海市五个新城建设的新形势和新要求，迫切需要探索新时代特征下的政府投资与民间资本运作新模式，建立创新投融资机制，更多地吸引社会力量参与城市建设。但是，这一过程必然涉及众多的利益相关者，不同利益相关者间往往存在相互矛盾的诉求，容易形成目标冲突，如果处理不当，就可能会升级

为不同形式的争端与对抗，造成巨大损失。大量证据表明，利益相关者目标冲突所形成的争端与对抗已成为项目失败的重要诱因之一。

上海作为一座特大型城市，在现代化城市建设与投融资体制转型的发展历程中，始终坚持城市建设的优先地位和高强度建设资金投入。当前，国家明确了加快新型基础设施建设，推动上海城市投融资机制改革的时代号召。然而，在这一破旧立新的挑战中，由于利益相关者的目标具有多样性及动态非线性的交互影响，加上信息不对称等客观条件，参与主体的机会主义倾向、认知偏误、非理性判断等主观缺陷，使得转型中利益相关者目标冲突的协调与管理异常艰难。如果该问题没有得到良好的协调与控制，就会形成争端并最终升级为暴力对抗，将严重损害社会机制转型的绩效与步伐，造成恶劣的社会影响。基于国家可持续发展战略，及上海市大力推进国际经济、金融、贸易、航运和科技创新五个中心建设的时代背景下，在梳理上海市投融资体制现状和问题的基础上，探讨利益相关者多目标冲突的形成演化机理，构建冲突治理机制，以期推动上海市投融资机制体制转型健康有序发展。

（二）国内外研究现状

1. 新型城市建设下投融资机制研究进展

城市更新是一种将城市中已经不适应现代化城市社会生活的地区作必要的、有计划的改建活动，是我国快速城市化进程中的重要内容和未来城市发展的主要动力，由此诞生的城市更新制度体系是我国国家治理能力现代化的重要体现。其中，城市更新中的投融资问题已引起学界关注，如搭建城市更新融资体系建设框架，基于地区案例探讨城市更新中的融资体系构建问题。有研究人员从融资关键因素的角度探讨了深圳市在多阶段城市更新中投融资的发展情况，阐述了内源融资与外源融资的基本模式。另外，世界经济发达体的成熟投融资模式也引起了关注，例如，以美国税收增量融资为代表的财税支持模式，以英国城市发展基金、美国社区发展拨款计划为代表的资金补贴类，以及以不动产投资信托基金为代表的金融创新类。国际经验表明，特定的财税制度安排、提供政府专项资金补助、进行针对性的金融创新是解决城市更新投融资问题的有效做法，值得国内学习借鉴。目前，学者们将城市更新投融资特点进行了总结，普遍认为：首先，投融资结构应根据城市更新阶段改革创新。根据风险的降低，参与机构从非金融机构的民间资本、私募资金逐渐转变为信托机构、资产管理公司和银行；其次，城市更新的资金需求大，可采用外源融资与内源融资，债权性融资与权益性融资相结合的方式。另外，随着项目风险的不断降低，城市更新项目的融资成本随项目风险降低而逐渐下降，且政府资金参与度相对较低。

在五个中心城市的建设中，基础设施的建设必不可少。城市基础设施建设是城市根据自身发展状况、发展需求进行的物质环境基础建设与完善过程，是城市实现现代化发展的必然物质载体与基本条件。2020 年 3 月，中央政治局常委会提出，加快新型基础设施建设（"新基建"）。2020 年 5 月，上海市发布了《上海市推进新型基础设施建设行动方案（2020—2022 年）》，预计总投资约 2 700 亿元。因此，在上海市大力推进五大新城建设的过程中，如何实现对传统投融资方式的转型升级，已成为研究人员、政府和行业企业关注的问题。近年来，关于基础设施投融资问题的研究主要集中在投资主体、筹资渠道、融资模式等方面。目前关于投资主体的主流观点已从由政府垄断基础设施的建设、融资和经营到投资主体多元化方向发展。为适应投融资体制转型的总体趋势，在融资渠道方面要实现融资的多元化。研究人员认为，社会资本的参与，可以通过降低政府债务风险来降低整个金融系统的风险，维持经济平稳运行。有专家认为，政府在投融资管理中的角色定位应该是利用市场经济利益和市场环境对社会资源进行配置，积极发挥引导和监管的作用，作为基础设施建设过程中的规定制定者和监管者，而不是单纯作为公共基础设施的出资人和建设者。其中，公私合作关系（PPP）作为提供公共服务的创新模式，其合作关系包括融资渠道的创新和政府投资管理的创新。在将投融资体制改革应用于基础设施建设的过程中，探索投资主体、融资渠道和投融资管理的转型方向具有重大的理论和实际意义。

2. 重大项目中利益相关者目标冲突研究

冲突是人类社会普遍存在的现象。冲突能够造成进度停滞、成本激增、产品质量低下、人际关系紧张、组织成员满意度下降等问题；但是，冲突也具有建设性作用，能够刺激组织成员加强沟通、交换信息，调整不切实际的目标，从而优化资源配置，提升组织绩效。因此，通过有效的冲突管理将冲突控制在合理范围内是一个具有理论价值与现实意义的问题。当前学者对目标冲突的研究主要涉及：从单一主体的视角出发，分析个体在面临有限资源约束时如何在相互冲突的目标中作出选择；从利益相关者的视角出发，探讨具有不同诉求的多主体在实现自身目标过程中竞争与合作的现象。本书将着重探讨利益相关者多元目标不兼容造成的目标冲突。

目前学者对重大项目中利益相关者目标冲突的研究充分吸收了传统冲突管理与利益相关者分析理论的研究成果。有研究者借鉴 Pawlak 冲突分析理论的研究思路，剖析了绿色建筑主要利益相关者的目标冲突现象，识别主要目标冲突点，在此基础上提出冲突解决方案。其他研究者将Pawlak冲突分析理论与利益相关者特质理论有机结合，在冲突评估过程中充分考虑利益相关者特质属性对冲突破坏性的影响，对重大基础设施项目中利益相关者目标冲突进行实证分析。还有研究者提出一个基于博弈论的工程项目利益相关者目标冲突分析框架，并探索了经典的建设项目"囚徒困境"现象。Li等通过利益相关者分析对项目实施中常见利益相关者及其诉求进行提炼与分类，在此基础上提出了项目利益相关者目标冲突管理框架的五个步骤：利益相关者识别、利益相关者需求分析、目标冲突评价、冲突影响因素分析、冲突协同机制设计。除了借鉴传统利益相关者分析工具与目标冲突管理理论，信息高度不对称、利益相关者诉求多元化、不合理的前期决策是重大项目利益相关者目标冲突的三大主要诱因。

综上所述，在加快推动上海市五个新城建设中的投融资机制体制转型时，探索利益相关者多目标冲突的形成演化机理，采用针对性的系统分析手段，制定全局性的冲突治理机制，是一项重要课题。

（三）本节的主要内容

在上海市加快五个中心城市建设的历史新时期，本节从新基建和城市更新中面临的利益相关者多目标冲突的视角，遵循"现状分析—案例借鉴—机制建设—政策建议"的研究框架（见图3-10），探索控制利益相关者多目标冲突的治理机制，以期助力上海新型城市建设投融资机制转型的可持续发展。

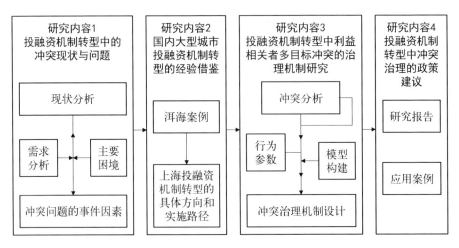

图3-10 投融资机制转型中利益相关者多目标冲突的治理机制研究

1. 投融资机制转型中的冲突现状与问题

本部分系统地分析新时期上海市五个新城建设中面临的新形势和新局面，根植于基础设施投融资机制发展历史沿革文献和案例资料，梳理总结上海市新型城市建设投融资机制体制转型中面临的主要冲突问题及现状，剖析利益相关者需求及面临的主要问题。

2. 国内大型城市投融资机制转型的经验借鉴

通过对大理市洱海环湖截污 PPP 项目的案例分析，探索上海市投融资机制转型的实施路径。具体包括：投资主体多元化，拓宽融资渠道；优化投融资方式；转变政府管理职能。

3. 投融资机制转型中利益相关者多目标冲突的治理机制研究

首先，在对典型案例调研的基础上，识别利益相关者组成，利用社会网络分析构建利益相关者社会网络模型，从而揭示基础设施投融资机制转型中利益相关者的冲突诱因及表现；其次，归纳总结投融资机制改革中利益相关者多目标冲突的演化的一般性规律；最后，构建将目标冲突程度控制在合理区间内的治理机制。

4. 投融资机制转型中冲突治理的政策建议

在加快上海市五个新城建设新发展阶段下，针对基础设施建设，应建立政府财政资金与社会资本共同运作的新模式，这是上海市投融资机制改革创新的重点和需要解决的主要问题。本节总结前序研究所得，针对性地提出在市场前瞻布局与协调统筹的基础上，识别并控制利益相关者多目标冲突的政策建议。

二、投融资机制转型中的冲突现状与问题

（一）投融资机制转型中的冲突现状

目前，我国正在进入一个新的城市化进程中，从国家发展和改革委员会发布的相关研究中可以看出，随着新型城镇化的迅速发展，城镇资本的积累也在迅速增长。对农村新移民来说，不但要满足交通、通讯、供电、供水、供气、环保、公共设施等方面的新需求，而且对城市公共服务的发展也有了新的要求。由此可见，基础设施和房地产等城镇化领域仍然是国内固定资产投资的主阵地，特别是当下在新冠肺炎疫情冲击下显得更加重要。

目前，上海市针对基础设施项目所使用的主要投融资模式分为三种，分别是政府主导模式、PPP 模式（公私合作模式）以及市场化主导模式。其中，政府主导模式可分为地方政府债券模式和融资平台（政府投资公

司）主导模式；公私合作模式目前主要分为法国针对经济类基础设施的特许经营模式以及英国针对社会类基础设施的政府购买服务（PFI/PF2）模式；市场化主导模式也可分为英国针对经济类基础设施的全面私有化模式和自求平衡的各类片区开发和城市更新项目。

同时，新型基础设施的建设也将是上海市五个新城建设中一个重要组成部分。首先，要充分利用新一代的信息技术，将公共数据资源进行整合和共享，构建城市综合运营管理服务平台；其次，深度应用互联网、大数据、人工智能等技术，支持传统的基础设施改造，推进智慧交通、智慧水务、智慧能源等融合基础设施建设，提升城市治理效率。

（二）投融资机制转型中面临的主要问题

随着我国城镇化进程逐渐加快，基础设施更新的规模与资金始终受到财力不足的条件限制。地方政府债券规模有所扩大但远不能满足需要，巨额隐性债务的化解政策未明，地方政府普遍缺乏合法的低成本融资渠道，各方缺乏稳定、理性、长期的合作预期。有研究者表明，现阶段我国基建更新融资存在很大的隐性债务，举债的主体是政府控制的融资平台，无法加强我国的债务管理。以宁波市为例，近两年政府清查隐性债务问题，严格控制基础设施项目的财政支出，缺乏可靠的融资渠道，PPP模式逐渐成为基建项目的主流，用以替代传统的融资模式。目前的投资主体主要以国企为主，企业的资产负债率较高、市场化运营能力较低，使得偿还债务的压力很高，很难促进投融资体制的转型。有研究者通过近几年基础设施建设的收入来源以及债务情况等数据表明，我国的财政收入难以维持基础设施建设运营所需的大量资金要求，并且地方政府为了防范地方财政风险的增加，规划了政府的债务限额，政府难以以发债的形式去筹集资金。同时，社会资本没有有效地参与融资，使得融资渠道较为狭窄。大型商业银行主导的金融体系无法提供中长期股权性资金，因监管政策限制也无法提供足够的中长期债权性资金，债券与ABS等融资工具的流动性较差，期限错配和借新还旧问题突出；金融机构面临缺乏优质项目和主体的结构性资产荒，信用分层突出。当前基础设施的投融资管理职责不明确也导致项目的进度效率较低。政府不仅作为投资者，用政府信用进行担保使得政府债务与日俱增，而且作为项目的运营管理者，各个参与部门权责不清的情况难以保障项目的建设运营效率。通过对近几年文献的分析，总结出下面三个投融资机制体制所面对问题的主要方向。

1. 投资主体单一

在我国基础设施更新建设项目中，投资主体的主流观点正从政府垄断项目的设计、融资、建设、运营逐渐向投资主体多元化发展，基础设施项目也在不断吸引着很多民营资本的加入。有研究者曾表明，投资主体的单一性导致了融资渠道的相对狭窄，无法保障多样性的资金来源，造成基础设施资金需求的短缺。制度建设的不完善也很难刺激社会资本的积极性以及寻求资本市场的融资来拓宽融资渠道。因此，急需寻求一种新型的筹资模式，以完善市场化运作，吸引社会资本，在实现投资主体多元化的同时，促进政府职能和政府投融资管理的优化，推动相关法律法规的完备，提供可靠的制度保障，给予市场主体健康的投资环境。但是到目前为止，社会资本的参与以国营企业为主，像民营企业、金融机构、外资等参与度都不高，融资渠道无法拓宽，基建工程建设的融资资金需求也不能满足。有研究者认为，民营资本的资本实力都不够雄厚，需要依靠银行借贷来获取资金来源，因此，现有较好的基础设施项目都会以国资企业为主，这使得社会资本难以参与项目，缩小了项目的资金来源与渠道。基础设施更新建设通常资金规模较大，投入成本较高，建设的周期也较长，要充分发挥资本市场的优势，拓宽资金渠道，丰富项目的资金来源。

2. 缺乏多样的融资渠道

目前，我国基础设施更新改造工程的融资渠道主要是通过国家财政、银行贷款等较为传统的方式进行的，融资方式比较单一。同时，基础设施建设项目所需的资本规模和数额较大，项目的长期建设对于资金的要求也较高。有学者的研究发现，基础设施项目公司投融资经验的不足，会导致错误地评估项目的债务模式，从而在某种程度上加重项目公司的负债程度。公司在短期内缺少充足的流动性资金，缺乏还款能力，会导致投融资风险的增加，使得项目资金链出现问题。还有学者认为，现有的融资来源主要依附于财政的支持，但是项目建设的长期化以及低收益也会出现收益难以短时间获得的问题，使得项目的债务率较高，也难以吸引更多的社会资本力量，导致资金来源较为匮乏，形成投资的恶性循环。大量的财政拨款会让政府负担过大，出现财政赤字严重、政府举债风险大幅增加的现象。还有学者的研究表明，我国的基础设施建设的资金来源主要依靠财政拨款以及银行信贷，国外较为成熟的融资模式在国内尚处于起步阶段，资本市场的发展不完善使得基础设施的融资模式相对有限。同时，若是基础设施建设项目的长期融资偿还能力和收益回报不佳，则会使企业的资产负债率偏高，对金融机构的资金回笼造成严重影响，导致金融风险的频发和经济的滞后发展。积极推进资产证券化，盘活基础设施更新项目的存量资产，增强企业的再融资能力，积极推动金融产品的创新，拓宽我国投融机制体制的融资渠道，缓解了基础设施项目筹资难、成本高的问题。

3. 投融资管理

在传统的投融资管理中，政府的角色定位不够准确，政府原先会作为项目的主要资金投入者和运营者，而不是基础设施更新建设过程中的政策制定者和监管者。有学者的研究发现，近年来，投融资体制的政府力量干预过多，政府一直处于大包大揽的状态，市场化机制发展不够成熟，私人资本很难进入，资金利用效率较低。还有学者认为，在融资市场中，政府的监管力度较为薄弱，当前阶段需要完备的监管条例和法律法规来保证参与各方交易的公平和规范。政府部门要发挥宏观调控的调节作用，主动转变政府职能，全面统筹和引导项目工程的建设，主要进行项目设计、政策制定和监督等工作，约束各个利益相关方的融资行为，创造一个健康的法制环境。有学者认为，政府主要利用财政拨款、债务融资等来进行项目融资，没有充分利用社会资本的融资力量，资金来源较为单一。政府债务管理工作的监管不力，会导致政府债务结构不清，融资风险加剧。同时，现有的政府管理专注于投资而非管理把控者的角色，无法进行有效的职能转换。由于缺少优质的融资平台和融资管理程序，对于项目的融资管理也会处于监管松懈的状态。同时，由于项目涉及的利益相关方较多，各个部门会产生职责不明确的情况，不利于政府的管控。政府投融资管理职能的错误定位，会让政府缺乏对市场行为的有效引导和监管，造成政府在项目建设运营过程中发生监管不力的情况，项目可能会产生中途被叫停的风险，制约了社会经济的发展。

三、国内大型城市投融资机制转型的经验借鉴——PPP 项目

（一）大理市洱海环湖截污 PPP 项目

1. 案例选择

本项研究选取洱海环湖截污 PPP 项目作为主要的研究案例，有以下两点考虑：① 首先，该 PPP 项目是我国在水环境综合治理上的典型优秀案例，入选了国家 PPP 示范项目，具有极高的参考价值；② 其次，该案例主要是基础设施关于排污系统的相关研究，并且运用的是 PPP 项目中典型的 BOT 运行模式，有很强的适配度。

2. 项目背景和基本情况

苍山洱海是我国重要的自然保护区。近年来，由于居住人口的急剧增加以及旅游业的迅猛发展，大量的生活污水和周边农业污水被排放进洱海

水域中。环湖截污系统、排污管道以及污水处理厂等各方面设施都还仅处于需要不断完善的阶段，洱海的水质呈现逐年下降的趋势，部分地区也出现了严重的蓝藻危机，治理洱海迫在眉睫。但由于财政资金的缺乏等问题，大理市人民政府决定采用PPP项目来实施截污项目，创新投融资机制，减轻财政负担。

大理洱海环湖截污项目投资为34.9亿元，沿洱海在挖色、双廊、大理古城等地新建6座下沉式污水厂，至2020年每日能处理污水5.4万立方米，最终能增加到11.8万立方米。其排污设施全藏于地下的特点，不仅可以节约土地，还可以最大限度地减少对周边居民和景观的影响。同时，在洱海环湖都铺设了污水管，以及11座污水提升泵站和3座尾水提升泵站，实现污水处理和资源回收。最终，项目实际投资节省了约6亿元，而且提前6个月完工。

3. 项目组织架构

BOT运行模式指的是建设（Build）-经营（Operate）-转让（Transfer），是政府部门和社会资本合作进行基础设施更新建设的一种现有的典型运行模式。章节组织架构图，即BOT运行模式如图3-11所示。政府部门将与社会资本签署特许经营协议，给予其一段时间内的特许经营权，使其能够

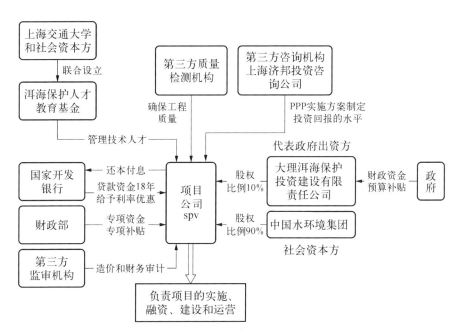

图3-11 洱海环湖截污PPP项目的组织架构图-BOT运行模式

在此期间进行融资、建设、运营等,从而为社会和大众提供高质量的基础设施和公共产品。最后由政府再来进行运营和管理。政府通过公开招标的方式进行社会资本的选定,让社会资本能公开公平竞争,使得市场机制发挥作用,实现资源的有效配置。同时,投资主体呈现多元化趋势,融资、建设、运营方面都由项目公司进行管理,政府作为监督者也拥有了对整个项目的宏观监督控制权。

4. 案例经验借鉴

大理市洱海环湖截污 PPP 项目的投资主体涉及政府资金、社会资本、银行等,实现了投资主体向多元化的转变。通过政府和社会资本方签订特许经营权协议,大理市政府会授予社会资本方负责项目的融资、建设、运营工作,政府则主要运用各种不同职能的调控手段对投资主体进行有效监管,创造健康的投资环境。PPP 的运用,吸引了社会资本的加入,扩宽了融资渠道和方法,缓解了财政资金的紧张缺乏问题。在项目前期,项目投资主体对当地财政状况进行谨慎的评估,充分了解当地财政的可承受能力,防止政府的举债风险,解决了我国基建工程资金紧缺、融资成本较高的问题。

在 PPP 项目中,政府方不再像在传统投融资体制中那样,作为单一的资金来源方和项目的建设运营方,其加强了对于整个项目的全周期监管与引导、监督项目的建设以及在运营期间内污水处理厂等排污工程的质量合格问题。在项目的审批流程上,进行了程序的精简,同时抽调骨干人员提高了审批效率,推动了项目的实施进度。此外,大理州市间强化沟通,成立协调工作组,负责基础设施更新项目建设的组织和监督引导工作,发挥政府监管、宏观把控等方面的政府职能,致力于建立科学的投融资宏观调控体系。政府部门进一步对项目的专业人员进行业务培训,强化 PPP 项目人才的素质和能力,使项目更加高质量地发展。

首先,PPP 项目优化了投资收益回报机制,在项目的运营期间内,政府会定期根据污水的处理量给项目公司支付污水处理服务费;并且,政府还会根据截污管道等运营维护的绩效考核情况支付政府购买服务费,使得政府方与社会资本方利益共享。政府方加强了对于洱海污染的治理,水质以及生态环境得到了显著改善,提高了居民的生活质量。其次,政府主要承担法律、政策等方面的风险,社会资本承担设计、融资、运营维护等方面的风险,做到了利益共享、风险共担,创造了共赢的结果,项目风险在一定程度上得到了有效分摊。大理市洱海环湖截污工程项目有力地推动了我国的投融资体制在投资主体、融资渠道、收益分配、风险承担机制、投融资的宏观调控和投资管理等各方面的创新与改革。

（二）上海市投融资机制转型的具体方向和实施路径

1. 投资主体多元化，拓宽融资渠道

PPP 项目鼓励引入更多的社会资本，投资主体呈现多元化的趋势，更多的民营企业、金融机构、个人投资者等都能参与基础设施更新的建设项目中。同时，由于基础设施周期长、投入资金巨大的特点，对社会资本的要求也相应提高，需要参与的社会资本拥有强硬的资金实力、丰富的基础设施建设经验和较强的社会责任感等，这保障了市场投资运作的良好性，防止项目中断，造成损失。社会资本的大量参与也让筹集资金的渠道和方法呈现多样性的趋势，一定程度上扩大了融资渠道，解决了基础设施更新项目融资成本高的问题，深化了我国投融资体制改革。

2. 优化投融资方式

社会资本方通过项目的特许经营权，承担了项目的设计、建设、运营方面的风险，如市场利率变动的风险、市场唯一性风险、项目的流动性资金风险、金融机构信贷融资风险等。政府主要承受政策规范、法律法规是否完善以及经济稳定性的风险。同时，两者也在项目建设运营期间面对着外部的系统性风险。多方社会资本的参与不仅分摊了社会资本的投资风险，也解决了传统的政府单一投资主体的问题，拓宽了基础设施更新改造工程的资金来源。民间资本与政府分担风险，这对预防和化解地方政府债务风险和缓解财政压力具有重要的现实意义；同时，完善了项目的风险防控机制，能有效地识别项目中多样性的风险类别，促进风险分配机制的改革与创新。

PPP 项目的收益方式是多种多样的，不仅有较为普遍的公共项目服务收益和使用者支付费，如污水处理费、车辆通行费等，还有政府的补贴收入、不动产形式的基础设施所发生的增值收益以及由于出租附带的经营性场所所取得的相应收益等。基础设施更新 PPP 项目约定的利益分配方案保持公平公正公开，在考虑了社会资本风险承担情况、资源资金投入程度等条件下，应保障参与各方的经济利益，满足各个参与方的利益诉求，有利于促进社会资本参与基础设施更新建设的积极主动性，大力推进项目工程的建设，提升了项目效率，优化了投融资体制的收益分配机制。基础设施更新项目在 PPP 项目的推动下，投资收益分配方式和投资风险的承担能力得到进一步优化，促进我国投融资机制体制的创新。

3. 转变政府管理职能

PPP 项目加强了政府对于基础设施更新项目的宏观调控，转变了政府职能，完善了投融资体制。允许社会资本参与项目建设使得政府不再处于垄断地位，而是把制定合理的政策法规、加强项目的识别能力、简化审核复杂流程、优化项目投融资环节的审批程序、监管项目的质量和进度等方面作为重点。政府在投融资中主要作为监管者和调控者，积极发挥政府监管和引导市场经济主体的职能，保障各个社会资本方可以公平公正地进行项目竞争，激发更多的社会资本方的主观能动性去参与基建项目。另外，建立和完善投融资的宏观调控体系，利用市场经济利益和市场环境来优化资源配置，政府更好地发挥了监管和引导职能，为项目建设创造一个健康的投资环境，促进了基础设施建设更新发展，推动了我国社会和经济的稳步提升，因此，PPP 项目的运用在政府投融资管理的改革创新上具有较大的推动作用。

4. PPP 项目资产证券化——结合基础设施公募 REITs

（1）基础设施公募 REITs 的概念

基础设施公募 REITs（见图 3-12）是指向投资者和原始权益人公开募集资金，并持有基础设施更新项目的基金份额，资金流通常需要具备稳定且大量的特点，而优质的 PPP 存量项目是一个很好的资金来源，其收益、

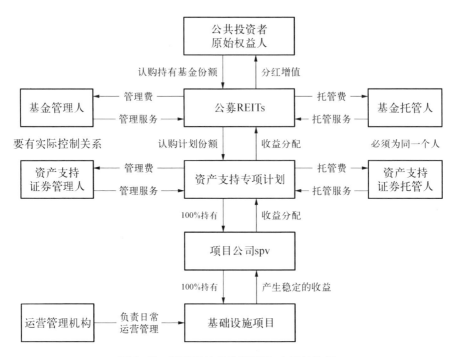

图 3-12 基础设施公募 REITs 交易结构图

现金流都较为稳定。资金会通过基础设施资产支持证券来持有基础设施更新建设项目，向投资人发行有价证券。同时，基金管理人可以设立专门的子公司或委托第三方管理机构负责基础设施项目的运营和管理，大部分的收益会被分配给投资人。基础设施公募 REITs 可将存量资产转换为高流动性的标准化金融产品，从而社会资本能提前得到资金回流及基金收益，将其投入新的基础设施建设项目，从而形成一个良性的投资循环，优化了资源配置。

（2）PPP 项目+基础设施公募 REITs 的优势

运营期至少三年，并且拥有稳定收益和现金流的基础设施 PPP 项目可以利用公募基金的形式来盘活 PPP 项目中的存量资产，投资方可以提前获得资金回流，再投资新的基础设施更新项目或偿还现存债务，有利于降低企业资产负债率和政府的隐性债务风险，增强企业的股权再融资和资金再投资能力，拓宽基础设施项目投资建设的资金来源。现金流稳定、收益较好的 PPP 项目，是基础设施公募 REITs 的一种可靠和高质量的资产来源，同时也为 PPP 项目的退出途径提供了多样方式，让社会资本方的资金能重新投资新的基础设施更新项目，创造良好的投资循环。

基础设施公募 REITs 是一种公募基金，投资人数量庞大，来源于企业、机构投资者、普通群众等，相比于基建 PPP 项目严格的准入门槛，实施基础设施公募 REITs 可以让自然人投资者参与大型的基础设施更新建设项目，得到稳定的收益，大大拓宽了基建项目的融资渠道与资金来源。

近年来，国家和政府纷纷在寻求 PPP+REITs 的项目可行性，进行试点研究。通过出台文件、纲要等推动基础设施采用 REITs 的积极性。《中华人民共和国国民经济和社会发展第十四个五年规划和 2035 年远景目标纲要》提出："要规范推动 PPP 项目，推动 REITs 健康有序地发展，盘活存量资产，形成存量资产和新增投资的良性循环。"

四、基础设施投融资机制转型中利益相关者的冲突分析

为了基础设施投融资项目的顺利完成，首要任务便是识别出其利益相关者组成，并对利益相关者之间的关系和诉求进行分析。

（一）基础设施投融资机制转型中的利益相关者识别

基础设施投融资项目中涉及的利益相关者对新城镇化下基础设施项目的建设有着较大的影响，当利益相关者之间发生巨大冲突时，甚至可能会导致项目的失败。本节通过阅读基础设施投融资项目中利益相关者识别的相关文

献以及大理市洱海环湖截污 PPP 项目的案例分析，对基础设施投融资项目中涉及的利益相关者进行识别，并将其所涉及的基础设施投融资项目中的利益相关者进行梳理汇总归纳，共得到五个主要利益相关者，详见表 3-7。

表 3-7 利益相关者识别

利益相关者	在基础设施投融资项目中负责的任务
政府	基础设施投融资项目中的政策制定者和监管者
社会资本方	负责项目融资、主体建设等
原住民	原产权人
金融机构	为项目提供贷款资金的支持
承包商	负责承包基础设施投融资项目的建设工程

（二）利益相关者的社会网络模型构建

1. 利益相关者影响关系邻接矩阵

根据上一部分对利益相关者的识别可以得知，基础设施投融资机制中主要涉及的利益相关者包括政府、社会资本方、原住民、金融机构、承包商。研究人员通过设计与发放影响关系调查问卷，对利益相关者之间的关系进行判断，从而构建利益相关者影响关系邻接矩阵。为了保证数据的可靠性和结果的准确性，研究人员总共向各方社会群体，发放 200 份问卷，其中有效问卷 167 份。在构建利益相关者影响关系邻接矩阵时，考虑超 80% 的问卷受访者认为利益相关者之间存在影响的关系，在矩阵中，将"1"表示为利益相关者之间存在影响关系，"0"则表示为不存在影响关系，构建完成的影响关系邻接矩阵见表 3-8。

表 3-8 利益相关者影响关系邻接矩阵

	政府	社会资本方	原住民	金融机构	承包商
政府	0	1	1	1	1
社会资本方	1	0	1	1	1
原住民	1	1	0	0	0
金融机构	1	1	0	0	0
承包商	1	1	0	0	0

2. 利益相关者影响关系网络分析

根据上述得到的利益相关者影响关系邻接矩阵，在社会网络分析软件 Ucinet 中生成利益相关者之间的社会网络关系图，如图 3-13 所示。在社会网络关系图中，利益相关者用圆点来表示，圆点越大，表示该利益相关者越处于网络的核心位置。圆点之间的线表示利益相关者之间存在的影响关系。

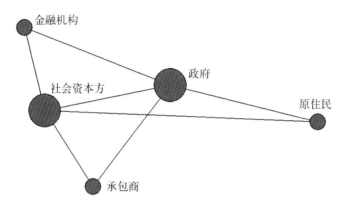

图 3-13　利益相关者社会网络关系图

为了能够更加清楚地对利益相关者的冲突进行剖析，下面从整体网络密度和个体性指标两个方面来分析利益相关者之间的影响关系。

（1）整体网络密度

整体网络密度是网络中实际存在的边数与可容纳的边数上限的比值。在社会网络中，整体网络密度反映了网络中节点之间的联系程度。网络密度越大，表明网络节点之间的关系越密切。整体网络密度的公式为：

$$D_i = \frac{N}{M(M-1)}$$

其中，i 为网络中的节点，D_i 为节点 i 的整体网络密度，N 为网络中边的数量，M 为网络中节点的数量。

根据整体网络密度的计算公式，可以得出利益相关者之间的社会网络密度为 0.7，由此可见各个利益相关者之间的关系十分密切。

（2）个体性指标

中心性是社会网络分析的重点之一，个体的中心度表示个体处于网络中心的程度，反映了该节点在网络中的重要性程度。因此，一个网络中有多少个行动者/节点，就有多少个个体的中心度。根据计算方法的不同，中心度可以分为度数中心度、中间中心度、接近中心度。根据这三种中心度的计算方式，可以得出五个利益相关者的个体中心性指标，如表3-9所示。这三种中心度除了计算方法不同以外，其表达的含义也各不相同。其中，度数中心度表示与一个节点直接相连的其他节点的个数；中介中心度表示一个节点在多大程度上控制其他点对关系的能力，中介中心度越大，说明该节点越处于网络核心；接近中心度表示一个节点与其他节点的最短路径之和，接近中心度越大，越不是网络的核心节点。

表3-9 利益相关者个体性指标

利益相关者	度数中心度	中介中心度	接近中心度
政府	4	1.5	4
社会资本方	4	1.5	4
原住民	2	0	6
金融机构	2	0	6
承包商	2	0	6

从表3-9中可以看出，政府和社会资本方的度数中心度和中介中心度是五个利益相关者中最高的，接近中心度则是五个利益相关者中最低的。从结果可以得知，政府与社会资本方在五个利益相关者中的影响力是最大的。

（三）利益相关者的诉求分析

1. 政府

政府作为新城镇化下基础设施建设中政策的制定者和监管者，又可分为中央政府和地方政府。中央政府在基础设施投融资项目中的最大诉求便是实现社会公共利益最大化，对于地方政府而言，其诉求既是复杂的，又是多元的，在寻求可以为社会公共服务提高质量增加效益和为社会公众带来更多福利的同时，还要使当地的经济利益和自身政治利益达到最大化。

2. 社会资本方

社会资本方是指依法成立且合法存在同时拥有合法权益的企业。社会资本方作为在基础设施投融资机制中最关键的核心利益相关者之一，其参与基础设施投融资项目的主要诉求便是获得合理的投资回报、提升公司的知名度、扩大市场份额。作为最重要的考量因素，社会资本方往往会依据投资回报的大小和风险偏好来决定投资的预期价值。

3. 原住民

目前，在基础设施投融资项目中，原住民作为原产权人大部分都是被拆迁的对象，他们被迫失去住房，在住行等生活方面受到巨大影响。因此，原住民在基础设施投融资项目中的主要诉求一般为：获得拆迁补偿以及相应土地开发的增值效益。另外，一些归属感较强的原住民也希望能够积极参与基础设施建设，在获得自身成就感的同时也能够留下回忆。

4. 金融机构

金融机构在基础设施投融资项目中的角色主要是为基础设施投融资项目提供贷款资金支持，通过对具有一定投资价值的基础设施投融资项目进行投资，从而获得最大的收益。

5. 承包商

承包商主要负责承包基础设施投融资项目的建设工程，与社会资本方签订建设工程的承包合同，并根据所签订的合同承担相应的完工风险。承包商的目标是确保项目的圆满完成，从而实现更高的利润。

（四）基础设施投融资机制转型中利益相关者的冲突分析

根据对基础设施投融资项目中的利益相关者进行识别以及诉求分析，可以发现基础设施投融资项目实施的整个过程涉及许多利益相关者。这些利益相关者之间的诉求各不相同，当这些利益诉求无法达成一致时，各方利益相关者便极其容易出现行为偏差，造成利益相关者的冲突。

首先，在政府和社会资本方之间，一方是以公共价值为主导，另一方则是追求自身利益最大化，自然在一些理念、文化以及处理事情的行为方式上存在明显差异，也会在实现公共效益和利益分配的问题上产生冲突。其次，在政府和原住民之间，如果在项目设立初期，地方政府没有按照规定对原住民的补偿标准、实施程序等进行公示，便会导致原住民很难获取详细信息，从而在某些具体问题上非常容易产生误解。同时，如果地方政府与原住民之间沟通协调不够充分，则容易导致政府在进行项目决策时忽略了原住民的需求，并且导致原住民的参与感降低，进而使原住民对地方政府和基础设施投融资项目产生不满甚至抵触的情绪。最后，在社会资本方和原住民之间，原住民不认可社会资本方所提出的费用补偿，认为其所提出的补贴标准并不能保障自己未来的生活。然而社会资本方一般都希望自己所花费的成本是较低的，以此便产生了由利益补偿达成不一致而引发的冲突。

此外，我国目前针对基础设施投融资机制的法律法规不够健全，只能从相关的法律法规中梳理总结出有关拆迁补偿、操作程序等方面的规定，这便导致了在不同法律中有关规定的不同解释，对之后精准处理利益相关者之间的冲突也是较为不利的。

五、基础设施投融资机制转型中利益相关者目标冲突的治理机制

（一）基础设施投融资机制转型中利益相关者目标冲突的规律

1. 冲突的一般规律

冲突是指处于特定时间段内，在特定内部和外部环境中也许会产生的行为或事件，它能够体现实际结果和预期结果之间的差异程度。这也可以解释为冲突事件产生的不确定性以及在潜在因素的影响下导致的损失量。与此同时，冲突并不是一成不变的，它是一个实时的、发展的、动态变化的过程。冲突是一个循序渐进的发展过程，它符合某种特定的规律，在这种规律中，冲突从数量到质量都有所变化。根据多米诺理论，冲突的发展是一种连锁反应过程，可以采取从头到尾相互联系的因果链条的方式进行描述。从能量传递的角度来看，冲突的发展实质上是冲突的不断累积和转化，冲突的主要原因是冲突的能量积聚在系统负担不起的安全区域。由此可见，以上两个观点清楚地表明，冲突不是瞬间发生的，而是随着时间的推移，能量会慢慢累积，以至于达到系统负担不起的安全值，并逐渐进入下一部分，再通过积累并达到安全值后，反过来又逐渐转移。这样不断反复，直到能量以某种方式释放，从而发生某种后果。这种发展过程一般可以分成三个阶段：冲突的根源即冲突因素、冲突事件以及冲突的结果。冲突的一般规律便是冲突的潜在根源引发了冲突事件，接着又因为内部和外部环境的影响，冲突事件进一步导致冲突的产生。

2. 基础设施投融资机制转型中利益相关者目标冲突的规律

根据冲突的一般规律可直接总结出利益相关者之间的目标冲突的规律。随着新城镇化建设的不断发展，基础设施建设的实施范围也在扩大。以往的基础设施建设投融资项目往往比较注重经济发展和工程目标，新城镇化建设下的基础设施投融资项目也将更多地注重社会与生态两个层面。当前，基础设施投融资机制在转型过程中也将面临社会、经济、生态环境、政治管理等各项不确定的因素，由此也可能引发与利益相关者的冲突。当基础设施投融资项目的实施在一定程度上满足了所有主要利益相关者的需求时，这些造成冲突事件发生的潜在因素就不会显露，也很难影响

基础设施投融资项目及其利益相关者。但如果不能满足主要利益相关者的要求，每个利益相关者的定位也不够精确，如薪酬标准不合理、安置措施不足等，可能会导致潜在的冲突因素被引发，从而使得个别冲突事件在内部和外部环境的影响下发生，然后根据冲突的一般规律逐步演变成为冲突的最终结果，给基础设施投融资项目或所涉及的利益相关者甚至相关的社会和经济带来损失。除此之外，利益相关者之间的目标冲突的规律也可以理解为，这些潜在的、不确定的冲突因素在利益相关者内部之间的体制、政府政策、法律法规等影响下不断积累和转移，逐渐成为一些个体冲突事件。这些个体冲突事件的发生，会引起其他原住民、社会群体、公众等的关注，更多的一般利益相关者甚至边缘利益相关者也加入这场冲突，从而使各利益相关者之间的冲突对整个基础设施投融资项目的实施产生更大的冲击，形成大规模冲突事件。如果参与基础设施投融资项目的主要利益相关者，特别是原住民的诉求难以妥善解决，或者如果政府相关部门不能及时处理这些冲突，情况也许会愈演愈烈，最终造成冲突的后果。

（二）基础设施投融资机制转型中利益相关者目标冲突的治理分析

由于各方利益相关者之间的利益诉求各不相同，加上相关法律制度不完善等此类原因，导致了各个利益相关者之间极其容易在利益分配以及实现自身诉求等方面发生误解、不满甚至冲突。因此，关于基础设施投融资机制转型中利益相关者目标冲突的治理，可以主要从利益风险分配机制、内部激励约束机制和外部保障机制三个方面进行。

1. 利益风险分配机制

各方利益相关者之间的诉求各不相同，并且都比较关注自身的利益诉求，从而导致利益分配不均，产生合作纷争、造成目标冲突。因此，正确合理的利益分配机制有利于利益相关者降低交易成本，实现合作共赢。

2. 内部激励约束机制

激励约束机制对于提高整体项目效率能够发挥一定的作用，并且相应地能有效地降低项目风险。公私合作项目的核心本质是如何实现公共利益，但是公私部门在长期合作中可能产生一定的变数。同时，由于基础设施投融资项目的长期性和合同的不完整性，初始项目合同可能不足以覆盖后期产生的不确定性，从而提高了交易各方之间发生机会主义行为的概率，并增加了项目运作的中期和后期阶段面临的风险。研究表明，运用合理（或恰当）的激励约束机制，可以促进社会资本提高执行合同的动机，有效地防止各方之间出现机会主义行为。但相反的就会影响社会资本方执行合同的积极性，对公私合作项目的运作产生负面效应。绩效行为受多种因素的影响，如动机、激励、信息等，恰当的激励和约束是提高员工积极性和绩效的关键，要采取相应的激励手段来激发和促进员工的积极性。在公营与私营部门的不同需要下，为了使各方的权力得到有效的整合，有必要引入激励约束机制，限制那些以牺牲品质来减少成本的企业，并提高它们的经营绩效，降低经营风险，从而达到公私双赢的目的。激励约束机制有助于促进合作伙伴的创新。引入激励约束机制，能够促进投资主体不断创新，充分利用公司的技术优势，激发创造力，以达到提高工作绩效和帮助公司履行社会责任的目的。

3. 外部保障机制

在基础设施投融资机制中所涉及的利益相关者，不仅包括政府、社会资本方和原住民等核心利益相关者，还包括金融机构、承包商以及社会公众等其他利益相关者。因此，为了能够更好地治理基础设施投融资机制转型中的利益相关者目标冲突问题，还需要引入对新城镇建设下基础设施投融资项目影响较大的外部力量。同时，成功的基础设施投融资项目也离不开良好的外部环境，故而需要构建并完善相关的外部保障机制。

六、基础设施投融资机制转型中冲突治理的对策建议

（一）优化利益风险分配的合理性

首先，需要提升利益分配的合理性，解决利益分配不均的问题。制定科学合理的利益分配比例，通过各种方式保证各方利益相关者之间的合理收益，从而平衡协调利益相关者之间的利益关系，从根源上对利益分配不均导致的冲突进行管控。同时，合理地分配利益不仅可以调动各方之间的积极性，还可以提高基础设施投融资项目的预期相对回报。

其次，健全风险管理制度，有效地进行风险防控，对于风险的不确定性，需要增强风险意识。基础设施项目更新建设期间，政府和社会资本方风险共担，在不同阶段都承担着不同的项目风险。政府主要面对政策、法律等的风险，宏观把控的不严会导致投资市场发生不公正、不公平的现象，使得市场投资环境变得混乱，社会资本的系统风险迅速扩大。同时，项目公司会在建设期间面对如随时变动的市场利率那样的风险。市场利率的上升，使得原材料价格、人工薪酬等发生变化，在项目建设运营期不断持续地投入资金，加大了项目的融资成本。如果其他相似并且有投资潜力的项目被政府和资本所选择，原有项目的竞争力势必会减弱，失去了市场的垄断地位，运营收入也会相应减少，资本方的诉求没法很好地被满足，

会造成资本提前退出的后果,项目戛然而止。因此,构建合理的风险分摊机制,降低社会资本的风险分摊比例,能激发社会资本的投资活力,使项目吸引到更多的投资资本,从而推动基础设施的建设。最后,在项目设立初期,可以邀请专家进行专业的风险识别以及风险评估,并且制定相应的风险应对措施。同时引进更多的风险管理人才和加强风险管理部门的建设,建立风险控制机制,定期检查跟踪项目风险状态,在发布风险预警时,及时采取相应的应对措施。此外,还需明确风险分担政策,进行科学合理的风险分担,由此既能增加社会资本方的投资信心,又能对由于一方利益相关者失信而造成的损失进行补偿。

(二)完善内部激励约束机制

1. 建立合理的内部激励机制

在项目筹备阶段,政府应当根据基础设施投融资项目的主体特征选择合理有效的激励模式,建立合理的激励制度。在项目实施的整个阶段,应当进行科学的绩效评价,设立绩效指标,针对性地制定激励方案,从而正向激励项目公司去实现所设立的绩效指标。在项目建成后,政府可根据项目完成质量对项目公司进行额外的奖励,给予额外的项目建成补贴,从而提高社会资本方的积极性,提升基础设施投融资项目的落地率。

2. 设立合理的内部约束机制

首先,需要明确各投资主体的定位。在基础设施更新投融资机制体制改革中,投资主体多元化是极为重要的发展态势。大量社会资本的参与,让政府不再仅仅承担项目的资金投入和运营的角色,垄断项目的设计、融资、运营等各方面,而是承担政策制定、市场引导和监管的责任。政府需要转变职能,完善投融资机制体制的宏观调控体系,加强项目的识别能力,简化项目投融资环节的审批程序,保证项目的高效性。制定更具权威性的法律法规,及时更新完善不符合社会需求的过时条例,让执法部门有法可依,更好地约束市场主体的违法行为,为市场主体营造一个公平有序的投资环境,吸引更多的社会资本,扩大融资渠道和资金来源。在市场机制无法发挥有效的调节作用时,通过宏观调控手段来保障市场机制的正常运行,优化利益分配、风险分摊机制和资源配置。其次,由于基础设施更新项目周期长、投资大的特征,对于社会资本的准入门槛要严格把控,谨慎考虑。一般情况下,中标的民营企业必须具备雄厚的资本实力、良好的信誉以及丰富的基础设施建设经验等硬性条件。最后,在初期各方利益相关者进行诉求表达时应当遵守相关规定将自身的诉求表达清楚,并且对于一方的诉求表达其他方应当及时作出回应,避免后续产生误解。对于利益相关者的权力和行为也应进行相应约束，明确各方所担任的角色和职责范围，并按合同规定和要求承担各自的责任，制定相应的行为约束措施。对于一些没有履行自身义务的人员，必须按照规定采取相应的惩处措施，由此可有效降低部分利益相关者在项目实施过程中的一些投机取巧行为，从而提高基础设施投融资项目的完成质量。

（三）完善外部保障机制

1. 完善制度保障

通过健全完善各类相关法律法规，明确有关利益冲突问题解决的各项条款，从而可以使各方利益相关者得到法律保障，在利益冲突的解决上具有法律依据，维护利益相关者的合法权利。同时，完善相应法律法规中有关各个利益相关者在项目中的权利和义务，从而规范各方行为，提高项目实施的效率。

2. 完善公众参与制度

首先，在项目设立前，政府和社会资本方应当积极调研公众的建议与看法，并且在确定整体建设方案时，应当尽可能地考虑并采纳这些建议；其次，在项目实施期间，政府与社会资本方还需及时公示项目的最新进展与实际情况；最后，在项目建成并运行后，政府应参与组织公众满意度的调研活动，通过公众的反馈来对项目的运行进行及时调整与优化，从而获得更多的社会经济效益。完善公众参与制度可以有效地提高公众的项目参与度，从而使基础设施投融资项目获得更高的公众支持度。

3. 建立第三方协调组织

第三方协调组织主要负责监督利益相关者的执行工作，在利益相关者之间发生冲突时，针对冲突事件及时制定利益相关者协调措施及方案，从而化解利益相关者之间的冲突以及协调利益相关者之间的关系。

第四篇　政府监管与产业发展

第一节　产　业　集　聚

一、中国金融科技现状及未来发展趋势

每一个行业革新，都离不开科技的突破；每一个金融改革，都离不开金融科技的迭代升级。本节研究采纳了浙江大学互联网金融研究院发布的《2020 全球金融科技中心城市报告》中的划分，大致地将全球金融科技发展历程分为金融科技 1.0、金融科技 2.0 与金融科技 3.0 三个阶段。三个阶段都具有自身的核心特点。

（一）金融科技 1.0（金融 IT 阶段）

金融科技 1.0 开启于 20 世纪 60 年代，是金融科技的最初萌芽。在这一阶段，中国传统的金融服务行业通过 IT 技术手段来进行办公与服务的电子化、自动化，以提升其管理能力与经营效益，其典型的代表包括银行记账系统、征信系统、清算管理系统的电子化以及自动转账、支票处理机、ATM 机、POS 机的设立。

（二）金融科技 2.0（互联网金融阶段）

随着互联网的发展和移动终端的普及，金融科技逐渐步入以互联网金融为代表的 2.0 阶段。在这一阶段，金融机构开始建立网络服务平台，运用网络和移动终端等各种渠道来收集用户和信息，以完成在金融服务中的资产端、交易端、消费端、融资端之间的任意整合与互联互通。从金融科技 1.0 到金融科技 2.0 的过程，本质上更多的是对金融渠道的变革，实现了信息共享和业务融合，其中最具代表性的业态形式包括网络借贷、互联网保险、互联网基金销售等。

（三）金融科技 3.0（智能金融阶段）

目前，主要以人工智能、区块链、云计算、大数据为代表的新兴技术

正在引领全球进入金融科技 3.0 阶段，金融科技正式步入高速成长期。在这个阶段，金融科技通过与各类新兴技术相结合，重塑金融信息采集、金融风险管理、资产投资决策等传统金融业务，不断提升金融智能化水平。相较于金融科技 1.0 阶段注重 IT 科技在前后台的运用、金融科技 2.0 阶段注重在前端业务渠道的互联网化，金融科技 3.0 阶段则更加注重业务在前中后台的全流程技术应用变革，从而使得传统金融服务技术得以进行全面赋能，进一步提高传统金融服务的有效性。3.0 阶段的代表性业态形式包含数字货币、智能投顾、大数据征信等。

2012 年，中国率先提出了"互联网金融"一词，自此，中国金融科技步入高速发展阶段。尽管全球金融科技的 1.0 和 2.0 阶段均起源于英美两国，但中国金融科技已经逐步实现从"中国模仿"（Copy to China）到"模仿中国"（Copy from China）的跨越式发展，甚至开始逐渐超越以英美为代表的金融科技领先国家。金融科技领域的创新研究有别于传统行业，是由行业发展引领和业务需求驱动的学科。互联网金融提出初期，经历了几年的粗犷式发展，形成了以互联网平台公司为主、"市场和体验"驱动的行业结构，这个阶段业界和学者大多把目光聚焦在业务模式、对传统金融带来的冲击等方面。① 此阶段的互联网平台多以"支付+场景"为入口，向金融企业导流，并输出数据与技术优势，以大型平台公司为主，渗透到消费、贷款、理财产品、技术输出等细分领域。虽然公司涉及电子商务、社区、本地生活、直播等不同领域，但涉及的金融路径相同，都以获得电子支付牌照作为敲门砖，导流于较高收益的借贷和理财板块，并运用大数据分析和技术手段向金融企业输出技术解决方案。②

过去十年，移动支付、普惠金融、小额贷款等国际领先的金融服务技术革新给中国经济与社会发展带来了巨大活力，在提升金融服务有效性与普惠性方面也起到了积极创新效果。早期我国政府对金融科技发展保持宽容心态，而网贷酝酿的高杠杆、系统性经营风险、隐私权、市场垄断地位等诸多社会问题，将极大挑战国家金融监管的底线。但伴随互联网金融服

---

① 王聪聪、党超、徐峰等：《互联网金融背景下的金融创新和财富管理研究》，《管理世界》2018 年第 34 期；邱晗、黄益平、纪洋：《金融科技对传统银行行为的影响——基于互联网理财的视角》，《金融研究》2018 年第 4 期；王靖一、黄益平：《金融科技媒体情绪的刻画与对网贷市场的影响》，《经济学》（季刊）2018 年第 17 期；Claessens S., Frost J., Turner G., et al., "Fintech credit markets around the world: Size, drivers and policy issues", *BIS Quarterly Review September*, 2018.

② 王相宁、刘肖：《金融科技对中小企业融资约束的影响》，《统计与决策》2021 年第 37 期；姜舸、安同良、陈孝强：《新发展格局下的互联网与数字经济研究——第二届互联网与数字经济论坛综述》，《经济研究》2021 年第 56 期；Agarwal S., Zhang J., "FinTech, lending and payment innovation: A review", *Asia-Pacific Journal of Financial Studies*, 2020, 49 (3).

务技术发展逐渐走向深水区，社会舆论对网络金融机构运用监管规定的技术漏洞，如加杠杆、"普而不惠"、进军"社区团购"等提出疑问。① 此时，相关研究人员也把重心放到"规则驱动"的发展结构上，即通过指导中小企业提高社会责任心和技术革新意识，以及从监管层面推出相关行业指导文件和中国版监管沙盒试点等规则。②

在金融信息技术基础设施领域，大数据是基本资源，虚拟化是重要基础设施，新一代人工智能则依靠云计算技术和大数据分析，区块链为中国互联网金融业务的基础架构建设和交易制度的改革创造条件，也离不开大数据资源和算法分析力量的支撑。当前，中国不同信息技术的发达程度各有不同，云计算技术和大数信息技术的成熟度较高，但在实际使用过程中，大系统云集中存在的传统信息系统转型与提升压力较大，大数据管理平台建设在信息系统稳定性和实际应用效果等方面存在挑战，而人工智能和区块链处在科技演化发展阶段。③ 其中，区块链技术是未来金融科技业务升级的重要基础设施和先决条件，除此之外，其保护货币主权和法币地位，乃至未来在超主权数字货币的规则制定中将起到重要作用，这也使业界和学者在近年来不断加大对区块链技术的研发力度。④

纵览中国金融科技发展的状况与历程，过去十几年里，金融科技带来的数字改变已经影响了众多人的日常生活。这一改革将让普通人有机会享用到更加全面的金融服务产品，这一改革也将使中国金融服务产业的"二八定律"开始向"八二格局"过渡，金融科技在3.0阶段的发展，也会给产业与社会带来更大的变革。

第一，从过去的野蛮生长到对未来金融监管的全面覆盖。总体上来看，最终的数据保护目标应该是在效果与安全性之间寻求一种平衡点。

第二，从过去数字金融主要以科技公司为主，到未来金融机构发挥更大的作用。换句话说，未来即使是科技公司也要持有牌照才能从事相关金

---

① 皮天雷、刘垚森、吴鸿燕：《金融科技：内涵、逻辑与风险监管》，《财经科学》2018年第4期；周仲飞、李敬伟：《金融科技背景下金融监管范式的转变》，《法学研究》2018年第40期；杨东：《监管科技：金融科技的监管挑战与维度建构》，《中国社会科学》2018年第4期。

② 张景智：《"监管沙盒"制度设计和实施特点：经验及启示》，《国际金融研究》2018年第4期；中国人民大学课题组、吴晓求：《"十四五"时期中国金融改革发展监管研究》，《管理世界》2020年第36期；Zhou X., Chen S., "FinTech innovation regulation based on reputation theory with the participation of new media", *Pacific-Basin Finance Journal*, 2021, 67。

③ 吴桐：《基于区块链的开放式金融的优势、制约与推进对策》，《经济纵横》2020年第4期；周雷、邓雨、张语嫣：《区块链赋能小微企业融资研究综述与展望》，《金融经济》2021年第4期。

④ 金鹏辉：《加快推进上海金融科技中心建设》，《上海金融》2020年第4期；郭晓蓓、蒋亮：《5G与金融的融合路径与应用场景研究》，《西南金融》2020年第4期。

融业务。2020年4月7日,国家发展和改革委员会与中央网络安全和信息化委员办公室共同颁布了《有关推进"上云用数赋智"行动培育新经济发展实施方案》,目的是促进工业生产信息数字化转变,培养新型国民经济蓬勃发展,加快形成我国现代化的工业生产系统,实现国民经济高质量蓬勃发展。据相关组织的调查估计,中国企业数字化转型比重约为25%,远不及欧盟的46%和美国的54%。实体经济数字化转型过程中存在数字化基建成本高、转型目标不明确、数字化产业链协同差等一系列问题。[1] 同时,在科技驱动经济社会发展模式的带动下,中国传统金融开始借助网络企业和平台的大数据与科技资源优势,主动拥抱新技术,以满足企业变革的需要,并担当起了推动中国实业经济社会向数字化转型排头兵的重要责任,通过服务实业发展,在解决民营小微企业融资难、融资贵等实际重大问题上发挥了实效,并与国家策略相互结合。

第三,从过去由需求驱动的消费投融资向未来科技驱动的产业投融资发展。"十三五"时期,数字金融给中国普惠金融的发展带来了巨大的支持,最主要的技术突破出现在支付业务、融资行业上,在缓解融资难的问题方面也是有突破性发展的。大型的金融科技平台基本上都是消费互联网平台,虽然消费投融资是金融科技发展的驱动力之一,但未来的发展可能会更多地被科技驱动所引领,如产业互联等。目前,特别是在个人贷款领域,数字供应链金融机构运用了过去数字链的关节连接和信息,并运用数字信息技术支持金融机构进行贷前的信用风险评价、贷后资金管理等,这样既有助于实体经济的数字化转型,又降低了资金的成本与风险,因此可以相对地提高贷款规模,助力资金更高效地向产业转移。

二、"十四五"上海金融科技中心建设的方向与任务

金融科技有助于提升社会创造效率,并促进由技术创新驱动和消费升级驱动的高质量经济成长。金融科技是一个在当今追求高质量经济发展背景下极具战略高度的多层次生态系统。随着中国把发展金融科技上升为国家战略,这带来的将不仅是金融科技一个产业的蓬勃发展,还会带来经济链条上的许多科技前沿端口的兴起。金融技术的发展对互联网、虚拟化、

---

[1] 中国国家发展与改革委员会:《关于推进"上云用数赋智"行动 培育新经济发展实施方案》,《电子政务》2020年第4期。

人工智能、区块链科技都有持续的需求，同时创造了一个非常广阔的使用场景，将会把科技背后的整条产业链和价值链推动开来，这样将能够全面推动5G、宽带、网络安全、芯片等产业发展，最终实现金融和科技的双轮驱动和平衡。

此外，中国金融科技的经济特性很容易造成赢家通吃的格局，因此，先发效应比较显著，如果我国局部已经处于国际市场领先优势地位，而美国整个的先发资源优势还不能实现，我国只能趁势而上，否则就会不进而退。

目前，市场、规则和科技为主导的三种金融科技发展模式已经成为全球公认的驱动力，具体是指以中国为代表的市场驱动模式、以美国为代表的技术驱动模式以及以英国为代表的规则驱动模式。其中，市场驱动模式主要得益于用户拥抱，重视金融科技应用与体验提升；技术驱动模式主要得益于技术变革，重视原创技术创造与底层基础设施建设；规则驱动模式主要得益于监管创新，重视监管体系完善与整体生态优化。[①] 通过中美比较研究可发现，我国的金融科技产业发展典型地体现为需求驱动式，其网贷、第三方支付、消费金融服务、社会众筹等以客户需求为主要动机的产业占比极高，区块链和新一代人工智能等科技支撑类产业则只占6.5%。相比之下，美国则更多地以高科技驱动经济发展，美国不但在信息技术服务业态上占榜首位（24.0%），而且区块链/数位货币、人工智能等新产业占比达12.0%，大约是我国的两倍。[②] 未来产业数字化转型促进高质量经济发展则更需要以技术驱动的金融科技产业持续发力，因此，国内外都将建设金融科技中心作为以创新推动经济增长的核心战略。

金融科技是大国博弈争夺金融和货币核心地位时不能失去的赛道。回顾美国近年来社会经济出现的核心问题，主要是由"空心化"和"金融压迫"带来的，"去制造业"成为全球发达国家后续增长乏力的最大诱因。目前，我国金融科技产业结构发展需要强化科技驱动和规则驱动，在产业数字化的背景下，金融更好地服务实体经济，是金融科技产业未来的趋势。信息服务、综合性金融科技以及供应链金融等领域能切实地为实体经济带来数字化转型红利，区块链/数字货币则又是货币国际地位提升的必争之地，因此，未来上海在打造金融科技聚集发展路径选择上，要以服

---

① Lee I., Shin Y. J., "Fintech: Ecosystem, business models, investment decisions, and challenges", *Business horizons*, 2018, 61 (1).
② 刘兴亚：《科技赋能应用试点　助力上海金融科技中心建设》，《金融电子化》2020年第4期。

务实体经济数字化转型为目标，完成从市场驱动到技术驱动、从单维服务到无界服务、从注重国内到注重国际的转变，在维持用户体验标杆地位的同时，转变金融科技业态结构。

众所周知，上海市正在加快推动全球金融核心的构建。2019年年初，由中国人民银行、国家发展和改革委员会等八部门共同颁布《上海国际金融中心建设行动计划（2018年—2020年）》，确定了上海市将打造涵盖全球金融科技中心在内的"六大中心"，并将以全球金融服务技术中心为新动力，加快建立资金支持有力的创新体制。2019年年末，中国人民银行上海市总部向境内机构颁布了《关于促进金融科技发展支持上海建设金融科技中心的指导意见》（简称《指导意见》）等文件。文件显示，中国人民银行上海市总部将以《指导意见》为重点，进一步强化对金融市场科技应用创新试验工程的组织领导，积极推进试验工程项目横向互动和成果共享，不断推进金融市场新技术应用，增强金融市场技术保障能力，积极探索金融市场技术监管创新，助力上海市构建成具备世界实力的现代金融服务技术交易中心。为加速推动上海市金融业技术中枢建设工程，进一步贯彻国家发展金融业科技进步的顶层设计和工作部署，2020年1月，上海市政府办公室正式颁布了《加快推进上海金融科技中心建设实施方案》。该方案建议争取用五年时期，把上海市建成我国金融科技的基础技术研究高地、技术创新应用高地、服务产品整合高地、管理人才的凝聚高地、制度规范建立高地和监管创新试验区（"五地一区"）。

2021年8月，上海市人民政府印发了《上海国际金融中心建设"十四五"规划》，对未来五年上海地区全球金融核心工程建设给出了具体的发展方向和任务举措。增强上海市金融服务科学管理中心的全球实力作为六大工程建设具体目标再次被提出，同时，上海市金融科技发展水平也被列为"十四五"时期上海市全球金融科技中心建成规模的四个预期指标维度之中，并提出了明确的任务方向：2025年，实现聚集50家左右的龙头企业。具体的任务措施包括：强化金融服务技术场景运用；推动金融服务科技产业整合；探索金融服务技术监管模式创新；营造良性的金融服务技术发展环境。

促进中国金融业数字化转型，增强中国金融业科技的国际竞争力，围绕"十四五"期间上海市建设金融科技中心的核心目标，各项任务措施的实施并非割裂的，而是相互渗透融合的，针对上海市金融科技中心建设瓶颈，紧抓任务措施实施的着力点，是实现"十四五"目标的关键。因此，对上海市来说，要想在面对未来的金融科技应用领域中真正拔得头筹，还需要抬头应对各类风险挑战，在技术资源的积累和金融业科研产业生态的建设上做好功夫。

三、上海金融科技中心建设的瓶颈

长江三角洲区域目前已呈现高度经济发展和金融服务一体化态势，不过和国内外其他区域一样，本区域各省市间的资金联系也没有十分紧密。作为长江三角洲乃至我国的金融中心，上海市在长江三角洲经济金融中心运行的核心影响力还不够明显，在一些重要金融科技应用领域的深远影响仍不及于北京市。在江苏省、浙江省和安徽省三省之间，江苏省和上海市的经贸和金融业联系较为紧密。在宏观经济发展的相关方面，江苏省表现出更强烈的带动效应。

"十四五"时期对上海市金融业技术中心的规划，赋予了上海市推动金融业与高新技术联动发展、符合金融核心战略地位、以转弯超速的身姿发展壮大金融科技工业的又一次历史契机，同时也为构筑全球金融中心这一总体目标奠定了新的发展支点。但近年来上海市建设金融科技中心始终面临前有标兵北京市，后有追兵杭州市、深圳市的发展局面，短期很难突破两方面瓶颈。

金融科技对全球金融中心的建设意义巨大，建设世界金融科技中心，同时也是在构筑面向未来的全球金融中心。在建设全国金融科技中心的过程中，需要通过集聚要素建立金融技术内部创新生态引擎，也需要通过依托以原则为导向的沙盒监管制度建立相对宽松的外部监督之舵，双管齐下，互相佐引，形成全国金融科技中心建设的土壤与动力之源（见图4-1）。

（一）金融科技的龙头企业很少，无法建立依托型行业生态链

2018年6月6日，在全球顶级支付和金融科技行业峰会上，中国首次公布了国际金融服务与技术中心指数（Global Fintech Hub Index，GFHI）。[①] 从排名来看，2020年中国在八强中占据4席，上海市位列第三，北京市位居第一，杭州市和深圳市并列第六。杭州市作为长三角一体化的核心城市，同样发展迅速，实力不容小觑。在《指导意见》出台当天，全国互联网与金融服务发展促进会就联手世界银行在杭州市成功发布了成立全球数

---

① 《2018 普惠共享，未来已来——2018 全球金融科技中心指数欧洲首发》（2018年6月6日），浙江大学金融科技研究院官网，http://www.aif.zju.edu.cn/plus/view.php? aid = 1047，最后浏览日期：2023年12月20日。

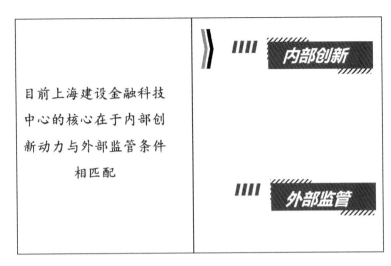

图 4-1 上海建设金融科技中的核心条件

字金融中心的计划,在名头上甚至不输上海市金融科技中心的规格。

截至 2019 年年末,浙江省高融资未上市金融科技公司总投资金额已超过 230 亿元,规模位居全国第一,拥有世界级金融技术巨头——蚂蚁集团;数字经济雄厚,数字经济规模已超过万亿元,平均年增长率超过 20%;是金融技术体验和应用方面的世界典范,曾连续三年金融业技术体验均位居世界首位。与之相对比,上海市的最大优点在于金融业基础较强大,传统金融机构林立,还拥有国内 10.5% 的全国性交易所(4 家);上海市数字经济行业兴起较早,人力资源充足,在电脑通讯和其他电子制造、互联网和相关服务、软件和信息技术服务等领域布局全面并形成了一定的规模优势,具备发展数字经济产业的良好基础,2019 年上海市金融科技上市企业市值居中国之首(见表 4-1)。

表 4-1 全球已上市金融科技企业市值排名

排 名	企业数量	市值总额	市值均值
1	北京	旧金山	旧金山
2	上海	纽约	纽约
3	旧金山	阿姆斯特丹	阿姆斯特丹
4	纽约	上海	日内瓦
5	杭州	芝加哥	芝加哥

续　表

排　名	企业数量	市值总额	市值均值
6	深圳	杭州	巴黎
7	芝加哥	北京	米兰
8	亚特兰大	日内瓦	墨尔本
9	伦敦	巴黎	西雅图
10	阿姆斯特丹	米兰	杭州

注：高融资未上市金融科技公司（风投融资额累计达五千万美元及以上的未上市金融服务科技企业）的数量、融资额等相关数据统计时间截至2019年10月。

数据来源：浙大AIF司南研究室：《千帆竞发、器利者先——2020全球金融科技中心城市报告》（2019年12月7日），浙江大学金融科技研究院，http://www.aif.zju.edu.cn/news/detail/1514.html，最后浏览日期：2024年7月2日。

表4-2　全球未上市金融科技企业融资排名

排　名	企业数量	市值总额	市值均值
1	纽约	杭州	杭州
2	旧金山	旧金山	南京
3	北京	北京	墨尔本
4	伦敦	纽约	中国香港
5	深圳	伦敦	重庆
6	上海	上海	亚特兰大
7	杭州	中国香港	斯德哥尔摩
8	新加坡	深圳	圣保罗
9	芝加哥	南京	上海
10	柏林	亚特兰大	胡志明市

注：高融资未上市金融科技公司（风投融资额累计达五千万美元及以上的未上市金融服务科技企业）的数量、融资额等相关数据统计时间截至2019年10月。

数据来源：浙大AIF司南研究室：《千帆竞发、器利者先——2020全球金融科技中心城市报告》（2019年12月7日），浙江大学金融科技研究院，http://www.aif.zju.edu.cn/news/detail/1514.html，最后浏览日期：2024年7月2日。

但上海目前金融科技产业发展的短板也较为明显。尽管截至2019年年末，上海金融科技已上市公司总量和平均市值总量、高融资未上市公司总量都遥遥领先于杭州，但已上市公司的平均市值、高融资未上市公司投资金额、融资均值则落后于杭州。根据数据可以判断，上海打造金融科技中心最大的短板在于龙头企业缺乏、关键金融科技基建研究能力较弱，还未形成具有国际影响力的金融科技产业集群。同时，根据高融资未上市企业的排名情况，未来还存在排名下降的风险。2019年，与金融科技密切相关的上海信息产业的GDP占比达到16%，低于深圳的34%和北京的23%。由于大部分金融机构总部均在北京，相关金融科技分支机构也不在上海。天冕大数据联合零壹智库发布的《2020年金融科技专利报告》显示，2020年世界金融科技发明专利排名榜TOP 10的发明专利权总量最多的公司，有9家出自我国，依次是平安公司（1 622件）、阿里巴巴（830件）、腾讯公司（430件）、蚂蚁集团（349件）、中国银行（253件）、微众银行（187件）、复杂美（180件）、泰康保险（177件）和工商银行（139件）。这些机构的总部均不在上海。

上海金融业发达，融资便利，金融相关科技创新如区块链科技企业偏好上海，但近年来，上海在金融科技创新领域逐渐失去之前的领先优势，不仅与北京的距离逐年加大，同时在不少领域被深圳、杭州超过。上海高校集中，智力资源丰富，制造业发达，长期靠产业升级推动科技创新，大企业内部垂直型的研发创新优势明显，但是缺少BAT之类的互联网科技巨头做新经济的创新领头羊。

金融科技龙头企业的作用体现在三个方面。其一，龙头企业也可发挥科技要素的集聚功能，区块链、新一代人工智能、大数据分析、移动网络等高新技术行业公司，是中国金融科技创新能力的重要核心技术和内驱动力来源，在中国金融科技创新中发挥了基础性作用。其二，技术龙头企业能够发挥孵化连接的功能，从技术到金融应用之间还存在一道鸿沟，跨过这条鸿沟就必须依靠技术培育机构的连接性功能。金融科技龙头企业也可能是指包含金融科技控股公司的政府机构，或包括金融科技子公司的高新技术企业，龙头企业可以连接金融机构和科技企业共同孵化创新应用。其三，龙头企业的发展和中小银行的数字化转型可以形成良性互动，这也是对上海国际金融中心建设提供最大助力的方面。为适应迅速变革的竞争环境，不少大中型企业均已投放了大量资金进行新金融技术的研究和应用。企业还可利用移动网络、生物辨识、大数据分析、人工智能等新信息技术拓展业务途径，从而降低对传统人工业务的技术要求，增强金融活动全过程的风险控制，从而减少了合规等经营成本。但相比而言，中小银行信贷风险管理存在很多挑战。由于中小银行企业资源受限，不得不依靠大技术企业所提供的新技术和平台开展客户维系、信贷分析和风险管理，可能造成资产端的获客能力和产品实力下降。对大型高新技术企业依赖感上升，对中小企业经营活动的负面影响也是不容忽视的，我国现有超过 4 000 余家中小银行，金融业技术转型也将为其金融业务和服务能力带来巨大挑战。长江三角洲区域是中国经济发展速度较快、最具潜力的经济板块，尤其是中小银行信贷风险数量多、密度大、对金融机构技术的业务能力和服务要求在快速增长。

（二）监管创新步伐有待加快

2019 年，中国人民银行印发《金融科技（FinTech）发展规划（2019—2021 年）》（简称《规划》），提出将通过建立金融科技监管基本规则体系、加强监管协调性、提升穿透式监管能力、建立健全创新管理机制等途径加大金融审慎监管力度，确定了金融监管模式将"由事后监管向事前、事中监管转变，有效解决信息不对称问题，消除信息壁垒，缓解监管时滞，提升金融监管效率"。随后，我国逐渐呈现出通过"金融科技应用试点"和"金融科技创新监管试点"（简称"监管试点"）两类试点驱动金融科技及其监管的态势，尤其是 2019 年 12 月在北京率先启动的监管试点，被称为中国版监管沙盒，旨在运用信息公开、产品公示、共同监督等柔性管理方式，引导持牌金融机构在依法合规、保护消费者权益的前提下，激励科技创新、优化金融服务、营造金融科技发展的有益环境。所谓沙盒监管，也就是一个"安全空间"，根据英国金融行为监管局的定义，在监管沙盒内的金融产品、服务、商业模式以及营销模式在相关活动碰到问题时，不会立即受到监管约束，以此给金融科技企业测试创新的机会。目前，监管沙盒试点范围包括北京、上海、重庆、深圳、雄安新区、杭州、苏州、成都、广州 9 个地区，截至 9 月 24 日，全国已累计公示 119 个创新应用。随着试点城市和应用项目的陆续落地，中国版监管沙盒正持续扩容。

2020 年 4 月，人民银行将上海纳入第二批金融科技创新监管试点范围。5 月，人民银行上海总部就宣布启动上海金融科技创新监管试点工作。该试点也就是国际上积极试行的"监管沙箱"机制。上海版"监管沙箱"试点鼓励多种主体共同参与，包括持牌金融机构以及符合条件的科技公司。启动两月后，上海就对外公示了首批 8 个创新应用，其中，金融服务与科技产品入围数量各占一半，包括人工智能、区块链、大数据、多方安全计算等多种高新技术。这批项目总体上体现出金融科技多元融合、多向赋能的特点。

2021 年 10 月，经过为期一年多的业务运行，金融科技创新监管试点首批项目正式"出箱"。工商银行"基于物联网的物品溯源认证管理与供应链金融"、百信银行"AIBank Inside 产品"是北京首批公示的金融科技创新监管工具创新应用项目,中国银行"基于区块链的产业金融服务"则是北京第二批公示的应用项目。"百行征信信用普惠服务"是深圳市首批公示、首批完成测试的应用项目。

可以发现截至 2021 年 10 月,"出箱"的四个项目分布在北京和深圳两个城市,上海作为第二批试点城市,试点项目还无一"出箱"。除此之外,2020 年,中国人民银行指导的"国家金融科技测评中心"在深圳正式成立,"国家金融科技认证中心"在重庆成立。北京拥有的大型金融机构总部规模优势十分明显,但与深圳等其他城市相比,上海具有完备的金融要素市场和雄厚的科技研发实力,日益增强的金融中心集聚辐射效应,同时,上海还在全国最早设立金融法院,人民银行金融消费权益保护局也设在上海。但从金融科技试点项目"出箱"和相关监管中心建设情况来看,上海在金融科技监管领域的优势并不突出。

中国人民银行金融科技委员会提出了机构自治、公众监督、行业自律和政府监管的"四位一体"金融科技治理体系,创新监管工具充分调动社会各方积极性。创新监管工具的设计思路则提出了三个层面:一是刚性底线,以现行法律法规、部门规章、基础规范性文件等为准绳,明确守正创新红线;二是柔性边界,运用信息披露、公众监管等柔性监管方式,让金融消费者能够参与金融科技的治理,营造适度宽松的发展环境;三是创新空间,在守住安全底线的基础上,给真正有价值的创新留足空间。

上海监管沙盒试点工作启动时提出,中国人民银行上海总部秉承"多元主体共治"的顶层设计理念,联合上海市地方金融监管局、中国支付清算协会、上海市金融科技产业联盟等相关部门成立试点领导小组、工作小组和办公室,积极构建多方参与、共建共治的监管体系和管理团队,实现资源共享、优势互补。这种"多元主体共治"的上海模式,为试点工作高效、有序地开展提供了有效的组织保障,也为优化上海市金融科技产业战略布局、把脉行业趋势、破解发展难题提供了进一步支撑。这种"多元主体共治"带来的最大问题是监管沙盒的监管责任主体不够明确,各机构间监管成本不一致,可能会产生监管漏洞,同时也会导致试点管理机构效能不足。从国际经验来看,监管沙盒的效果很大程度上与监管部门人员的专业度密切相关,英国监管沙盒为每个项目配备项目专员,保证"一司一策",监管者需要对创新技术有深刻理解,协助制定方案、解答问题,提高测试的针对性。上海的监管试点处于初期探索阶段,尽管在《中国金融科技创新监管工具》白皮书中提及要由"金融管理部门组织成立专业辅导团队，提供'一对一'的专业化监管辅导"，但可以预见的是，试点越灵活、空间越宽松，人力成本、财务成本和试错成本往往越大，考虑到上海的金融科技市场巨大、机构众多，或许难以保证达到如此灵活的运行机制。此外，上海监管试点工作开展过程中，由上海金融科技创新监管试点办公室作为试点管理部门，对试点工作进行全生命周期管理。然而，监管试点的实施目前未能明确试点机构与金融监管部门之间、地方与地方金融监管部门之间以及地方与中央监管部门之间的风险防控责任，随着试点范围逐步扩大，项目技术不断深化，对上海金融科技创新监管试点办公室在试点工作中的职责有待进一步明确和标准化。

从上述分析可知，目前上海在建设金融科技中心过程中，核心在于行业内生动力与外部监管条件相匹配。关键在于两方面，一是在产业发展方面，通过要素聚集形成金融科技创新生态，其中最核心的就是龙头企业的形成，想要形成上海金融科技中心的绝对地位和优势，需要利用上海自身特色，进而通过特色产业生态链带动整个金融科技创新生态的发展；二是在外部监管方面，依托以"刚性底线、柔性边界、创新空间"为导向的沙盒监管机制，形成具有上海特色的监管环境。

四、上海建设金融科技中心相关案例

（一）内部创新案例

案例1：金融城和科技城

从产业成就来看，近年来浦东新区金融科技发展迎来了暴发式成长，重点发展金融服务的高新技术公司有200多家，行业生态建设也已相对完善。浦东是中国金融业科技发展的"强磁场"，将带动下一个区域性金融市场公司和机构发展达到全球引领水准，以完备的金融业科技发展生态圈吸纳头部资源。浦东地区是金融业技术发展的重要"源产地"，培养了一大批创新能力强、适用性广、榜样性较强的金融科技发展创新型研究项目，带动在金融科技发展应用领域建立一些技术发展和服务技术创新的规范。

从案例的产业集聚来看，浦东是上海市金融科技中枢核心支撑区，以陆家嘴金融城、张江科学城"两城"为基础，以卡园、软体园和信息技术园"三园"的融合发展为载体。

陆家嘴金融城中的金融机构也将金融科技转型提升视为重要策略之一。近年来组建了由外汇交易中心、中国建设银行、中国银行等成立的金融科技控股公司，包括国外金融机构瑞银、摩根士丹利、盛宝银行等旗下的金融科技企业，此外还有银联、华软技术、万得资讯等金融技术企业。

张江科学城以"AI+金融服务"为特色，行业集聚效应突出，国内金融服务高新技术公司密集，国际金融服务科技人才丰富，金融机构信息技术咨询服务机构齐全。汇聚了包含云从科技、达观数据、黑瞳科技、信也科技等一大批正主动布局"AI+互联网金融技术"赛道的高新技术公司（见图4-2）。

图4-2 "两城"聚集的金融科技企业

案例2：杨浦区区块链技术发展

从案例方面来看，"一带"已有金融科技企业近100家，分散于重要商圈和环同济知识经济圈。类别上，杨浦区重视区块链技术的研发和应用，注重"区块链+金融"的发展，培育了众多早期的区块链公司，并且已连续三年举办全球（上海）区块链创新峰会。产业动能在于科技创新原产地+科技金融的特色，环同济知识经济圈有众多科技园、实验室、孵化器，是科技创新的原产地，如上海市云计算创新展示中心、上海物联网科技园、复旦大学国家大学科技园、同济大学国家大学科技园以及智创天地园区等，在科技金融的加持下，极大地增加了科技创新商业化的概率（见图4-3）。

案例3：临港片区跨境金融科技发展

2020年8月，临港集团透过工商银行上海市新片区支行、平安银行上海市自贸区支行两个银行联合顺利引进了境内外融资资金一亿元，并宣布临港新片区的首单跨境资本池业务正式"通车"，打通了境内外联通的桥

图 4-3　杨浦区聚集的金融科技企业

梁。利用这单业务，配以套期保值锁定汇率，临港公司可以大大减少综合投资成本。跨国公司也看到了在新片区设立资金管理中心的前景。格科微电子（上海）有限公司的境外母企业 GALAXYCORE INC.拟在科创板上市时，Pre-IPO 轮融资中参与职工的持股激励计划。按过往惯例，参与股权激励计划的 300 多名员工购汇出境必须全部前往外汇管理局登记。但因为人员数量很多，办理起来将十分费时、烦琐。为使格科微电子早些挂牌并实现投融资，上海市临港新片区管委会金融贸易处和招商引资银行等有关人士，多次带领公司职工走访国家外汇管理局。通过多轮协商，最后以格科微电子（上海）有限公司境内权益企业代为职工集中购汇后出国的投融资新方法，便捷有效地化解了企业全部职工个人登记购币出国的困难。目前，上海市临港新片区已完成了跨境人民币支付便捷化，并推荐了 312 家优秀的民营企业列入白名单，一次性外债额度登记约 9.28 亿元，6 家企业试点开展本外币合一跨境资金池。注册资本为 175 亿元的中旸晟安投资公司注册成立；交银金融科技、中国国有企业混合所有制改革基金等 109 个金融类项目和韩领（上海）贸易等 17 个贸易类项目落地；15 家银行在区内设立分支机构，累计注册与签约基金的总资本规模超 2 614 亿元。

（二）外部监管案例

案例 1：上海监管科技发展

上海国际金融科技创新中心于 2021 年 7 月 28 日启动。该技术创新中心由中国人民银行上海总部、上海市地方金融监督管理局、上海推进科技创新中心建设办公室共同授牌，旨在打造高聚集、快协同、功能复合型的金融科技创新产业集聚区和先试先行样板区。上海国际金融科技创新中心启动以来，通过紧密借助金融机构的丰富资源，积极充分地调动了金融科技公司、新技术企业、科研机构、功能性金融机构等技术市场的多元主体作用，已初步建设并形成了由国家前沿技术示范区、产业应用创新园区、社会公共技术服务平台等构成的"两区一平台"总体格局。目前，众多的产业头部金融机构，如交通银行、国泰君安、上海农商银行、长江养老保险、东方证券以及基础研发功能金融机构——中国信通研究所、国家网络应急服务管理中心、上海同济区块链研究所等已进驻技术创新管理中心。根据金融高科技产业的特征，创业中心将建立监管助力、大数据赋能、合作突破、需求推送、沟通示范等十项特点操作功能，力求为金融技术运用者、开发者、参与者创造协同合作平台，并促进各种组织在金融技术生态圈中形成化学反应。围绕金融实体经济发展等重要战略，国家技术创新中心将以产业级金融创新基础设施（金融新基建）为主要发展方向，在拓展领域内整合了一大批专门面向数字时代的高新技术公司、专门为金融机构创造新业务场景的实业金融机构和长三角等区域产业投资促进平台，汇聚各界合力，共同推动金融业科技的高质量发展。

案例2：北京资本市场金融科技

2021年11月19日，中国证券监督管理委员会北京监管局、北京市地方金融监督管理局公告了一批拟列入资本市场金融科技创新试点范畴的16个建设项目名录，向社会公众征集建议。这被业内人士视作"证监会版"的金融监管沙盒建设项目。本次北京的资本市场金融科技创新试点范围广、应用场景丰富、创新性强，涵盖证券公司、基金公司、证券期货服务机构、区域性股权市场运营机构、大数据金融企业、互联网金融公司等各类金融、科技企业，和资本市场智能投资与投顾、数据治理与共享、实时资金结算、风险防范、自动化运维、动态安全应用以及TA系统、智能客服系统、互联网共享生态建设等多种应用场景。具体来看，北京工作组从中遴选出16个项目拟纳入首批试点。公示期满后，试点机构将结合社会公众意见对试点项目方案进行修改完善。经社会公示环节，未发现重大风险隐患或者已对相关风险做出防范和补偿机制的，将正式纳入试点。后续北京工作组将在中国证监会统筹指导下，会同有关部门持续动态监测试点项目运行情况，及时识别并防范化解潜在风险，适时组织试点项目的阶段性评估工作。

自2019年12月中国人民银行启动全国金融机构科技创新监管试点项目以来，共有九个试点省市发布了入盒项目名单和附属申请文件，包括60个项目，全部由商业银行参加，"证监会版"的监管沙盒项目与此前"央行版"的监管沙盒项目相比，更具有历史延续和统一特征，更具有创新性和独特性。目前，北京在"央行版"和"证监会版"的监管沙盒试点中已经处于领先地位，给全国贡献了"北京样本"。但上海在国际贸易领域有先试先行的优势，因此，在自贸区主题监管沙盒的试点领域，上海可以率先贡献"上海样板"。

五、龙头企业聚集的着力点建议

龙头企业的聚集和落沪意味着人才的汇聚、创新技术的集聚以及业务需求的涌现。空间布局对优化金融科技创新要素、吸引企业落户、形成产业链聚集优势至关重要。上海市是我国面积最大的城市，黄浦江把整个上海市划分为浦西与浦东，两岸还各自建立了外滩和陆家嘴金融服务中心作为上海市地标。上海市的地理位置、城市面积以及都市空间布局与美国纽约市、英国伦敦市差不多，纽约市有哈德逊河，伦敦市有泰晤士河口，同时，上海同纽约、伦敦都具有国际化的金融生态，因此，上海的空间优势是北京、杭州、深圳等地不具备的，加之人才、资金等基础要素的强大支持，上海市具有成为中国乃至全球金融科技中心的基础和实力。而上海近年来在金融业科技领域的发展，并不能表现出显著优势。北京、杭州、深圳均为金融科技巨头 BATJ 公司的所在地，公司总部设在杭州的蚂蚁金服位列世界第一位，依托蚂蚁金服，上海与杭州构成一超多强的依托式产业生态链。在金融方面，以银行业和保险业为例，全球排名前十位的商业银行和保险业机构主要聚集在纽约、伦敦、北京等大城市，上海地区则没有一家机构进入世界前十位。在金融技术大潮的冲击下，大型全球著名机构将会首当其冲地转型，并同时促进上海本地的金融变革。上海因为没有主流金融，再加上缺乏与主流技术公司的合作，无法吸纳大批全球金融科技公司建立国内以及亚太地区的公司，导致上海地区金融服务高新技术公司的发展水平与其在全球金融中心的地位并不相符。新兴金融服务领域的引擎机构，凭借平台的应用基础和大数据分析优势，已经构建起全牌照、互联互通的金融服务高新技术公司生态链，并已经建立各自的生态闭环。上海地区已经错失了第一轮互联网金融的风口浪潮，因此，上海必须适应市场需求转变，大力发展创新金融服务。

弯道超车不易，更要充分发挥上海市的空间结构资源优势，积极构建富有特色的上海国际金融科技中心，使重点地区金融服务资源与高新技术资源高度整合的优势成为弯道超车抓手，着力推进优化"两城、一带、一港"的空间结构格局，实现点上带动突破，由点和面、互动蓬勃发展的上海金融科技产业聚集趋势。"两城"是指依靠陆家嘴金融城和张江科学技术城，建立金融业技术运用创新城和发展核心创新城，着力点在技术成果转化；"一带"是指以杨浦滨江、北外滩、南外滩金融业聚集带、徐汇滨江为基础，建立金融科技运用示范带，着力点在于孵化器、连接平台建立；"一港"是指依托上海自贸试验区内临港新片区建立的金融科技创新型综合实验港区，着力点在于跨境金融服务。

（一）将"两城"作为上海金融新基建核心区，积极打造全球金融科技场景应用高地

在整体的规划思路上，将加速建立以陆家嘴金融城为前台基础，以张江科学城为后台核心引擎的商业空间立体格局，未来五年内，在陆家嘴金融城与张江科学城交叉地段将有一百万平方米左右的商业空间释放，以推动金融服务高新技术企业的聚集发展。一方面，大力吸纳金融机构和大型高新技术公司、融资要素市场到浦东，建立金融服务技术子公司；另一方面，积极推进建立并聚集各种金融科技实验、孵化器、加速器等，为创新企业提供便利的网络设施、优良的办公环境。

在具体行动方面，积极营造金融科技成果不断涌现的"原产地"。鼓励张江科学城大力发展区块链、大数据风控、智慧投顾、科技保险等新兴金融科技服务，整合世界一流的科技、人力、资本，形成世界一流的产品生态链，促进产业领域核心技术的新突破，着力推进建设国内互联网和新一代人工智能行业的"核心腹地"；顺应科技企业加大布局应用端、贴近市场端的实际需求，加强高科技企业培育力度，支持国内外科技企业在陆家嘴设立研发中心、开放式创新平台等研发机构，支持各类技术应用场景在陆家嘴落地。将张江科学城作为金融科技孵化与发展的肥沃土壤，在与陆家嘴前台联动发展中，增加大量的金融科技场景应用元素。

深化上海金融城和科学城的"双城辉映"，将积极探索新科技在投资渠道扩张、经营模式、产业服务、经营形态、风险控制、普惠金融等方面的应用创新途径，助力传统金融向数字化转变，进一步增强陆家嘴金融科技核心竞争能力。通过金融+技术、金融+场景，科技金融，汇聚行业新动力。

（二）将"一带"作为上海乃至长三角金融科技孵化平台，主动挖掘数字化转型需求

在总体设计方面，服务于金融科技的功能拓展。围绕"服务金融科技中心建设主阵地"的总体目标，进一步稳固和提高陆家嘴金融城核心功能区的战略地位，有效支撑外滩国际金融中心功能集聚带南北拓展和纵深扩张，推动滨江沿线金融功能错位、协同发展。

在具体方案方面，要求政府积极推动，将金融科技运用到智能商场、智慧医院、智能文旅、智慧交通等生活服务和城市管理领域，把新的金融科技场景应用在示范带推出，并成为中心城市示范窗口，以进一步提升人民群众对金融服务及惠民创业服务的获得感和信心,保持上海金融科技在国际中的领先地位。

借助外滩峰会、外滩国际金融高峰论坛等学术平台,进一步推动金融科技领域的沟通和协作。支持开展富有国际、全国影响力的金融科学技术论坛、讲座、展会、科技创业竞赛等活动,帮助优秀的金融科学技术公司展现创业成就,并推动将外滩建筑作为创造、传播、普及金融科学技术的重要地标,形成上海金融科技中心的品牌效应。

依托示范带的知名度与影响力,积极构筑上海市及长江三角洲金融技术孵化平台,积极发掘金融数字化转型需求,为金融科技运用者、开发者、参与者创造协同合作的新舞台,促进各种机构在上海金融技术生态圈中形成化学反应,共同创造金融技术发展的"上海力量"。建立长三角一体化金融科技公共创新平台,面向会员公司,定期对上海市以及长江三角洲区域不同行业需要技术赋能的具体使用场景进行推荐与公布,促进金融科技公司对接金融机构的技术需求。建立多个金融服务技术孵化器、加速器单位,促进创新成果转化,利用挖掘需求、加快对接来吸引大型金融及科技类龙头企业来沪发展,同时帮助推动本土企业的成长和发展。

以银行业为领头兵,实现向金融产业内所有领域的中小金融科技公司提供更加深度融入、更广覆盖、更高效的综合金融服务,形成更加成熟的中小金融科技公司网络生态系统。进一步增强中小金融科技公司的创新能力,进一步提升其科技研究水平,使之可以为大中型科技企业发展提供技术基础支持,进一步提升大中型科技公司对在沪成立金融科技控股公司的信心。另外,进一步推动与上海传统金融业巨头和国际金融科技巨头之间的战略协同,充分发挥它们的比较优势,实现协同创新。在销售和获客等前端服务方面,可以让金融科技公司全面把控市场全局,并利用技术手段进一步改善顾客体验,扩大金融服务的客流量和覆盖率,进一步扩大市场总体规模。在风险管理和个人安全等领域,能够使传统的金融机构起到主导作用,并借助传统金融市场的丰富管理经验和可靠的市场口碑,为风险管理和个人安全保护领域带来更全面的指引,以保证精确可信的服务。此外,为其金融技术服务提供巨大的需求市场,利用传统金融机构的雄厚实力帮助其在市场上进行迅速扩张。

(三)将"一港"作为上海金融科技产业的特色抓手,加快形成具有国际影响力的跨境金融科技创新试验港

在整体规划思路上,将推进滴水湖金融湾与中银西岛综合体的工程建设,并吸纳各金融组织进驻,形成金融科技集聚、资本管理创新、发展股权融资产业的战略新高地。滴水湖金融湾与陆家嘴金融城错位优势互补、协调发展。促进了融资租赁服务创新、跨国交易和跨国资本买卖等。至2025年，计划累计引进各种金融服务和资本类公司约300家。

在具体方案上，利用自贸区保税港的政策优势，大力发展跨境金融科技业务，形成对国际金融科技企业和机构的强大引力，打造具有上海特色的跨境金融科技创新试验港。在跨境金融中，抓住金融的数字化变革机会，支持国际金融机构利用先进金融技术赋能的创新金融产品与业务模式，依托临港离岸贸易与国际金融服务平台，一站式服务离岸贸易各环节的业务和监管，由金融科技机构应用大数据和区块链技术，实现贸易方、服务方、运营方的三方连接，为监管方提供数据支持，降低不确定性，提升审核效率。更关键的是，它可以提高金融机构和公司之间的信任。银行业更愿意探索突破性的金融服务支持，以形成服务供给与需求之间的良性循环，进而引导国内跨境服务企业落沪临港，并促进在沪地区形成具备全球影响力的跨国金融服务与科技中心，打造上海"弯道超车"的着力点。

研究建立数字化服务银行，在"上云用数赋智"的背景下，为科技创新型中小企业提供一体化科技服务，引导传统商贸公司向全渠道运营商、供应链服务商、新型零售公司的转变。探索对优质的科技公司实行在初创期信用贷款、投贷的联合服务，对数字化大转型公司进行在保险、贴息、再投资保障、股权融资、跨境支付结算等方面的全过程特色综合金融服务支持，吸引数字化转型和科创企业落户临港。

支持重要金融市场、持牌型金融和重大高新技术企业，在临港新片区建设赋能平台、金融科技公司、金融科技实验室、企业科技研究所等，打造金融科技生态圈。对具备重要示范带动意义的，参照金融机构享有相应的优惠政策。进一步充分发挥地方政府的科技创业产业投资引导基金功能，积极引导更多的外商直接投资金融机构、境内外资金企业发起成立并参股建立的各类产业投资基金，进一步增加政府对技术创新投资引领产业发展的支持。积极促进外商直接投资金融机构推进技术赋能金融的有关工作，积极引导外商直接投资金融机构与境内外的先进金融科技企业进行深入合作，积极研究建设以中外合作为特点的金融科技孵化器，积极建设上海临港现代化的金融科技集中区，全力服务于上海市金融科技中心建设。

六、创新监管落地的着力点建议

第三届上海金融科技国际论坛暨首届长三角金融科技大会于2021年

12月4日在上海召开。会上,中国人民银行上海总部党委副书记、副主任兼上海分行行长金鹏辉表示,人民银行一直积极支持推动金融科技发展,在总行指导下,长三角四地分支机构密切配合推动长三角金融科技扎实起步。在标准引领方面,发布人民银行《长三角征信链征信一体化服务规范》,推进长三角金融科技团体标准建设。在监管试点方面,长三角区域的监管沙盒试点项目和质量在全国领先。长三角金融科技的集聚效应已初步显现。会上,上海市地方金融监管局、上海证监局共同启动了资本市场金融科技创新试点(上海),上海集聚了上海证券交易所、上海期货交易所、中国金融期货交易所等一批重要资本市场基础设施,形成了较为发达的资本市场体系,如今这一资本市场版监管沙盒的落地,无疑将更好发挥出上海在长三角金融科技领域的创造力。

目前,监管沙盒有关政策的制定由中国人民银行发布,以人民银行上海总部为核心、上海金融监管局、中国支付清算协会、上海市金融科技产业联盟等相关部门为合力的"多元主体共治"监管格局,无论在权责边界和人员效能方面都存在不足。从中可以看出,上海金融科技创新监管试点工作还是初步的、阶段性的。上海希望在未来形成金融科技产业聚集,服务实体经济的数字化转型,营造创新、柔性,具有"上海特色"的监管环境至关重要。

(一)依托先行先试的制度优势,试点自贸区跨境化沙盒等主题沙盒制度

在总体的设计思想上,为了在金融与科技监管领域形成上海特色,以柔性的科技金融监管推动企业落沪发展,需要充分运用自贸区先试先行的政策优势和创新举措,积极构建主题监管沙盒的机制,重点试点跨境金融服务、离岸金融中心和长三角金融服务等领域政策与服务创新,给金融科技相关企业提供更柔性的空间,形成创新规模效应,产生对金融科技企业和跨境企业的双重引力。

在具体方法上,依照目前上海已经建立的上海市金融科技产业联盟样板,成立自贸区金融科技产业联盟,由自贸区管委会作为牵头机构,作为服务于金融创新的便利化措施和协调机构,履行金融科技创新的形式审查、监管协调和对外窗口的职能,由央行上海总部、上海进出口管理局、上海市金融局等政府管理部门出任联盟指导单位,由开展临港跨境业务的金融要素市场、金融机构、新金融和金融科技子公司、科技企业、高校、功能性机构等单位共同构成联合发起单位。

自贸区联盟将积极衔接和服务自贸试验区的金融科技创新监管试点制

度，积极参与创新金融监管试点工作组织，并由联盟秘书长单位负责指派技术专员担任办事处的部门日常工作人员，从而作为监管与联合组织成员单位之间沟通交流的主要桥梁，为监管实施金融业技术创新金融监管试验提供了课题储备，为课题申请、现场监督、个别指导等工作进行了全过程的管理与服务。

同时，与上海临港经济创新片区建设的特有跨境一体化信息服务平台合作，以平台连接跨境业务部门，并集成服务应用，建立了经济运行、机制创新、风险预警、事中及事后监督、政策服务等方面的信息框架系统。研究将人工智能、大数据分析、云计算技术、区块链等新兴科技在金融服务领域运用，以实现政府监管机构和金融服务之间的全面互动，并建设成具备全球影响力的金融科技创新实验港。

除此之外，还可以探索建立长三角地区的跨区域金融合作平台，推动上海与江浙皖三省建立深度合作关系。江浙地区营商环境较优越，中小微企业数量多，平台丰富，制造业处于全国领先地位，各类专业市场企业集群优势明显，共同形成了一个有竞争、有活力的健康市场生态环境。上海作为长三角地区龙头，与江浙两地可探索建立政府与金融科技企业对话机制，通过互动探索新的监管边界，形成更智慧化的监管框架，建立数据融合机制促进数据共享、整合资源促进金融科技成果转化和引导上海金融科技向外辐射。具体做法可以利用柔性监管机制，与江浙地区行业协会、产业园区管委会、高校产业学院等深入交流，结合主题监管沙盒试点平台，利用上海在自贸区跨境金融方面的优势资源，辐射长三角地区，做好企业业务和金融科技服务的需求对接和辅导工作，扩大上海金融科技的服务范围，实现"服务为主，监管为辅"的上海特色主题监管制度。

（二）建立专项基金支持监管科技发展，培育全球领先的监管技术

从总体的设计思想上来看，在金融科技时代，经验型、人工方式的传统金融监管方法已远不满足要求。上海在创新金融监管试点过程中，需要利用大数据分析、区块链等信息技术，以推动市场交易报告库等体系构建为重点，从而进一步加强金融监管的技术武装。

在具体做法上，将试点工作分为前、中、后期，通过在不同时期采用不同的监管服务方式来强化监管科技能力的提高。

监管前期，推动建立金融科技安全实验中心，为申请试点或部分储备金融科技创新应用项目提供安全便捷的测试环境，加强在风险态势感知方面与监管机构的对接服务，为后续项目的顺利"出箱"和政府发展监管科技提供保障。

监督中期,坚持动态监督,并加强信息技术在穿透性监督中的运用。因此,上海在整个沙盒方案制定过程中,监督机关都要紧密追踪企业在不同时点上的试验举措及其相关的试验成果。身为政府防治风险的重要抓手,金融监管的专业化、统一性和穿透性特别关键,尤其是在金融技术公司混业运营的大背景下,更加需要深入业务实际情况以及背后的资金产业链条关系,在穿透流程中强化对新兴的金融监管科技如人工智能、机器学习、生物辨识科技、分布式账本管理等的有效运用,并进行实时实地穿透和在线风险监控,以保证有效金融监管落实。

监管后期,通过总结项目中的突出问题和关键性金融监管技术,并充分调动联合组成单位的积极作用,征求年度创新性课题研究,召开专项座谈会,形成金融科技创新性课题研究的信息资源库,为监管机构实施金融科技创新性金融监管试验提供重要的课题资源储备与支持。

(三)明确权责主体,推动落实"刚性底线、柔性边界、创新空间"监管工作常态化

从总体的设计思路上来看,由于目前对于金融监管沙盒相关规定的出台都是由中国人民银行发文,而对于金融监管沙盒的具体监管负责主体尚不清楚,因此,有关部门应尽快明确具体的监管机构。监管部门权责边界的问题体现在两方面:一方面,监管部门需要与企业充分沟通交流,制定符合金融科技企业发展的监管规则,充当行业发展的参与者;另一方面,监管部门作为监督者,需要保护监管沙盒体系内消费者的权益,尽可能地减少风险的发生。

在具体方式上,从"刚性底线、柔性边界、创新空间"三方面开展。

贯彻统筹监督和实质监督相分离原则。中国人民银行上海总部担任牵头组织,是总的统筹监督、维护金融监管的"刚性底线",并可以承担对金融科技创新的形式审核、监督协调和管理对外窗口的职责;上海金融市场监管局、监管行业联盟、行业协会等组织共同承担着实质审核和实际监督职责。根据政府分业监管的原则,政府实质监管机构有权对权限内的所有金融行业实施准入许可或者放宽限制,监管沙盒则相应地可对不同行业的金融科技创新授权实施测试。

采取"风险导向型主题式"柔性监管应对金融科技创新。加快建成金融科技监管的专业部门,按经营业务性质、产品功能分配监管权限,建立功能监管机制。对于某些主题类项目监管,例如自贸区跨境、长三角一体化等主题监管沙盒,鼓励人民银行上海总部下放监管权限,成立主题沙盒监管联盟,打破由单一核心部门领导监管的职能界限,建立权责下发后的部际合作，实现分业监管与联合监管并行的监管模式，促进跨部门风险监管协同。为确保主题监管、联合监管和集中监管与传统金融监管模式的相互融合，对风险不同的主题业务采取"风险导向主题化"监管试点，在试点前期，在实验中心平台展开差异化辅导和管理，促进金融科技监管体制柔性化创新发展，加快监管科技创新，尽快形成与上海金融科技产业相适应的金融科技监管体系，突破上海金融科技监管面临的困境。

促进上海市金融监管试点技术创新工作常态化有序进行。并推动成立金融科技安全实验中心和上海市金融科技产业联盟，在负责试验新项目测试运行的同时，进一步收集、发布、测试后续项目。对于已测试通过的项目，将按照试验实施阶段的研究实际情况适时制定具体监管规定。以常态化试验项目管理为抓手，为新金融技术应用提供了安全便利的测试环境，通过甄选培育一些创新能力强、适用性广、示范性好的试验项目，促进并建立了一大批科技和业务创新的"上海标准"。

第二节 五大新城建设

一、背景研究

（一）背景及研究意义

《上海市城市总体规划（2017—2035年）》确定了嘉定、青浦、松江、奉贤、南汇五大新城规划建设，已成为上海"十四五"重大战略任务，至2025年，5个新城基本形成独立的城市功能，在长三角城市网络中初步具备综合性节点城市的功能。2021年3月1日，上海市召开"十四五"新城规划建设推进大会，会议强调推进五个新城建设是上海服务构建新发展格局的必由之路，是更好服务长三角一体化发展国家战略的重要举措，是上海面向未来的重大战略选择，也是深入贯彻习近平总书记考察上海重要讲话和在浦东开发开放30周年庆祝大会上重要讲话精神、全面落实市委决策部署的重要举措。

投融资是五大新城开发中必不可少的环节，是实现规划到建设运营的桥梁，也是连接政府、平台公司、金融机构、社会资本等各方参与主体的纽带。政府、平台公司、社会资本、金融机构是新城开发项目的核心参与主体。与此同时，随着社会经济增长方式的转变要求，在城市更新及可持续发展中，传统的投融资方式和渠道已难以适应新形势和新要求，迫切需要创新投融资机制，吸引更多社会力量参与。因此，五大新城建设中的投融资机制转型已迫在眉睫。

（二）上海城市建设投融资体制概述

20 世纪 80 年代后期，上海在全国率先探索深化土地批租制度。我国原先的土地使用政策都是无偿划拨、无偿征用，城市建设用地只能由国家划拨土地，没有形成土地市场，结果造成土地价值没有被充分地发挥出来，土地资源浪费严重。改革开放以后，为适应社会主义市场经济体制变化，上海开始研究国有土地使用权如何有偿转让的问题。1988 年，虹桥开发区 26 号地块的土地出让，是中国在土地制度改革上的一个重大突破。在城市建设基金会的基础上，1992 年成立上海市城市建设投资开发总公司（以下简称市城投公司）。市城投公司是全市第一家按系统成立的投资公司，作为上海城市建设融资的专业单位，按照政府提出的"自筹、自用、自还"的原则运作，促进了城市建设投融资体制改革向纵深发展。市城投公司的成立，改变了市建委每年向政府要钱的做法，以自己的筹措资金能力来安排城市建设项目。梳理近 40 年的城市建设历程，投融资模式主要可概括为四个模式：① 利用外资。利用外资的"九四专项"建设工程，专项用于市政建设、工业改造、宾馆设施建设，如 80 年代末 90 年代初，共向世界银行等外国金融机构举债筹措资金 14 多亿美元，用于南浦大桥、上海地铁 1 号线、合流污水治理一期等重大市政工程建设；② 发行债券。1992 年以后的 10 年内，市城投公司每年发放 5 亿元浦东建设债券。自 1997 年开始又发放市政建设债券，累计筹措 200 多亿元；③ 银行贷款。1992 年至 2010 年，市城投公司共取得银行授信额度 2 000 亿元，有力地保障了各项城市建设；④ 市政工程专营权有偿转让。盘活基础设施存量，上海实施了 BOT 新型融资方式（通过向私营公司出让城市基础设施部分特许经营权，把已建成的道路、桥梁、隧道等特许经营权出让，以迅速收回投资，并把投资转为新一轮建设投入资金）进行操作。

（三）当前城市建设投融资领域的政策趋势

2021 年，原银保监会出台了《银行保险机构进一步做好地方政府隐性债务防范化解工作的指导意见》，要求银行保险机构统一使用财政部的监测平台查询交易对手是否是涉及隐性债务的平台公司。对不涉及地方政府隐性债务的客户，银行保险机构按照市场化原则授信。对承担地方隐性债务的客户，银行保险机构不得提供流动资金贷款或流动性贷款性质的融资，不得为其参与地方政府专项债券项目提供配套融资。

2021 年 12 月召开的中央经济工作会议明确提出，要适度超前开展基础设施投资。2022年的《政府工作报告》进一步提出，积极扩大有效投资，适度超前开展基础设施投资，建设重点水利工程、综合立体交通网、重要能源基地和设施，加快城市燃气管道、给排水管道等管网更新改造，完善防洪排涝设施，继续推进地下综合管廊建设。

2022年3月28日，国家发改委公布《关于进一步做好社会资本投融资合作对接有关工作的通知》，提出要在依法合规的前提下创新性地开展工作，积极探索新的投融资模式。支持企业创新投资方式方法，鼓励金融和投资机构创新产品和服务模式，提升金融服务实体经济的质效。以前，监管层告诉地方政府不能违规融资，现在是明确告诉金融机构不能违规借款，这是监管思路的最大转变。地方政府寻找新的融资模式，主要原因还是土地财政的下滑，水电气热的现金流用得差不多后，没有新的资金来源。

二、国内外相关研究综述

（一）国内城镇建设投融资及问题研究

国内学者对于城镇化投融资的研究主要分为两个方面：一方面是从宏观总量和结构进行分析，另一方面是从具体的投融资方式进行分析。在宏观投融资总量和结构方面，学者提出的四个主要问题是资金总量不足、投资主体单一、资金来源渠道狭窄、金融体系支撑不足。

巴曙松指出，我国的城镇化投融资模式正在由政府财政支付模式向市场化的融资模式转变，但地方政府城镇化建设资金主要还是以地方的财政收入及土地出让金、中央的转移支付为主，社会各方资金公共参与城镇化建设的市场化投融资模式还未建立。[①] 逄金玉和蒋三庚认为，自筹资金是我国城镇化建设最重要的资金来源渠道，其资金供给方主要是地方政府和中央政府筹措的各种资金，这说明了我国城镇化投融资中融资结构的不合理。[②] 胡海峰和陈世金以2015—2020为样本区间，预估了城镇化的资金需求和财政支付负担，认为单靠财政投入难以满足日益增多的城镇人口对于基础设施、公共事业、公共服务和社会保障的需求。[③] 宋宗宏认为，在农

---

① 巴曙松、王劲松、李琦：《从城镇化角度考察地方债务与融资模式》，《中国金融》2011年第19期。
② 参见逄金玉、蒋三庚：《中国城镇化建设与投融资研究》，中国经济出版社2014年版。
③ 胡海峰、陈世金：《创新融资模式化解新型城镇化融资困境》，《经济学动态》2014年第7期。

业转移人口市民化、城镇基础设施及保障房建设等方面有巨大的资金需求，但目前融资主体以政府和银行为主，投融资渠道的狭窄使得风险集聚且不能吸纳足够多的闲置资金，导致很难弥补巨大的融资缺口。① 郭小燕指出，目前城镇化建设资金筹措难度较大，资金供给和需求间存在巨大的缺口，主因是以政府财政投入及投融资平台募集资金的融资渠道不畅。② 李晓杰指出，目前的城镇化建设投融资现状表现为：首先，地方融资平台监管日渐严格，融资渠道进一步受限；其次，投融资主体分散，难以形成合力；最后，产融结合不足，金融产品支撑城镇化建设过少。③ 杨慧将目前金融体系支持不足的现状主要归纳为两点：第一，城镇化的持续推进所需资金不断加大，同时，以财政融资为主的融资模式导致资金供给有限，资金供需矛盾较为突出；第二，政策性金融成为城镇化建设融资的重要资金来源。城镇化建设的投融资机制主要有财政投资、土地融资、地方债务平台以及各类引入民间资本的投融资方式等。④ 曾小春和钟世和认为，新型城镇化建设的巨大资金需求与我国传统的投融资模式难以匹配，提出构建财政、金融和社会资本"三位一体"的协调发展新型城镇化投融资机制。⑤ 辜胜阻等为了适应新型城镇化"市场主导+政府引导"的新发展模式，提出金融体系必须引入民间资本参与新型城镇化建设，才能解决建设资金匮乏的困境。⑥

（二）国内新城建设投融资研究

有关新城建设投融资体制机制方面的研究，国内学者结合实证分析与定性分析对于城镇化发展与金融支持的关系进行研究，并从宏观的总量和结构以及具体的投融资模式运行机制两个方面对投融资机制进行研究，利用现有数据结合典型的投融资模式，详述了我国新型城镇化投融资机制的现状，分析了其中存在的诸多问题，并在结合我国实际情况和国外经验的基础上提出创新投融资路径的建议。但是，在国内对于投融资机制的研究中，多依靠定性分析，缺乏数据支撑，对于融资缺口规模模糊不清，使得提出的建议及构想缺乏数据支持，并且有可能不符合实际。在对几类投融

---

① 宋宗宏、唐松：《新型城镇化投融资机制分析》，《商业经济研究》2015年第24期。
② 郭小燕：《论城镇化投融资机制创新》，《开放导报》2015年第1期。
③ 李晓杰：《创新城镇化投融资机制的若干思考》，《科技创新与生产力》2013年第8期。
④ 参见杨慧：《新型城镇化与金融支持》，广东经济出版社，2014年版。
⑤ 曾小春、钟世和：《我国新型城镇化建设资金供需矛盾及解决对策》，《管理学刊》2017年第30期。
⑥ 辜胜阻、刘江日、曹誉波：《民间资本推进城镇化建设的问题与对策》，《当代财经》2014年第2期。

资路径的研究中，由于中国目前政府债务的不透明性以及对于新型投融资路径缺乏统计，缺乏定量研究以及对比研究，不能更为深入地探索其中存在的问题及模式之后的发展情况。对于每一类的投融资路径的具体研究，多集中在描述现状与提出政策建议等，缺乏数据支撑，较少涉及具体的运行机制设计及借鉴。

（三）国外城市（新城）建设投融资研究

国外关于投融资平台融资方式的理论研究和实践发展都先于发展中国家。在理论上，国外注重对金融产品的创新研究，并以公共产品理论和项目区分理论为基础。在实践上，政府在公共基础设施建设领域的职能转变是融资渠道多元化的前提，并为运用 BOT、PPP 和资产证券化等金融工具创造了条件；在国外新城建设的实践中，市政债券作为一种重要的融资工具，应用最为广泛。

众多学者从解决实际问题的角度出发，将研究重点放在市政债券的运营、风险防范及收益率的影响因素等方面，微观上注重市政债券发行模式的选择与规模的研究。在理论指导实践的研究方面，科恩（Cohen）和哈默（Hamme）认为，技术手段是解决市政债券市场销售问题的有效方式。[1] 还有一部分学者着重研究了市政债券的免税效应、市政债券保险的分析以及市政债券的评级。在市政债券经济效应的研究方面，雷戈伦德（Leigland）认为，发达国家有一些好的融资方式可由发展中国家借鉴，如市政债券的发行与研究。[2] 丹尼尔斯（Daniels）和维贾亚库玛（Vijayakumar）首先肯定了发行市政债券满足国家与地方政府融资需求的重要机制，并强调这种机制被全球的多数国家所重视和借鉴；还重点阐述了除美国以外的其他国家在发行市政债券方面的成功经验。[3] 法博齐（Fabozzi）在解释市政债券的运作过程时，分别讲解了市政债券交易中的参与方、交易的对象，不同类型债券面临的风险大小等问题。[4] 也有学者研究了 PPP 模式，库马拉斯瓦米（Kumaraswamy）针对政府在 PPP 项目中的职能定位进行了深入研究。[5] 由于 PPP 模式的公众参与性，为了保证私人部门和社会公众

---

[1] Cohen, K. J., Hamme, F. S, "Optimal Level Debt Schedules for Municipal Bonds", *Management Science*, 1966, 13（3）.

[2] Leigland J., "Accelerating Municipal Bond Market Development in Emerging Economies: An Assessment of Strategies and Progress", *Public Budgeting & Finance*, 1997（17）.

[3] Daniels K. N., Vijayakumar J., "Municipal Bonds-international and Not Just in the U.S. Anymore", *Public Fund Digest*, 2002（1）.

[4] See Fabozzi, Frank J. *Bond Markets, Analysis and Strategies*. Peking University Press, 2006.

[5] Kumaraswamy, M.M., Zhang, X. Q., "Governmental Role in BOT-led Infrastructure Development", *International Journals of Project Management*, 2001, 19（4）.

参与 PPP 项目的积极性，政府的目标应转变为服务而非主导，营造良好的社会经济环境也是政府工作的重要内容，最终同时实现保障私人部门参与项目的经济利益和社会公众获取优质的公共服务。阿拉姆（Alam）认为，在发展中国家的融资模式创新通过市场化的渠道，例如政策性银行、商业银行、信托等金融机构及相关担保、保险机构，为城镇化建设募集相关资金。① 汤（Tang）对 PPP 模式在工程建设领域的应用进行了系统性研究，比较了已存的 PPP 模式的优缺点，并指出如何改善其在工程建设领域的应用。② 威洛比（Willoughby）通过对发展中国家 PPP 城市交通项目进行研究，认为将 PPP 运用于城市交通公共设施，可以使公共部门和私人部门进行有效结合，在创新、管理、技术等方面具有诸多优势。③ 有关资产证券化的介绍，马歇尔（Masetal）指出资产证券化具有流动性强、资金来源多样化、融资成本低、融资表外化以及信息披露少等重要优势，这是银行贷款、债务等融资方式无法比拟的。④

（四）国外建设投融资创新模式案例

案例 1：美国税收增量融资为代表的财税支持类模式

税收增量融资（Tax-Increment Financing，TIF）是指利用存量土地的增量收益来为公共项目提供融资支持的模式。税收增量融资的运作过程主要分为以下三个阶段。

第一阶段，制定开发特定区域的计划。由当地政府划定某一特定区域作为税收增量融资实施区，设立 TIF 区的管理机构和专用账户，并规划一项针对区域的开发计划。

第二阶段，核定征税基准。先利用均等化评估价值方法确定 TIF 区内征收财产税的基准值，并冻结该部分的存量税收；随着开发工作启动，被冻结的存量税收部分仍归原有征税主体，但新增税收部分归属于 TIF 区的管理机构，纳入专用账户用于支持区域开发。

第三阶段，推进 TIF 区开发。此类开发将持续长达 20 年，通过发行中长期的税收增量支持债券来为开发建设提供融资支持，并以未来增量税

---

① See Alam, M. *Municipal Infrastructure Financing: Innovative Practices from Developing Countries*. Commonwealth Secretariat, 2010.
② Tang, L. Y., Shen, Q., Cheng, E. W. L., "A Review of Studies on Public-private Partnership Projects in the Construction Industry", *International Journal of Project Management*, 2010, 28 (7).
③ Willoughby, C., "How Much Can Public Private Partnership Really Do for Urban Transport in Developing Countries?" *Research in Transportation Economics*, 2013, 40 (1).
④ M. Mas, J. Maudos, F. Pérez, E. Uriel, "Public Capital, Productive Efficiency and Convergence in the Spanish Regions", *Review of Income & Wealth*, 2010, 44 (3).

收偿付债券本息。完成开发计划后，TIF 区自行撤销，此前调整的征税安排回归正常秩序。

税收增量融资的逻辑在于政府—社会—市场实现良性的有机运转，即政府的公共投资提升了社会发展环境，吸引更多的社会资本和市场主体参与并提升区域的房产价值，从而引致更多新增的税收，反过来可以补偿初始的公共投资支出。

案例 2：以英国城市发展基金为代表的资金补贴类模式

城市发展基金是英国政府专门用于城市更新的专项基金，其资金全部由政府财政拨款。城市发展基金明确资助对象为支持城市旧城改造的基础设施更新工程，促进旧城区投资环境的改善。城市发展基金主要通过资金资助对私人资本进行补贴，弥补私人资本实际收益差距，有效地调动私人资本投资的积极性。

城市发展基金的资助采取无偿资助、利润分成和低息贷款三种方式。对部分非营利性但对城市确属必要的公共工程，城市发展基金提供无偿资助。对于具有稳定现金流且未来有盈利的工程，可以采取利润分成和低息贷款两种方式。其中，利润分成是指城市发展基金以更新工程资本金的名义进行出资，之后可按其出资比例享有所有者权益；低息贷款则是城市发展基金提供优惠利率的贷款支持更新工程。

三、上海投融资平台的发展历程及主要作用

（一）上海投融资平台的发展历程

投融资平台是中国分税制改革与快速城镇化背景下的产物。从 1980 年代末至今，上海成立了 220 余家投融资平台，在区域开发、基础设施建设、保障房建设和公共服务供给等领域起到了重要作用。然而，在新预算法与地方隐形债务管理强化的背景下，上海投融资平台的传统发展路径难以为继。上海亟待破解平台资产与业务结构不合理、行政化管理、债务风险等难题，加快其转型升级，推动平台在上海高质量基础设施、高品质公共服务和高效能治理体系建设中发挥更大作用。

1987 年，上海成立第一家投融资平台——上海久事公司。此后，上海投融资平台的数量迅猛增长，进入 1990 年代以后，以平均每年成立 10 家左右的速度增长，进入 21 世纪之后，增长更加迅速。2010 年之后，国家加强对投融资平台的监管，上海再无新增，并有 55 家逐步整理退出。根据原银保监会的监管平台统计，2019 年上海地方投融资平台

共计222家。整体来看，上海投融资平台对城市一二级开发和大型基础设施建设发挥了重要的推动作用，并在住房保障、水务、公共交通、垃圾处理等民生和公共服务领域发挥了核心作用，是城市基本功能发挥的重要保障。

（二）上海投融资平台在城市发展中的重要作用

1. 上海投融资平台是区域开发的主力军

上海建设用地的迅速增长和建成区面积的不断扩大，离不开上海投融资平台，尤其是区域开发与房地产类投融资平台。上海222家投融资平台主要有区域开发与房地产、国资运营、交通设施建设、土地征收储备、市政配套设施建设与公共服务和产业发展六种类型。其中，区域开发与房地产类投融资平台多达93家，土地征收储备类投融资平台有23家，一共占比为52%。这两类平台为上海的重点区域开发提供了一二级开发服务，为部分园区开发建设运营提供了强有力的支撑，并建设了大量的保障房。例如，世博集团与浦发集团等企业共同高质量地完成了世博区域的开发建设（见图4-4）。

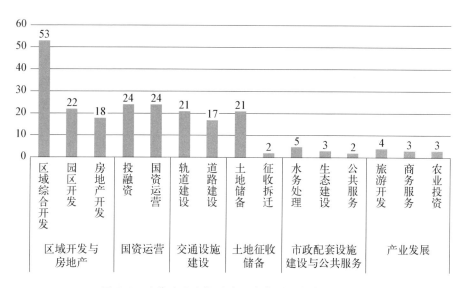

图4-4 上海市六大投融资平台类型分布情况（家）

2. 上海投融资平台是市政基础设施建设的重要主体

上海主干道路网络和地铁网络的建设，均离不开上海投融资平台的贡献。上海交通设施建设类投融资平台一共有38家，占比为17%。轨道交通投融资平台完成了各条地铁线路建设的融资与投资任务；上海城投和浦东建设等企业完成了上海的一些主干道路建设任务。

3. 上海投融资平台是市政公共服务的重要提供者

市政配套设施建设与公共服务类平台一共有10家,占比为4.5%。这些平台为上海提供了高质量的公共交通服务,保障了城市居民用水,并建设了大量的公园绿地。除此之外,其他一些投融资平台还建设了大量的垃圾处置设施,提供持续的垃圾处置服务,并提供各类道路养护和公园绿地养护等服务。

4. 上海投融资平台是支持郊区重点区域发展的重要力量

从区域分布上看,区属投融资平台主要分布在郊区,31家市级投融资平台在全市范围内开展业务。五大新城所在的浦东新区(30家)、嘉定区(24家)、奉贤区(18家)、松江区(15家)和青浦区(10家),共计拥有投融资平台97家,占比为43.7%。这些投融资平台在五大新城建设及郊区重点园区开发方面具有重要的推动作用(见图4-5)。

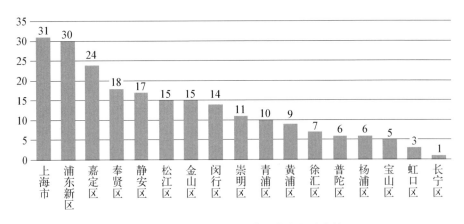

图4-5 上海市及各区投融资平台空间分布情况

四、五大新城总体概况与差异化认知

(一)嘉定新城

嘉定新城的定位是:以汽车研发及制造为主导产业,具有独特的人文魅力、科技创新力,辐射、服务长三角的现代化生态园林城市。嘉定新城的建设重点是:做强特色产业园,拓展战略性新兴产业承载空间;做优"五型经济",把完备的城市功能转化为吸引产业集聚发展的特色优势;做实创新策源功能,支持新城内外科研院所、新型研发机构和龙头企业等创新主体，加强创新协同与合作，组建长三角企业创新联合体，加快推动先进技术成果就地转移转化。

（二）青浦新城

青浦新城的定位是：以创新研发、商务贸易、旅游休闲功能为支撑，具有江南历史文化底蕴的生态型水乡都市和现代化湖滨城市。青浦新城地处青浦区核心地带，联动青东和青西两大宽阔腹地，形成"一核引领，两翼联动"的发展布局。在构建开放型经济体制的进博会和打造长三角生态绿色一体化发展示范区两大国家战略背景下，青浦新城迎来了新的发展机遇。但也面临一些发展的"堵点"：首先，当前的交通体系难以满足独立节点城市的标准；其次，产城融合发展程度不足，城市功能的配套建设落后，公益性服务设施不强且经营性设施不够；最后，缺乏吸引投融资策略，难以保障新城建设的庞大资金需求。

（三）松江新城

松江新城的定位是：以科教和创新为动力，以服务经济战略性新兴产业和文化创意产业为支撑的现代化宜居城市，具有上海历史文化底蕴和自然山水特色的休闲旅游度假胜地和区域高等教育基地。松江新城的建设重点：首先，抓机遇、优结构，提升高层次人才在人口结构中的比例；其次，留住本地高校的毕业人才，通过与市教委、上海各大高校等部门的深入合作，依托松江大学城和工业园区，提供就业机会，留住人才；再次，提升长三角G60科创走廊人才政策能级，制定面向科创走廊建设的支柱产业、战略性新兴产业的特殊人才政策，引导高校科研人员扎根松江新城；最后，完善政策保障，实施人才引进、培育、激励等政策。

（四）奉贤新城

奉贤新城的定位是：杭州湾北岸辐射服务长三角的综合性服务型核心城市，具有独特的生态禀赋、科技创新能力的智慧、宜居、低碳、健康城市。奉贤新城的建设主要围绕三个方面：首先，始终坚持产业生态化和生态产业化的思路，促使传统产业生态化改造，引导与生态相关的产业在区内落位，做大生态的产业价值；其次，在城市建设中始终秉持绿色生态的理念，将生态空间有机地融入城市的公共空间、社区空间，为市民创造绿色、健康的工作生活环境；最后，通过高新技术手段优化城市建设运行的综合能效，降低碳排放，实现低碳生产、生活的目标。

（五）南汇新城

南汇新城的定位是：以新型贸易、跨境金融、总部经济、航运服务、先进制造为支撑,建设成为开放创新高地,离岸在岸业务枢纽和宜居宜业城市。近年来,南汇新城在新型贸易、跨境金融领域的建设方面卓有成效。在金融和投资方面,全国首个由外资控股的合资理财公司——汇华理财有限公司、外商独资的汇丰金融科技服务公司落户新片区,并在全国率先允许境外知名仲裁机构设立业务分支;在自由贸易方面,洋山特殊综合保税区挂牌运行,首创特殊的申报模式、贸易管制模式、区内管理模式、统计制度、信息化管理模式和协同管理模式的"六特"监管体系创新,成为全国唯一的特殊综合保税区;在资金自由方面,率先开展跨境人民币结算便利化试点,率先取消外商直接投资人民币资本金专户,率先试点境内贸易融资资产跨境转让、一次性外债登记、高新技术企业跨境融资便利化等。滨海郊区的生态优势是南汇新城的一张生态王牌,打好这张牌将大大有利于新城魅力的提升。

五、新城建设投融资现状短板与主要问题

(一)城市建设投融资传统模式

既有的城市建设模式主要包含以下三种:一是最早的政府直接投资建设开发的模式,即政府直接作为投资主体进行区域的建设开发,资金来源主要以财政性资金为主;二是在政企联合开发的改革趋势下,由平台公司作为投融资主体的模式,其资金来源主要是财政性资金+债务性融资,但债务性资金的还本付息仍然依靠政府补贴;三是完全市场化的操作模式,由企业享有土地溢价分成或通过一二级联动开发取得收益,政府投入较少,但随着政策的收紧,该模式已基本陷入瓶颈。

(二)新城开发投融资的误区

新城开发的投融资体系构建从狭义上来讲会涉及三个层面:一是基于土地,从新城空间演进、规划情况、开发建设进度等涉及土地的方面去考虑;二是基于项目,从新城内的项目组团匹配、时序安排来考虑;三是基于开发模式,从政企的合作模式、未来的支付路径以及项目的融资模式进行整体构建。

回顾国内既有新城开发建设中的投融资模式,在实践中容易进入两个极端:一个是在政府处于完全主导地位的情况下,其更多地关注建设任务的完成,而很少考虑开发时序差异带来的资金、资源配置问题以及各利益主体的平衡,既导致建设的盲目性和低效性,又带来因利益冲突和价值提升缓慢而导致的项目失败;另一个极端是政府将新城开发的任务完全交给

社会资本主导，社会资本出于逐利性会优先选择价值提升更快的经营性项目建设，导致具有社会效益而无现金流的公益性项目建设滞后，从而影响了片区开发进度的平衡和区域功能的实现。

（三）新城投融资平台现状的短板

上海五大新城投融资平台已有较好的发展基础，但在投融资、可持续经营、企业治理和债务方面存在短板，难以形成健康可持续的投融资功能，支撑城市高质量发展的作用相对有限。

1. 资产结构与市场化投融资能力不相匹配

上海部分投融资平台资产结构并不合理，公益性资产占比较大，部分经营性资产存在产权不清等问题，无法进行有效的资本运作，导致基于自身资源的投融资能力相对较低。此外，复合融资模式尚未成熟，导致平台资产证券化难度较大。不合理的资产结构和低效的资产利用状况，在一定程度上制约了上海投融资平台的转型发展，弱化了对于区域发展的支撑作用。

2. 业务结构与市场化运营能力不相匹配

综合来看，上海投融资平台面向未来和面向市场的业务可持续发展能力仍有不足，功能性任务收益与市场化业务收益相对有限。功能性任务的激励机制改变，以代建为主的委托承接机制亟待优化。市场化业务开展不够，可持续的业务经营模式仍有一些制度缺陷。

3. 行政化管理与现代化治理能力不相匹配

上海的部分地方投融资平台还难以真正摆脱行政化烙印，在转型过渡期间市场化运营能力和人才储备稍显不足。一些平台公司内部治理不够完善，懂经营、会管理、擅长资本运作的人才不足，支撑公司持续发展的主业不突出。部分平台公司历史包袱沉重等问题也成为影响平台公司市场化转型的重要障碍。

4. 局部债务风险与转型发展要求不相匹配

目前，上海的部分地方投融资平台仍有一定的结构性债务问题。据统计，仍有25家（11%）的平台处于债务无覆盖状态（借款人自有现金流量占其全部应还债务本息的比例在30%以下）。

（四）新城投融资平台的主要问题

1. 融资路径受限

区政府作为五大新城的开发主体，主要承担着新城开发的两大建设任务：一是土地征收或房屋拆迁安置；二是基础设施及公共服务设施建设。与此同时，在国家财政部、发改委等多部门联合发布的《关于进一步规范地方政府举债融资行为的通知》（财预〔2017〕50号）列示了政府融资路径的负面清单，包括：① 地方政府不得将公益性资产、储备土地注入融资平台公司，不得承诺将储备土地预期出让收入作为融资平台公司偿债资金来源，不得利用政府性资源干预金融机构的正常经营行为；② 金融机构为融资平台公司等企业提供融资时，不得要求或接受地方政府及其所属部门以担保函、承诺函、安慰函等任何形式提供担保；③ 地方政府不得以借贷资金出资设立各类投资基金，严禁地方政府利用PPP、政府出资的各类投资基金等方式违法违规变相举债，除国务院另有规定外，地方政府及其所属部门参与PPP项目、设立政府出资的各类投资基金时，不得以任何方式承诺回购社会资本方的投资本金，不得以任何方式承担社会资本方的投资本金损失，不得以任何方式向社会资本方承诺最低收益，不得对有限合伙制基金等任何股权投资方式额外附加条款变相举债。由此可见，地方政府在融资路径上有诸多限制。

2. 社会资本的融资困境

社会资本参与新城开发的目的是收回投资并获取合理回报。从政府视角来看，新城开发项目的主要收入来源为土地出让收入、一二级开发过程中所产生的税费以及产业培育形成的税收。无论是划入政府性基金预算的土地出让收入，还是划入一般公共预算的各类税费，都无法直接支付给社会资本或金融机构。由此，导致纯政府付费项目与依赖政府基金预算作为平衡资金来源的新城开发项目亟须寻找新的发展模式。

3. 土地开发统筹程度低

现在土地开发统筹程度和精细化程度低，缺少前瞻性的开发理念和清晰的开发策略，会严重影响出让土地的成熟度和交易价格。在部分出让地块价格过低、不能覆盖成本的情况下，土地资源逐渐耗尽，而后续基础设施建设的资金需求缺乏相应的土地和财政资源匹配，资金融通难度将越来越高，甚至无法实现继续融资。

4. 公用事业价格和收费制度改革未到位

在价格和收费制度改革方面，价格机制是影响经营性和准经营性城建基础设施项目融资和行业发展的关键因素。如果建设运营成本没有直接体现在使用者的付费上，就会体现在一般性的税收上，个别使用者的成本就会被一般公众分担。只有价格改革到位后，政府用于经营性和准经营性项目的财政支付压力才能真正降低。原本没有收益的项目才能转变为对社会资本和金融机构有吸引力，才能在实现融资的同时，降低对财政和土地的依赖。

六、五大新城开发投融资体制机制转型对策

(一) 制定新城开发投融资顶层规划

五大新城开发对于上海城市可持续发展具有重要意义。各新城的开发不能陷入简单的建设或融资的思路中，要视新城开发为一项系统工程，应以价值提升为核心，才能实现跨期的平衡。新城开发必须重视整体的规划、多元性的价值评估及跨期资源、资金配置，因此，制定新城开发投融资顶层规划具有重要意义。新城开发投融资规划是依托经济发展本质、市场运营规律，以规划与项目建设为基础，对开发涉及的投资、建设、融资、运营等问题进行综合分析，通过投融资规划模型与资本运作工程，形成投资强度、资金平衡、产业招商等策略计划体系（见图4-6）。

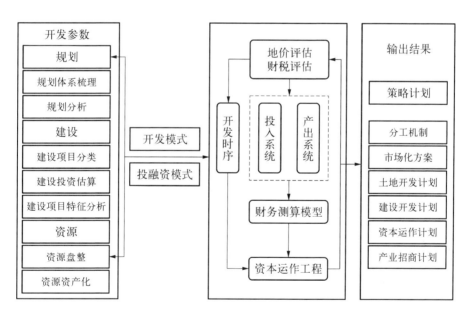

图4-6 新城开发投融资规划结构示意图

新城开发投融资规划的主要特征有如下4项。

1. 从投融资的角度对规划进行检验，构建多元投融资模式

新城区开发的目标，不仅在于建设项目的完成，更多的是人口、产业、商业的发展。如果消费者和投资者不能认同开发的功能价值，往往会造成空城、卧城。投融资规划能够通过演进模拟和收益评价对规划进行分析和检验，从投融资的角度对开发规划进行系统分析，明确开发的重点，

构建可行的多元投融资模式。

2. 对开发资金进行平衡分析，保障开发的可持续性和价值收益

当前，地方政府的债务压力增大，但城镇化建设资金需求量仍在不断增加，开发资金短缺成为常态。投融资规划对开发的整体区域、开发单元的投入和产出进行分析，明确投融资任务，通过因地制宜的投融资计划和建设时序调整，实现资金平衡，能够有效地保障开发的可持续性，实现价值收益的最大化。

3. 对开发投资主体整合规划，促进新城开发的高效推进

政府和企业作为新城区开发不同的参与主体，开发内容不同、效率不同，关注点也不同。政府负责公益性和引导性投资，企业进行经营性投资，政府和企业明确分工、协作共赢。在基础设施、产业发展等方面更多地引入社会资本，推进特许经营、PPP 模式在开发中的应用，能有效地解决政府投资的压力，提高开发效果。

4. 推进开发资本运作，提高跨期资金配置能力

传统新城区开发的资金主要依靠土地开发的收益和债务融资，无法充分实现价值收益成长目标。投融资规划中资本运作工程的介入，强化了新城区开发主体的建设和信用建设，通过金融工具创新，提供更灵活的跨期资金配置。在开发实施过程中能够更好地匹配开发计划对资金时间和资金成本的要求。

（二）新城投融资平台升级转型对策

投融资平台是中国分税制改革与快速城镇化背景下的产物。从 1980 年代末至今，上海成立了 220 余家投融资平台，在区域开发、基础设施建设、保障房建设和公共服务供给等领域起到了重要作用。然而，在新预算法与地方隐形债务管理强化的背景下，上海投融资平台的传统发展路径难以为继。上海亟待破解平台资产与业务结构不合理、行政化管理、债务风险等难题，加快其转型升级，推动平台在上海高质量基础设施、高品质公共服务和高效能治理体系建设中发挥更大作用。

1. 重构地方政府与投融资平台的业务关系

为解决新城建设投融资体制机制转型发展的难题，增强对于新城建设的支撑作用，在新城建设中应重构地方政府与投融资平台的业务关系。此前，上海投融资平台主要扮演了地方政府的"三代平台"（代融资、代投资、代出纳）角色，主要通过代理费与包干结余获得收益。新时期，上海投融资平台更多地承担了代建职责，主要通过收取代建管理费获取收益。在政府财政压力加大的背景下，应进一步强化地方政府的债务职责，按照

市场规律合理安排代建费用的拨付，避免给投融资平台造成较大的资金压力。

2. 走市场化道路，促进业务多元发展

目前新城平台公司仍以土地一级开发、基础设施建设及工程代建等传统市政建设业务为主要业务，平台公司要实现转型与发展，就需要在保证平台公司仍保有与政府一定程度的联结基础上，依托五大新城各自特有资源，推动企业的市场化进程，促进多元业务的发展。

一方面，市场化进程需要企业通过兼并、重组、收购及设立股份制子公司等方式，推动平台公司集团化、市场化发展，增强自身的整体实力；另一方面，平台公司需要在稳固、常态化管理自身原有业务的基础上，以提高资产运作效率为出发点，拓展新兴业务板块，诸如科技、高新技术、文化、教育等目前经济发展的新兴及重点领域，平台公司将业务拓宽延伸至该类领域，有助于企业向多元业务的综合资产管理主体发展，实现产业链条的横向拓宽及发展。同时，平台公司的市场化、多元化转型发展，有助于企业增强自身的盈利能力，从而从内部增强自身的风险抵御能力。

未来，五大新城建设中的投融资平台需要将功能与市场充分结合，在开拓变革中更好地服务上海乃至长三角。其中，创新是关键，如何在有约束条件的框架下做业务创新、资源配置创新、资产整合创新、资本布局创新、组织结构创新，需要梳理正面清单，在此条件下做创新布局。五大新城建设应从分类整合、资产盘活政策、运营业务支撑、企业治理等方面，推动投融资体制机制尽快转型发展，更好地发挥主力军与子弟兵的作用，保障城市高质量发展。

3. 提高融资效率，拓宽企业融资途径

由于平台公司工程建设、土地开发类业务具有项目前期投入大、资金回收期长、收入确认周期长等特点，平台公司对于科学的融资模式、多元化融资渠道以及高效率融资管理的需求日益增长。

一方面，平台公司应优化自身的融资管理制度，通过在内部建立科学有效的内部控制与审计制度，对企业的资金运作进行定期审计，针对融资项目本身的收益率以及对公司财务状况的影响进行判断，优化融资方案，提升融资效率，避免出现负债率过高、偿债资金短缺等财务风险。另一方面，平台公司需要拓宽自身融资渠道，传统的以借款、私募债等方式为主的较为单一的融资方式容易加剧企业资产负债率升高、偿债压力增大等风险，通过结合企业业务情况、财务状况及资金需求等，经由城镇化建设专项企业债券、绿色公司债券、短期公司债、资产证券化等多种新型融资渠道，针对企业不同需求选择不同的融资方式，从而匹配企业融资需求及特点，降低财务风险。

4. 明确政企边界，坚持放管结合并重

新城各大平台公司是政府主导设立的，在财务、行政、资金、人事等多方面受政府的影响较深，在执行具体项目时也大多牵涉政府，使得平台公司难以发挥市场功能以实现较快速的发展。为实现平台公司的优化转型，政企界限的划分需要进一步明确。

一方面，平台公司需要优化自身法人治理结构，明确决策、管理以及执行各层面的权责关系，建立股东（大）会、董事会、监事会三位一体的法人治理结构，控制政企不分的现象。另一方面，平台公司需相对弱化为政府融资的职能，从而发挥市场作用。将为政府融资的职能弱化乃至剥离后，平台公司将更多地从自身财务状况及业务融资需求出发进行项目投融资、财务管理以及业务调整等多方面内部管理，使企业管理更符合企业的发展需求，从而促进平台公司的升级转型。

5. 坚持合法合规和多元化模式并用原则

基于地方财政资金不足以及 PPP 模式 10% 的上限约束，严控地方政府隐性债务的严峻形势，对新城合作开发项目融资方式的依法合规要求，在拟实施新城合作开发类项目时，首要的是应在规避违规违法举借债务以及政府隐性债务风险的前提下，设计最符合各新城实际发展情况的融资模式。

新城建设应是"以政府为主导，以企业投资为主体，以功能实现和产业发展为目标"的市场经济行为，多元化的投融资模式可以更好地发挥资源优势，实现片区开发的可持续发展。投融资规划可以通过对新城的内外部经济和政策环境以及资源配置进行合理分析，在法律政策范围内，综合运用多元化的投融资模式，保障资金来源的可靠性，有效防范地方政府的债务风险和项目融资风险，也能更好地实现主体功能定位、资本价值提升和产业发展。

（三）新城投融资平台运营模式建议

1. 新城投融资平台整合重组模式

2014 年，《中华人民共和国预算法修正案（草案）》和《国务院关于加强地方政府性债务管理的意见》相继出台，其中明确要求地方政府投融资平台剥离其政府投融资的职能，自此投融资平台走向转型之路，投融资平台整合重组的需求也应运而生。一方面，地方政府投融资平台进行整合重组，积极落实了监管政策；另一方面，通过整合优质资源，提高资产质量，增强平台融资能力，进一步做大做强地方平台。新城投融资平台整合主要有三种方式：一是组成大型综合性投融资平台。既可以将地方规模较小、业务分散的投融资平台整合为一个平台公司，又可以新成立一个平台公司整合地方各平台的资源；二是根据平台不同的业务类型和功能定位进行整合，将相同或相近业务的平台资源整合，减少业务覆盖重叠度，增强平台定位的准确性，明晰平台业务分工，提高地方投融资平台公司的运营效率；三是推广"以强带弱""以市带区"的整合方式，通过将资质较弱的平台吸收合并至地方资质强平台，既可以改善资质弱平台的融资能力，又可以充实强平台的资产规模。鼓励市级平台整合区级平台资源，扩大区级投融资平台的资产规模，增进区级平台整体的融资能力。

2. 新城投融资平台国企混改模式

2016年12月举行的中央经济工作会议提出了国有企业混改的总体目标，鼓励企业积极引入民营资本、外资等非公有资本，进而实现产权主体多元化。目前，地方政府投融资平台混改的进程较其他央企和国企较为滞后，平台应根据自身的发展情况，制定混改的阶段性目标，选择合适的实施方案，有序推进混改。混改的实现路径有整体上市或核心资产分拆上市、引入战略投资者、员工持股、引入基金等。主要有三种路径建议：一是以股权转让、增资扩股、新成立公司的方式引入战略投资者参股或控股公司，优化平台公司的资产结构，提高平台融资能力，拓展融资渠道，提升平台公司的治理水平。一般企业引入战略投资者是为了企业上市做准备，以增强企业的资产质量，充实企业资产规模。二是平台整体上市或者将核心资产分拆上市。平台整体上市可以增加平台公司的企业价值，拓宽投融资平台的融资渠道，放宽平台融资额度限制。核心资产分拆上市可以增强平台的业务质量，提升公司的管理效率。三是新城设立产业基金公司或将产业发展基金及国企混改基金投入平台公司混改中，引入基金既可以达到募集资金、助力新城产业转型升级的目的，又可以调整投融资平台的资本结构，提高平台的融资能力。

3. 新城投融资平台BOT模式

BOT运营模式是国际通用的一种资本运营方式，指基础设施从建设到经营再到移交的全过程。如何运用BOT模式？首先，政府转交一定时期内建设运营某一特定项目的权利给企业；其次，企业建设该项目并获得项目经营收益来平衡项目的筹建成本；再次，政府从项目建成后的社会效益中获取收益；最后，在项目权限到期后政府从企业收回项目。因此，BOT模式又称为特许权融资方式。新城投融资平台作为各大新城城市基础设施的建设者，可以借鉴BOT模式进行资本运营，获取项目融资支持。

4. 新城投融资平台淡马锡模式

投资主体与决策主体相互分离，划分清楚权利的边界线，是新加坡淡马锡控股有限公司模式最显著的特点，政府成为股东控股、参股企业展开投融资活动，通过及时查阅企业的财务报告等方式来掌控企业的经营现状及未来发展方向，并考核企业的经营绩效。区级政府及新城投融资平台可以参考新加坡淡马锡模式，结合各新城的特点和平台自身经营状况，由单一经营管理模式向集团化运作模式转型，整合区域内投融资平台，组建成为国有资本运营公司，平台下属公司根据自身的经营性质，构建多元化业务布局的子公司，实现业务聚焦和专业化运作，逐步形成地方政府（市级、区级）—国有资本运营公司—子公司的三级运营架构。淡马锡模式改善了地方政府和平台公司之间的关系，地方政府从管资本向经营资本转变，实现了经营权和所有权的分离，将有效提升投融资平台的资本运营效率，进而助力投融资平台市场化转型。以天津为例，政府深入贯彻落实国企改革，于2021年4月发布《天津市人民政府关于推动天津城市基础设施建设投资集团有限公司深化改革转型升级实现高质量发展方案的批复》，力推将天津城市基础设施建设投资集团有限公司（天津城投集团）打造成为国有资本投资公司，将其定位为城市综合运营服务商，从而构建天津市淡马锡模式。2021年7月，天津城市更新建设发展有限公司正式成立，负责城市更新的整体业务实施，由天津城投集团100%控股。天津市政府运用淡马锡模式，既响应了中央国资国企改革的大趋势，又提升了天津投融资平台的资本运营能力，以市场化的方式引入社会资本，拓宽平台投融资渠道，助力城市基础设施的建设发展。

5. 新城投融资平台资产剥离模式

资产剥离指企业将不符合企业战略规划和发展方向的资产转售给第三方的交易行为。地方政府投融资平台作为城市基础设施建设的承接单位，资产结构中存在与主营业务关联度低、资产盈利能力弱、经营效率差且占用企业资金的资产，影响投融资平台的融资能力，进而阻碍平台发展，需要将这类资产从平台中剥离。当平台公司面临以下情形时，可以选择剥离资产：一是平台需要精简资产、压缩规模，聚焦主营业务，提高公司的资本运营效率时，选择剥离与主营业务不相关的资产；二是平台存在不良资产，影响平台资产质量、制约平台融资行为的资产予以剥离；三是该资产对平台主营业务或其他业务产生干扰，影响平台整体经营时，应进行剥离。

6. 平台资本运营的路径建议

当前，新城投融资平台普遍缺少有效且可持续的可经营性资产，为有序推动新城投融资平台市场化转型，投融资平台应增加经营性资产，改善公益性资产占比过高的资产结构，重组资产，降低资产混合经营带来的低效率问题。投融资平台划入符合企业业务发展方向的优质经营性资产，逐步剥离公益性资产，增强平台现金流入量，逐渐实现现金流入覆盖前期投资的成本，为后续市场化融资、专业化运营管理打好基础。积极以市场化方式注入优质资产，投融资平台公司可以采取的市场化资本运营方式有：一是并购战略，通过股权并购或资产并购的方式，将符合平台战略发展的相关经营性资产并入，克服市场准入壁垒，在短期内快速增强企业竞争力，扩充经营性资产，实现多元化经营，改善资产结构，进而做大平台资产规模，做强平台资产质量；二是设立产业投资基金，配套实施母、子产业投资基金。投融资平台参与产业投资基金的身份既可以是产业投资基金管理人、基金持有人，又可以是被投资者。产业基金的设立一方面有效地拓宽了投融资平台的融资渠道；另一方面借力地方产业优势，优化了地方产业布局，促进了重点项目落地孵化。

七、五大新城城市更新项目投融资建议

（一）城市更新投融资模式

上海的五大新城并非完全意义上的新，除了南汇新城之外，其他四个新城均是依托既有老城区发展而来，因此，五大新城在开发建设中不可避免城市更新的转型模式，基于此，城市更新的投融资机制模式创新也是重中之重。城市更新大致包括以下内容：① 老旧小区改造；② 城市基础设施及民生设施改造升级；③ 产业园区改造或低效用地整治；④ 片区综合开发；⑤ 其他城市更新项目等。对于城市更新项目来说，包含了大量的公益性项目，缺少经营性现金流。如果以地方国企或者社会资本作为实施主体，则面临如何实现城市更新项目的投入与产出匹配问题。

城市更新项目根据更新程度的不同，其投融资模式和资金来源也不同。一般而言，综合整治类项目的公益性较强，资金需求较低，主要由政府主导实施，其投融资模式包括政府直接投资、政府专项债投资、政府授权国有企业等，资金来源主要为财政拨款、政府专项债等（见图4-7）。

拆除重建和有机更新类项目的经营及收益性较明显，资金需求较高，一般根据其经营特性采取政府与社会资本联合或纯市场化运作的模式。对

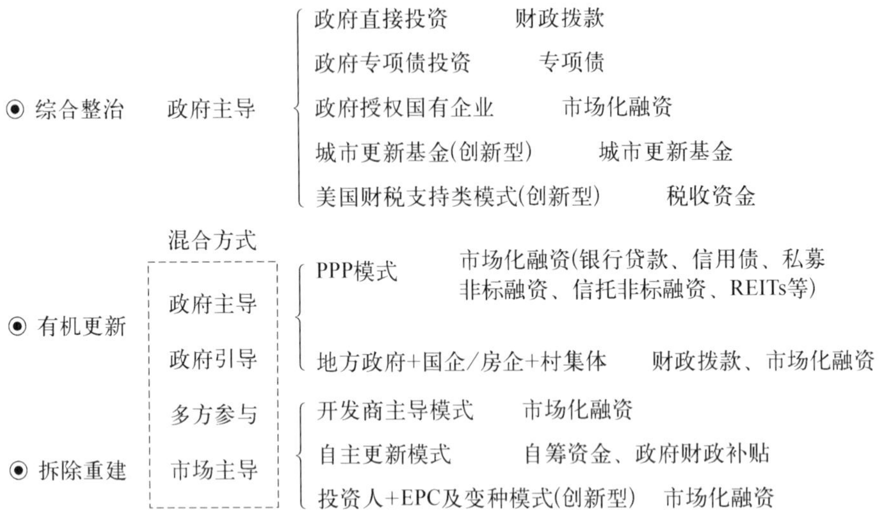

```
                        ┌ 政府直接投资        财政拨款
                        │ 政府专项债投资      专项债
● 综合整治    政府主导  ┤ 政府授权国有企业    市场化融资
                        │ 城市更新基金(创新型)         城市更新基金
                        └ 美国财税支持类模式(创新型)   税收资金

              ┌混合方式─┐
              │         │  PPP模式      市场化融资(银行贷款、信用债、私募
              │政府主导 │               非标融资、信托非标融资、REITs等)
● 有机更新    │         │
              │政府引导 │  地方政府+国企/房企+村集体    财政拨款、市场化融资
              │         │
              │多方参与 │  开发商主导模式      市场化融资
● 拆除重建    │市场主导 │  自主更新模式        自筹资金、政府财政补贴
              └         ┘  投资人+EPC及变种模式(创新型)   市场化融资
```

图 4-7 城市更新投融资模式

于经营性较强、规划明确、收益回报机制清晰的项目，宜采用市场化模式引入社会资本主导实施。对于公益性要求高、收益回报机制还需要政府补贴、规划调整较复杂的项目，适宜采用政府与社会资本合作的模式，包括PPP、投资人+EPC、地方政府+国企/房企+村集体等方式。

（二）政府投资

1. 财政拨款

以政府部门为实施主体，利用财政资金直接进行投资建设，其建设资金的主要来源是政府财政直接出资。这种模式的适用对象为资金需求不大的综合整治项目、公益性较强的民生项目、收益不明确的土地前期开发项目。优势是项目启动速度快，政府容易进行整体把控；劣势是财政资金总量有限，更新强度一般不高。

2. 城市更新专项债

以政府为实施主体，通过城市更新专项债或财政资金+专项债的形式进行投资。城市更新专项债券主要收入来源包括商业租赁、停车位出租、物业管理等经营性收入以及土地出让收入等。该种模式的适用对象为具有一定盈利能力的项目，能够覆盖专项债本息、实现资金自平衡。优势是专款专用，资金成本低，运作规范；劣势是专项债总量较少，投资强度受限，经营提升效率不高。

3. 地方政府授权国企作为实施主体

以新城公司国企为实施主体，通过承接债券资金与配套融资、发行债券、政策性银行贷款、专项贷款等方式筹集资金。项目收入来源于项目收益、专项资金补贴等方面。该种模式的适用对象为需政府进行整体规划把控、有一定经营收入、投资回报期限较长、需要一定补贴的项目。优势是可有效利用国企资源及融资优势，多元整合城市更新各种收益，能承受较长期限的投资回报；劣势是收益平衡期限较长、较难，在目前国家投融资体制政策下融资面临挑战。

（三）政府联合社会资本

1. PPP模式

PPP模式下，政府通过公开引入社会资本方，由政府出资方代表和社会资本方成立项目公司，以项目公司作为项目投融资、建设及运营管理实施主体。项目投入资金有赖于股东资本金及外部市场化融资。该种模式的适用对象为边界较为清晰、经营需求明确、回报机制较为成熟的项目（见图4-8）。

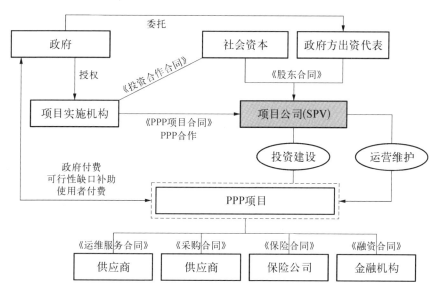

图4-8 PPP模式示意图

优势是市场化运作，引入社会资本提高更新效率及经营价值，风险收益合理分摊，减轻政府的财政压力；劣势是受10%红线的影响，运作周期较长，符合PPP回报机制的项目偏少。

2. 地方政府+房地产企业+产权所有者模式

由地方政府负责公共配套设施投入，房地产企业负责项目改造与运营，产权所有者协调配合分享收益。通过三方合作，既能够有效地加快项目进度，也能提升项目的运营收益。该种模式的适用对象为盈利能力较好，公共属性及配套要求较强，项目产权较为复杂的项目。优势是整合各方资源优势，较快地解决更新区域产权问题，推进项目有效运营；劣势是涉及主体多，协调难度高，往往受村集体的影响较大（见图4-9）。

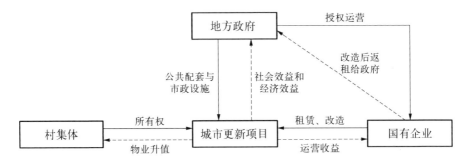

图4-9 地方政府+国有/房地产企业+产权所有者模式示意图

（四）社会资本自主投资

1. 开发商主导模式

开发商主导模式是指政府通过出让城市更新形成的出让用地，由开发商按规划要求负责项目的拆迁、安置、建设、经营管理。在城市更新过程中政府不具体参与，只履行规划审批职责，开发商自主实施。该种模式的主要适用对象为商业改造价值较高、规划清晰、开发运营属性强的项目。

优势是能较快地推进项目建设及运营，政府只需进行规划、监管；劣势是开发商利益至上，可能疏于公共设施或空间建设，缺乏整体统筹，在地产融资受限的情况下，可持续融资面临挑战加大。

开发商主导模式的核心是能够顺利地获取土地，并在更新改造过程中实现容积率的突破来平衡投入。否则，开发商就没有实施动力，也不可持续。此前，深圳、广州前期主要采取这种方式，但广州后期逐步走向政府主导的运作方式。目前部分城市出台了土地协议出让及容积率奖励政策，但尚无国家层面的引导规定，实施效果有限。

2. 属地企业或居民自主更新模式

由属地企业或居民（村集体）自主进行更新改造，以满足诉求者的合理利益诉求，分享更新收益。该模式的适用对象为项目自身经营价值高，主体自主诉求高。

优势是更新方式灵活，可满足多样化需求，减少政府的财政压力；劣势是政府监管难度加大，项目进度无法把控，容易忽视公共区域的改善提升。

(五)创新型探索

1. 城市更新基金

城市更新项目的资金投入量大,且项目运作特性决定了需要政府方的支持。目前,由政府支持,国有企业牵头,联合社会资本设立城市更新基金,成为一种新的模式探索。城市更新基金的适用对象为政府重点推进、资金需求量大、收益回报较为明确的项目。

优势是能够整合各方优势资源,多元筹集资本金及实施项目融资,加快项目推进;劣势是目前城市更新投资回报收益水平、期限等与城市更新基金的资金匹配性不强,成本较高,退出机制不明确,面临实施上的诸多挑战。

城市更新基金的投资人以房地产和建筑施工企业为主,资金期限较短,对于投资回报及附加要求多。基金构架一般为母基金+子基金,子基金主要针对城市更新的各个阶段或子项目。广州市、上海市、无锡市均已经落地城市更新基金。北京市、重庆市等地发文鼓励和探索设立城市更新专项基金。

2. 投资人+EPC

针对城市更新中出现的大量工程建设,由工程建设企业探索提出了投资人+EPC 模式(见图 4-10)。该模式由政府委托其下属国企与工程建设企业共同出资成立合资公司,由合资公司负责所涉及城市更新项目的投资、建设及运营管理。项目收益主要为运营收益及专项补贴。在投资人+

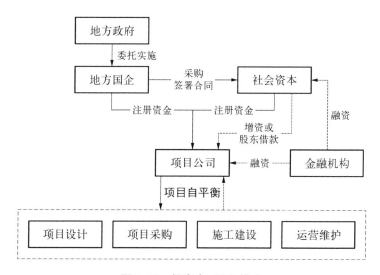

图 4-10 投资人+EPC 模式

EPC 模式的基础上，还有类似的 ABO+投资人+EPC 方式。该模式适合成片区域更新开发，通过整体平衡来实现城市更新的顺利实施。部分工程建设企业受资本金投入政策的要求，采取联合产业基金进行投资的方式进行城市更新项目。

优势是能够引入大型工程建设单位及专业运营商，整合资金优势，实现对大体量城市更新项目的推动实施；劣势是目前满足这样回报机制的片区开发项目较少，受土地政策限制，现有项目主要通过工程及政府补贴来实现回报，存在隐性债务风险，融资难度大、综合成本高。

随着上海城市发展和产业转型升级和防范金融体系系统性风险的政策要求，上海五大新城建设中无论是地方政府还是投资者，均应重点强调投融资的可控性和新城的持续发展，将新城开发的重点后移至产业导入和运营服务，力求引入有竞争力的高新技术产业或具有高附加值的第三产业，在可持续发展的基础上实现政府、企业、社会等多元共赢。

上海五大新城的高质量、高标准、高水平建设和发展，是一项长期的、复杂的系统工程，其基础设施建设、产业设施和公共服务建设，都需要庞大的资金支持。相比规模巨大的建设资金需求，财政收入增速放缓、融资渠道狭窄、投资能力不强所引起的资金供给不足，尤其是后续建设资金供给不上，成为制约五大新城开发建设的重要因素。仅是从基础设施的建设资金来看，每个新城的缺口就可能高达数百亿元。近年来，国家严防地方政府隐性债务，通过常规融资手段，如发放财政专项债、城投企业债、利用银行贷款等方式筹集新城建设资金，短期内难以解决如此巨大的需求。此外，以 PPP 模式、ABO 模式为代表的片区综合开发市场融资模式在操作过程中也存在各种问题，整体推进较为困难。新城建设的资金缺口巨大，未来还需要依托多层次资本市场，拓展多元化融资渠道。

第三节　金融科技监管

一、金融科技监管现代化改革的全球趋势

金融创新是一柄双刃剑，金融科技创新同样如此。它在带来丰厚数字红利的同时，也带来了风险与不确定性，如网络威胁、数据安全与隐私保护等。迄今为止，金融科技公司尚未对消费者造成大规模伤害。但是，随着未来金融科技产品增多，监管者未覆盖的产业部门带来的风险随之增加，有必要对这些新企业和创新的发展与风险密切监控。如何在鼓励金融

创新的同时控制相伴而生的金融风险,并促进金融市场竞争、保障消费者权益,让金融创新真正服务于实体经济,成为数字化转型时代各国金融监管者们必须面对的重要问题。金融科技创新的时代,呼唤能恰当平衡创新与风险的创新型现代化监管体系。事实上,安全健康的监管创新体系,也是激活金融科技生态繁荣的先决条件。

正因为如此,全球金融科技领先国家都高度重视对金融科技的监管,并不断在监管理念、监管架构、监管人才、监管手段、监管科技、监管协同等多方面大胆创新,不断降低自身的监管成本和金融科技企业的合规成本以及面对的监管不确定性。以引领全球金融科技监管创新标杆的英国FCA为例,它对金融科技的监管就坚持了平衡(创新与监管)与共建(金融科技企业和科技主管部门)两大基本原则,并通过创新中心、概念证明、监管沙盒、孵化器、加速器等多种创新举措,从金融科技企业生命周期的各阶段全方位营造最有利的生态环境。此外,FCA还不断加强与各国金融监管机构的交流与协同,吸引外国金融科技企业,同时为本国金融科技企业开拓海外市场。新加坡、澳大利亚、中国香港等国家和地区在金融科技监管创新上同样不遗余力,新加坡金融管理局设立了专门机构负责对新加坡金融机构发现的问题(包括保险、客户识别和数据分析)进行众包创新,并设立"金融科技奖"为已实施的金融科技解决方案提供事后认可。

2017年以来,美国审计总署先后发布两份金融科技监管专题调研报告,明确指出美国现行的错综复杂、碎片化、总体不确定的监管架构已对金融科技创新构成严峻挑战,导致越来越多的金融科技企业向监管更友好的地区和国家转移。报告还指出,金融科技初创企业与创新者需要有了解监管信息和与监管者打交道的窗口,监管者也需要与金融科技企业多接触从而了解被监管对象。因此,报告呼吁美国政府设立专门的创新办公室,并采取积极措施改善与金融科技企业的互动,帮助它们识别适用的监管要求,通过多种方法了解金融科技新产品并为其赋能,同时设法促进国内监管者、海外监管者以及产业界代表之间的金融创新监管协同。

2018年7月,美国财政部发布《创造经济机遇的金融体系:非银行金融机构、金融科技与创新》报告,鼓励所有监管机构紧跟技术发展的步伐,以不限制创新的方式适当调整监管,通过负责任的创新促进金融市场增长。报告指出,金融创新对美国经济增长腾飞至关重要。然而,几十年前定下的金融监管框架已不适合解决金融服务中不断演化的新商业模式与产品,这会限制对消费者和小企业有利的创新。因此,必须加快金融监管的现代化,调整监管框架以促进创新。这意味着拥抱数字化、数据和竞争性技术，并支持推出替代产品和服务提供体系。财政部鼓励支持新型商业模式，并支持传统金融机构追求新技术。

美国财政部对适应 21 世纪经济的灵活有效的金融监管体系的具体建议包括：① 联邦与州政府积极探索监管沙盒，建立统一的解决方案，协调及加快促进创新产品、服务和流程实验的监管救济；② 立法授权金融监管机构推进研发和概念验证等技术项目，鼓励监管机构与私营部门合作，以更好地了解新技术和创新及其对市场参与者的影响；③ 鼓励监管机构适当调整法规，以确保为受监管金融服务公司提供工具的创新技术公司可以继续提高技术效率和降低成本；④ 鼓励监管机构寻求并探索与金融服务公司和 RegTech 公司建立创新的伙伴关系，以更好地理解有可能帮助自己更有效地履行监管职责的新技术；⑤ 金融监管机构与产业界密切合作，为产业和消费者推广建立明确的联系点；⑥ 金融监管机构参与国内和国际层面的交流，因为金融技术是无国界的；⑦ 金融监管机构要周全地考虑到企业互联互通和消费者数据共享带来的网络安全和其他运营风险；⑧ FBICC 建立一个技术工作组负责更好地了解公司越来越依赖的技术，并保持对该部门内部创新的充分了解。

新兴的监管科技不仅能有效地降低监管机构的监督和监管成本，而且能大大降低金融科技企业的合规成本和报告成本。监管者应该鼓励此类市场主体的发展，并通过政府采购等方式运用和促进监管科技的创新。RegTech 不仅是金融科技的重要组成部分，而且代表了金融监管的未来。

二、我国金融科技监管现状、挑战及趋势

作为科技驱动的金融创新，监管环境仍然是最重要的因素，中国金融机构监管部门在最高层面积极推进金融开放战略，从外部环境为未来金融技术奠定基础，对提高金融机构的市场竞争力将起决定性作用；金融科技产业的内部监管发展决定了金融服务和金融创新的限度，而监管技术的发展将防范系统性金融风险，促进金融技术的有序发展。

（一）我国金融科技监管的现状

中国金融科技的蓬勃发展，为金融业的变革和现代化提供了源源不断的动力，发展迅速，跨境发展明显。然而，由于现有监管机制的缺失等诸多因素正逐渐造成金融技术发展所带来的外部性风险等，对金融技术进行监管显得尤为必要。

金融技术监管是指金融机构利用现代科技成果，对金融产品、业务模

式、业务流程等活动进行转换或创新的监督管理。

一是监测信息技术关键应用的基础和一般水平，如云计算、人工智能、区块链等技术的架构、安全管理和业务连续性；

二是对金融科技创新应用进行全生命周期监控，从产品设计、商业模式、风险防控等各个方面进行监控；

三是对侵犯金融消费者权益的行为进行监控，如数据安全、数据保护等。

中央和地方监管部门在发布金融科技发展总体规划时，对金融科技监管工作作出了总体和重点规划。

1. 中央监管层面

2019年8月22日，中国人民银行发布了《金融科技发展规划（2019—2021）》（简称《规划》），公布了《规划》的指导思想、基本原则、发展目标，明确了未来三年金融科技工作的重点任务和保障措施。《规划》指出，要加强金融工程监管，创新和完善监管的基本规则体系，加快监管基本规则的制定、监测、分析和评价，探索金融技术创新管理机制，提升专业化水平。

2. 地方监管层面

从地域上看，截至2020年4月，北京、上海、广东、陕西、重庆等地相继制定了较为积极的金融科技发展和监管三年发展规划，浙江、山东、江苏、福建和四川都被列入年度金融技术应用试点。从监管方法上看，地方金融市场监管的主要措施包括：通过运用金融技术加强风险防控；检查推进实施监管沙箱，建立信息交流监管机制和金融科技企业监管体系，完善各部门执法监管联动协调机制；保护金融消费者的权益。

3. 金融科技监管的具体政策

当前监管部门发布的关键技术应用通用规范和金融行业技术应用规范较多。2019年以来，一系列金融科技创新应用和金融消费者权益保护政策紧密出台（见表4-3）。

表4-3 金融科技监管的具体政策

类别	政策	时间
关键信息技术应用	国务院印发《促进大数据发展行动纲要》	2015年8月31日
	原银监会发布《中国银行业信息科技"十三五"发展规划监管指导意见（征求意见稿）》	2016年7月15日

续表

类别	政策	时间
关键信息技术应用	中国人民银行发布《移动金融基于声纹识别的安全应用技术规范》	2018年10月9日
	中国支付清算协会发布《人脸识别线下支付行业自律公约》	2020年1月21日
	中国人民银行发布《金融分布式账本技术安全规范》（试行）	2020年2月5日
金融科技创新应用	国家市场监管总局、中国人民银行发布《金融科技产品认证目录（第一批）》《金融科技产品认证规则》	2019年10月28日
	中国人民银行公示首批6个金融科技创新监管试点应用	2020年1月14日
	中国人民银行发布《商业银行应用程序接口安全管理规范》	2020年2月13日
侵犯金融消费者权益	中国人民银行发布《关于发布金融行业标准加强移动金融客户端应用软件安全管理的通知》	2019年12月22日
	中国人民银行发布《个人金融信息保护技术规范》	2020年2月13日

资料来源：亿欧智库。

（二）我国金融科技监管面临的挑战

2016年4月，国务院办公厅出台了《互联网金融风险专项整治工作实施方案》（简称《实施方案》），正式开启互联网金融风险专项整治工作。这项工作由中国人民银行等17个部门联合发布，有效地控制了日益增长的互联网融资风险，如互联网资产管理、互联网保险和货币交易。《实施方案》明确了中央和地方"双重管理"的工作机制，中国人民银行牵头统筹，金融监管部门分工协作，其他相关部门积极开展工作，以纠正和消除风险为目的。此外，有关互联网金融监管的法律法规也在不断完善。

从互联网金融风险的角度来看，专项整治是一项循序渐进的过程。尽管短期来看，已建立的工作机制是有效的，但长期来看，金融领域新技术使用所产生的新金融模式需要长期动态监管，因此构建长期监督机制十分有必要。具体金融科技监管面临以下挑战。

1. 金融科技监管的原则并非一成不变

金融市场监管的原则是根据业务性质来确定金融技术领域的性质，以明确哪个金融监管部门在什么监管目标下实施监管。2016年8月，《企业经营活动管理暂行办法》指出,当前国内金融科技的发展水平已经处于世界领先地位,这几乎成为共识,而早期监管环境的宽松是中国金融科技迅速发展的一个重要前提。一方面,金融科技为经济持续增长提供了助力;另一方面,金融科技在促进金融业转型升级、提升金融服务效率、金融普惠、降低获取金融服务成本等方面已经体现出明显优势。但是随着金融科技应用的不断深化,强监管时代已经到来。例如,2020年11月3日,原银保监会、中国人民银行发布关于《网络小额贷款业务管理暂行办法(征求意见稿)》公开征求意见的公告,意见稿指出,小额贷款公司经营网络小额贷款业务应当主要在注册地所属省级行政区域内开展;未经国务院银行业监督管理机构批准,小额贷款公司不得跨省级行政区域开展网络小额贷款业务。这使得网络小额贷款公司长期监管套利成为历史;网络小额贷款公司资质"性价比"大幅降低,机构数量可能会大幅减少;网络小额贷款公司更倾向于助贷业务,联合贷业务量将下降;网络小额贷款公司的法律地位可能会得到认可;消费金融公司、民营银行牌照受到机构"青睐"。这也开启了中国网络小额贷款业务的新征程。

2. 金融科技监管的时机必须更加科学

金融科技监管的时机应当适当。监管太早,会窒息技术创新;监管太晚,会导致监管空白。要实现科学监管就需要方法创新。一方面,金融科技的跨越式发展对监管选择提出了重大挑战。传统金融机构和金融机构公司都在积极拥抱金融科技。在促进创新的前提下,金融监管部门要走"默许授权"之路,才能使技术创新业务"大而不可忽视"。监管部门需要一个缓冲期观察窗口,用于监测什么时候传统金融机构的科技创新业务已经到了"大而不可忽视"的阶段。在金融科技3.0时代,非传统金融机构可以借助金融科技实现快速发展,从"小而不可忽视"的阶段走向"大而不倒",它们呈指数级发展,监管机构没有缓冲时间,因此金融监管的时机也应相应调整。在中国,蚂蚁金服和财付通从第三方支付起步,并迅速发展成为重要的金融服务机构。P2P网络借贷平台数量从2014年1月的651家迅速增长到2015年11月的3 476家,在此过程中,P2P行业各种问题层出不穷。因此,2016年国家启动互联网金融风险专项整治活动,特别是2019年第三季度提出的"加大良性退出机制",使P2P平台逐步向消费融资、小额信贷和信贷救助方向转变。

3. 亟待建立常态化、制度化的金融科技监管运作机制

金融科技的监管迫切需要金融科技的规范化和制度化作用机制。金融科技的超地区性和跨国性特点使得单一部门、单一地区无法进行独立监

管；它迫切需要将互联网风险专项整治的阶段性经验转化为规范化、制度化的金融市场监管机制，明确中央和地方双重监管的工作机制。

4. 金融业综合统计体系建设任务更复杂

为了提高金融技术的专业性、统一性和渗透性，数据交换的核心是建立全面的金融统计体系。金融机构种类繁多，模式复杂，不断创新对他们来说难度较大。数据口径不统一，公司标准不一致，报告机制不完善，数据的收集来自不同的机构和监管部门，较为分散。金融科技监管迫切需要打破数据壁垒，加强金融技术统计，构建金融综合统计体系。

5. 保护金融消费者个人信息迫在眉睫

数据是金融科技的核心资源。近年来金融科技的发展超前于对金融科技创新的监管，消费者保护意识淡薄，一些甚至以金融创新、个人隐私保护、金融消费者权益保护等名义开办公司获利。然而，我国有关消费者个人信息保护的法律法规并不完善，个人数据保护相关法律法规尚未出台，虽然现在法律包括个人信息保护，但是存在于不同法律规定中，这使得立法标准在适用上会造成困难。因此金融科技的监控重点应放在保护个人金融信息的安全上。

（三）我国金融科技监管的发展趋势

金融科技监管的大趋势是推进金融科技创新，防范金融风险。在这种背景下，监管问题更加多元化，金融科技监管更加注重消费者权益保护，加强监管与促进创新将长期并存，监管技术将数字化、精细化、协同化。

1. 推进金融科技创新与加强金融科技监管将长期并存

中国金融科技在支付行业的创新向世界展示了中国金融科技的发展。在中国互联网由消费互联网向工业互联网深化的背景下，金融机构对金融科技场景应用的需求十分迫切，而促进金融科技发展是未来一个坚实的大局方向。同时，我国正处在防范金融风险的重要时期，金融对外开放程度不断提高，风险向中国转移的可能性越来越大。在这种背景下，2020年金融监管的总体架构日趋规范，试图寻求金融行业发展和金融监管之间的平衡点，这也是金融科技创新长期所处的外部环境特征。

2. 监管沙盒探索实践较为普遍，持牌金融机构与金融科合作日益增加

2020年1月，中国人民银行公布了第一批6家金融科技创新监测试点应用。此前，北京、上海、重庆等地已开展试点应用，其他省份公布地方金融科技发展规划，将实施"监管沙箱"作为加强金融调控创新的重要任务；在金融行业的强监管态势下，金融科技公司有望主动出击，将来与持牌机构有更多合作。

3. 金融科技监管更加注重金融消费者隐私安全和数据保护

2020年2月13日,《个人金融信息保护技术规范》出台,规定了个人金融信息在收集、传输、存储、使用、删除、销毁等生命周期内的安全。2019年监管部门对非法金融大数据公司进行了整改,出台了一批法律法规,保护金融消费者权益,但自2020年开始,从法律的角度加强对金融消费者隐私、安全以及个人金融信息的标准化使用加以保护。

4. 金融科技监管受新技术推动将更强

中国人民银行印发《金融科技发展规划(2022—2025年)》,明确提出加强监管技术应用和识别能力:防范和化解跨部门、跨市场金融风险,同时出台支持金融综合统计政策和提高金融基础设施互联互通,未来应进一步解决金融部门之间的数据孤岛问题。此外,人工智能、大数据、云计算、5G等在线金融场景应用领域的前沿技术也将进一步发展,在此基础上,监管部门将利用金融科技打造智能化数字监管平台,提高监管效率和能力,降低监管成本。

5. 协同式监管体系将在金融科技监管方面发挥更大作用

除了传统监管之外,司法、税务、通信和其他服务部门之间将开展跨部门和跨区域合作。金融经济协会的自律和消费者的主动监控在金融技术监管中也具有重要作用;中国人民银行2019年印发《关于发布金融行业标准加强移动金融客户端应用软件安全管理的通知》,中国互助金融协会公布、组织发布了首批23家金融机构app试点名单,公安部门还查处了100多家非法金融机构,金融工程监管机构在2020年更加积极地推动监管资源调动和信息流动,促进联合监测。

三、国内外金融科技监管模式对比分析

(一)国际金融监管模式

国际金融监管是指国家金融监管机构或国际金融组织对金融机构及其活动进行规范和约束行为的总称。国际金融监管的主体包括一国金融监管机构,如美国联邦储备委员会、日本大藏省、中国人民银行等;区域性监管组织,如欧共体银行咨询集团、阿拉伯银行监管委员会、中西亚银行监管委员会等;国际金融组织,如巴塞尔委员会、证监会国际组织、国际货币基金组织等。国际金融监管的客体包括跨国金融机构及其分支机构和设在东道国的外资金融机构以及它们的金融业务活动。金融机构可分为银行和非银行金融机构(包括证券公司、财务公司、保险公司、金融租赁公

司、信托投资公司等)两大类。

国际金融监管的法律渊源有相关国内法律、法规、国际条约和国际惯例。国际金融监管的目的有三：一是确保金融机构的安全与健全，维持整个金融体系的稳定；二是保护投资者和存款人的利益；三是促进金融机构平稳、效率、安全功能的发挥以及市场竞争机制的良好运作。

1. 四种监管模式

尽管金融科技发展时间不长，但巴塞尔银行监管委员会（Basel Committee on Banking Supervision, BCBS）、国际证监会组织（International Organization of Securities Commissions, IOSCO）和国际保险监督官协会（International Association of Insurance Supervisors, IAIS）四大国际组织均对金融科技给予了密切关注。美国、欧盟、英国、新加坡、澳大利亚、中国香港和中国台湾等国家和地区均纷纷采取措施给予金融科技鼓励，并选择了不同的监管措施。尼采（Zetzsche）等学者在2017年8月发表的《监管革命：从监管沙盒到智能监管》中谈到，目前国际上对金融科技有四种监管模式，分别为自由放任、特别许可、监管沙盒、新设框架（见表4-4）。

表4-4 四种金融监管模式的比较

监管模式	监管内容	应用国家
自由放任	不采取任何监管措施，也包括不在官方层面上表达专门监管的态度。该监管模式属于宽松监管还是纵容式监管取决于金融科技有没有直接套用现有银行监管模式进行监管	中国（2015年前）
特别许可	监管机构可以根据具体情况进行具体分析。这可以归类为基于宽容的谨慎的监管方法	美国、卢森堡、德国
监管沙盒	先行小规模小范围试点，试点成功后再在全国推广	已实施：英国、中国香港、新加坡、澳大利亚、马来西亚、荷兰、加拿大、泰国、瑞士、文莱、印度尼西亚、中国台湾 考虑中：美国、欧盟、中国、瑞典、墨西哥、土耳其、西班牙、沙特阿拉伯、丹麦、挪威
新设框架	通过设立专门的监管机构并搭建一个更适合于金融创新监管的体系框架，对现有法规进行改革或制定新的法规，以便为新进入者和新活动提供更合适的监管	美国

（1）自由放任

该模式的主要做法是不采取任何监管的措施，也包括不在官方层面上表达专门监管的态度。该监管模式属于宽松监管还是纵容式监管取决于金融科技有没有直接套用现有银行监管模式进行监管。我国在 2015 年前用的是此类方法，宽松的监管模式带来的成果显而易见，我国的金融创新蓬勃发展，在世界金融科技方兴未艾的时候走在了前列。但伴随着金融创新的快速发展，金融风险也开始大量积累，因而我国在 2015 年放弃了此种监管模式。

（2）特别许可

监管机构可以根据具体情况进行具体分析。这可以归类为基于宽容的、谨慎的监管方法。事实上，许多监管机构以及立法机构，已经采取了一系列措施，如公布负面清单，颁布限制性许可证、特殊章程，对部分创新公司进行豁免或对拥有新技术的成熟机构进行测试。采用该模式的国家有美国、卢森堡、德国等。

（3）监管沙盒

这一模式最重要的方法是在试点成功后，在全国加以推广和推进。监管沙箱虽然目前的应用主要在金融领域里，但其实其是一个技术行业的软件测试工具。参与试点的企业创新自由度较高，受到监管部门处罚的风险非常低。监管沙盒涉及对象有限，所以风险基本上是可控的，目前，该方法得到了很多国家的认可，我国也已引入监管沙盒模式。

（4）新设框架

该模式的主要做法是采取更正式的监管方法，通过设立专门的监管机构并搭建一个更适合于金融创新监管的体系框架，对现有法规进行改革或制定新的法规，以便为新进入者和新活动提供更合适的监管。这种模式也被称为智能监管。智能监管的实施需要满足监管科技的发展、风险管理认知体系的进步等诸多要求，目前还没有国家完全进入该监管模式，美国在采用该模式的同时也采取了特别许可式监管。

2. 国际监管科技的发展及侧重点

（1）发展阶段

初始阶段（2014—2015 年）：2014 年，英国金融行为监管局发表了金融行业监管的发展意见，第一次提出了监管科技的概念，主要指的是利用新技术更有效地满足监管的需求。

快速发展阶段（2016 至今）：监管科技在不断发展的过程中，得到了国际上普遍有效的认知和高度重视。美国、加拿大等欧美国家不断地出台相关政策建议，促进了监管科技的快速发展。

（2）发展情况（见表4-5）

表4-5　国际监管科技的发展情况

国家	
美国	相关产业投融资规模全球第一。像 Droit 和 RipleShot 这样的监管技术公司，2016 年入选"全球领先的100家金融科技公司"。这些公司的财务管理部对监管技术的发展保持高度控制，重点跟踪科学和技术。国际研究报告系统地讨论了 2016 年金融统一监管技术的基本技术框架
加拿大	SecureKey Technologies、Trulioo 等公司在国际上比较出名。金融市场管理局成立了金融技术实验室，详细调查了相关技术体系，利用监管技术改进监管业务流程，为监管框架的修订和监管沙箱的应用提出适当的建议，并支持金融科技公司实施创新
英国	相关产业投融资规模居世界第二位。BlackSwan Technologies、Ravelin 和其他公司被选为 2016 年全球 100 家领先的金融科技公司，可见金融监管部门高度重视监管技术，积极开展实践探索和产业规划
爱尔兰	AQMetrics 等公司入选 2016 年全球金融科技百强，2015—2020 年国际金融服务战略旨在建立金融生态系统，促进金融业的发展控制技术。此外，还成立了金融服务风险管理与合规技术中心，专注于创新和研究，解决金融业的治理、风险和合规问题
澳大利亚	该国家有许多快速成长的金融技术初创公司，最新监管技术公司承诺依托监管部门和各自的创新中心，建立相关行业协会和控制技术中心。同时，金融监管局成立专业团队，推动监管和技术互动的内部创新
新加坡	例如 datarama 和 cynopsis solutions 这样有影响力的公司。金融管理局举办了一次科技监测论坛，广泛研究产业对科技监测的适当定位。此外，新加坡证券交易所还引进了一种新的监管技术系统，可以自动报告市场违规行为，促进公平贸易
印度	相关行业投资份额全球排名第五，拥有 Fintellix、Signzy 等多家知名监管科技公司，宏观调控重视监管技术的发展

资料来源：杜宁、孟庆顺、沈筱彦：《监管科技发展现状及实施》，《中国金融》2017 年第 19 期。

（3）发展侧重点（见表4-6）

表4-6　国际监管科技的发展侧重点

国　家	举　措
美国	科技创新监测能力优秀，更加注重对科技基础技术结构的研究和追求，更加注重趋势前沿的追求

续　表

国家	举措
英国	要注重监管沙箱的实际应用，鼓励和引导金融科技公司开展监管技术创新，努力建设创新中心和监管沙箱
加拿大	要以监督管理技术推动监督管理体制改革和审查，创建专门的研究实验室，转变监督管理流程，重点抓好法律框架的修订
澳大利亚	监督委员会监督独立管理部门，建立联合行业协会，维护监督管理技术，开展监督管理应用实践
新加坡	为了促进在监测科技应用方面的合作，新加坡金融管理局设立了金融技术和创新组织（FTI），负责金融工程的政策、发展和监督

3. 监管科技推动金融监管

监管技术涵盖了数据采集和数据分析两个方面，其中，数据采集包括报告形成（自动报告、实时测试报告）、数据管理（数据集成、数据验证、数据可视化、云计算、大数据）等。在应用领域，监管技术已经广泛应用于银行、证券、保险、互联网金融等领域的监管。它有以下发展趋势。

（1）监管技术在金融监管中的充分应用

目前，监管技术的应用主要集中在中期监测上，但各监管部门希望能够实现事前和事后监督，在金融监管中，监管数据自动记录、风险状况智能分析等监控技术的运用上也日趋成熟。

（2）监管方与合规方在监管技术开发中的合作成为最重要的方式

监管部门与银行、金融科技公司等金融机构的合作正逐渐成为一种趋势。近年来，科技创新能力逐渐从政府转向社会，特别是在人工领域。从金融监管机构开始，开启与银行、金融科技公司等金融机构合作的模式。该模式旨在促进监管技术的改进。

（3）区块链技术已成为监管技术的重要组成部分

区块链作为现有监控的辅助工具，是建立信任机制的基础，而不是推翻现有的集中式监控网络，以区块链为基础的分布式网络的趋势日益明显。

（4）数据管理在监管技术中的应用

数据对于监测科学技术应用的重要性成为工业界的共识。为了避免数据问题带来的监管困境，对数据管理模型的研究成为核心。

（5）监管技术的制度化正在加速

随着监管的深入，监管技术的制度化正逐步提上议事日程。可以这样说，监管技术的制度化进程将成为数据管理规范化、监管决策清晰化的重要保障。

（二）国外金融监管典型案例

1. 美国金融监管实践

美国的独立监管方式无法有效地应用到相互关联的混合金融体系中，在金融危机中，美国通过了《多德-弗兰克法案》来改革金融体系。

一是，它确立了美联储作为金融业综合监管机构的地位，并加强了对对冲基金、证券市场、保险公司和银行机构以外的金融控股公司的监管权限。

二是赋予政府评估和化解系统性风险的能力。该法案设立了由多个监管机构组成、财政部牵头的金融稳定监管委员会，尽管没有成立单独机构，但至少建立了一个机制来负责系统性风险的评估和化解。金融稳定监管委员会有权将非银行金融机构认定为系统重要性机构并要求其接受审慎监管，同时可以将一些行为认定为系统重要性行为，使金融机构在发生危机时能够及时有效地提供援助。

三是调整金融监管机构的权限，避免不同部门金融监管机构的合并，打开了同类金融企业的监管壁垒，使监管贡献卓有成效。

最后，加强国际监管合作，防止跨境财政资源转移风险。与世界银行、国际货币基金组织（International Monetary Fund，IMF）和国际清算银行（Bank for International Settlements，BIS）的合作，逐步完善了《巴塞尔协议III》规定的国际金融监管实施细则，推动国际银行业资本监管标准与监管标准接轨，加强对跨国金融机构的监管。

2. 英国金融监管实践

在金融危机之前，英国引入财政部（负责建立监管框架）、金融服务管理局（统一实施金融体系全面监管）和英格兰银行（负责货币政策）的三方监管体系，却显然没有做好应对金融危机的准备。从那时起英国已开始推动金融监管改革，以期维持金融稳定。

第一，2012年英国颁布了《金融服务法案》，该法案在维护金融稳定方面奠定了英格兰银行的核心地位，英格兰银行设有金融政策委员会和审慎资本管理局，负责宏观调控和微观审慎监管。英国设立了"双峰"监管模式，负责监管英国的金融机构。

第二，出台多种金融法规融资工具。英格兰银行创新了宏观审慎监管，引入多种金融监管工具，如反周期缓冲、系统性风险缓冲、杠杆要求等。特别是推出了抵押贷款标准、贷款价值比、债务收入比以及利息覆盖率等房地产政策工具，以抑制私人债务，改善金融稳定。

第三，金融监管体系把保护金融消费者权益作为金融监管的重要内容，建立了独立的金融监管体系，在调解和解决金融机构与金融消费者之间的纠纷时保持中立的立场，在设计上能够有效地解决金融冲突和纠纷，代表着对消费者的首要保护。

3. 日本的金融监管实践

金融危机爆发前，日本开始加强金融监管体系建设。1997 年 6 月，日本颁布了《金融监督厅设置法》，成立了金融监督厅，专司金融监管职能，证券局也从大藏省划归金融监督厅管辖。2001 年，大藏省改名为财务省，金融行政管理和金融监管的职能分别归属给财务省和金融厅。从监管架构看，日本的金融监管体制是以金融厅为核心、日本银行和存款保险机构共同参与、地方财务局等受托监管的统一金融监管体制。同时，日本金融厅针对本国注册的全球系统重要性金融机构及国外系统重要性金融机构在日本的分支机构分别建立了相应的监督机制，如针对日本三大银行分别建立了监督小组。因此，金融危机对日本经济并没有造成重大影响，但也对监管体系产生了微调的影响。

一是，更加注重宏观审慎监管。随着安全网事件的发生，日本央行和财务省都有中长期的监管措施，以系统有效地应对风险。同时将继续加强信息公开、提高监管透明度，加强市场风险监测，防范金融市场重大潜在风险。

第二，确保金融机构按照法律要求运行。2013 年修订的《金融交易法》对市场参与者的收购、披露和法定销售义务作出了严格规定；建立公平的金融市场交易体系，将新的金融衍生品纳入监管领域。

第三，改进金融系统。金融危机导致日本财务省采取措施完善金融市场监管体系，创造更具竞争力的监管环境，提高金融体系质量。其主要内容包括：定期监测与基础监测相结合，考虑未来风险防范，促进金融机构在自愿的基础上提高监管行动的透明度和可预测性。

（三）经验及借鉴

1. 强化中央银行在宏观审慎监管中的作用

金融危机之后，各国逐渐经历了许多困难，只有对金融机构进行宏观监管，才能防范系统性金融风险的发生，在此过程中如何防范系统性风险，加强中央银行的核心作用是其改革的重要组成部分。通过改革金融监管体系，加强和完善宏观经济体系建设，充分考虑制度风险。例如英国的"双峰"监管模式。将实施货币政策、维护金融稳定、调控房地产市场等职能集中于英格兰银行。有利于发挥英格兰银行在信息搜集、分类处理等方面的优势，满足宏观审慎监管在数据获取方面的要求，同时健全了金融监管的法制体系，为防范化解系统性金融风险和房地产金融风险提供了制度保障。

2. 有效实施渗透监管，完善金融监管

自从金融危机以来，鉴于金融监管不当和监管套利真空导致的金融动荡，西方发达国家引入渗透监管，对金融机构的业务和行为进行全程控制，并从各个方面对风险进行预警及早期干预。2010 年，欧盟建立欧洲系统性风险委员会。欧洲系统性风险委员会是欧盟金融监管体制改革的核心组成部分，负责对欧洲金融系统的稳定性和系统性风险进行宏观层面的监测、评估和预警，以及提出政策建议和风险缓解措施。ESRB 于 2010 年 12 月正式成立，由欧洲央行主席担任主席，由欧洲央行、欧盟各成员国央行、欧盟委员会、欧洲金融监管局等机构的代表组成。英国金融行为监管局（Financial Conduct Authority，FCA）为 P2P 网络借贷制定了七项基本监管原则，要求点对点贷款平台定期向 FCA 报告上季度公司财务状况、客户资金、客户负担和信贷信息，有效应对疯狂增长的 P2P 网络借贷。美国《多德-弗兰克法案》扩大了美联储的金融监管范围，包括对社区银行、大型银行机构、金融控股公司、对冲基金、证券机构、保险公司和其他金融机构的监管。

3. 完善金融监管法律体系

第一，金融领域重要的法律法规长期没有修订。如《中华人民共和国中国人民银行法》《中华人民共和国商业银行法》等法律法规与当前金融行业的快速发展不完全匹配，且相关法律法规原则性较强，缺乏具体的实施措施。第二，现行法律规范无法实施有效监管。财政系统执行的法律法规主要是部级规章制度，有些是部内部文件，且一些法律法规和规范性文件没有及时修订，与新出台的文件体系相抵触，影响监管。

4. 创新金融监管方式

目前监管机构的设置还存在一些问题，如不同监管需求之间沟通协调不畅。需要进一步明确中央银行和宏观政策制定机构与微观管理监测机构的具体职责，避免职责交叉，监测真空。金融监管创新是完善监管框架和综合监管框架，并在场外提供有效的监管工具，以便动态改进。基于此，风险集中度与低效率资产比率使得政府应该更新各种监管工具，包括现场监测和动态现场监测点，充分利用金融消费者的投诉证据。

5. 融入全球金融市场监管体系

随着金融业的跨部门、跨区域发展，金融风险的跨国蔓延趋势将始终存在。目前欧美等发达国家与主要国际金融监管机构有标准化的合作机制。近年来，中国加快了全球金融体系建设进程，但从总体上看，我国在政策制定上与西方发达国家还有很大差距。下一步，在继续对外开放的基础上，中国的金融体系应该整合和配合金融监管体系，深化国际市场，特别是洗钱、非法融资、金融诈骗等领域，共同防范复杂国际金融形势下可能发生的"黑天鹅""灰犀牛"等事件，确保中国金融市场不受国际形势影响，基本保持稳定。

四、金融科技监管体系探索与改革

（一）我国金融科技监管面临的挑战、目的及要求

1. 我国金融科技监管面临的挑战

金融科技、金融创新和风险控制相互制约。金融科技可以有效地提高金融服务的能力和效率，加快金融创新和传统金融业的改革，促进金融业的发展，影响传统的法律框架，使风险更复杂、更隐蔽。从监管的角度来看，风险控制限制了金融创新，旨在发展和保护金融创新。金融科技需要互联网新形势下金融相关新技术——大数据、云计算、区块链和人工智能等技术的支持，对金融风险进行有效监控。

监控科技是金融创新的重点，风险监控技术可以大大降低智能化程度中人为的因素。同时，要提高风险价格和管理水平，改进现代监督管理方法，加强风险监测，为金融技术创新创造更加稳定、安全的金融市场环境。金融科技创新从三个方面影响未来金融的发展。第一，金融科技使传统业务跨越边界。市场与行业之间、不同金融市场之间资本流动和资产变动的区域和渠道更加畅通，这客观上增加了风险转移的负面外部影响，具有更强的传染性和更强的感染力。风险转移越来越难以规避系统性风险。

第二，金融科技的发展，迅速推动了金融风险的扩散，传统的金融机构监管方式受到了严重制约。

第三，云计算、大数据、区块链和人工智能的大范围应用，导致了跨区域数据问题。同时，监管手段越复杂，监管成本和监管要求就越严格，这可能会影响金融机构在产品创新领域的进步。

2. 我国金融科技监管的目的

从金融创新和风险监管的国际经验来看，金融风险监管也是我国金融监管的一项重要任务。改善监管管理框架与理清科技监管管理逻辑至关重要。根据我国的实际情况，在发展金融监管科技时，可考虑以下建议。

（1）健全金融科技监管体系

金融监管的缺失是因为已有的监管体系无法满足当前金融的发展趋势，未来需要一个更加健全的金融监管体系。借鉴英国新的金融监管框架，开发和应用英国协同监管策略和监管科技，改进金融科技行业监管水平，有利于建立全面覆盖金融市场风险管理的长效监管机制。

在此基础上，国家可以建立一个多方面的合作平台。一是监督管理部门，整合金融机构和其他相关社会机构及操作系统资源，建立多维合作平台，就统一标准数据交换、多维监管目标进行知识交流，并通过各种合作提高金融机构金融科技水平，完善法律法规。二是可以确保金融监管机构更好地遵守既定的监管原则，确保风险管理指标和监管工具的有效使用。三是基于合作平台可以共同制定相关监督管理标准，共同管理数据传输。

（2）以科技优化监管

沙盒是监管的一项重要创新，值得借鉴学习。首先，监管服务将金融科技产业发展的先行先试放在沙箱中进行监管，有利于控制风险的扩散；其次，沙箱监管动态监测沙盒类金融科技创新的发展态势，通过科学评估体系及强大的评估能力，将通过检验的金融科技创新产品发展需要的创新市场化；最后，应当建立规范金融机构数据的有关规则和标准，建立基于机构数据的数据分析平台，解决相关监管与监管之间的"信息孤岛"问题，有效监控复杂的市场行为和情报数据，逐步讨论建立一个全国性的预报和监测系统，同时可以更好地识别和控制系统性金融风险。沙盒监管能够将风险有效地控制在一定的范围之内，实现金融创新及风险控制相结合，有利于创新的孵化和风险的监控，是利用科技来实现监管优化的有效应用案例。

（3）金融技术创新监管

穿透式监管应该通过金融产品的表面形式，将资金来源、中间环节和最终投资的整个过程联系起来，认识金融交易和行为的性质，按照"实质重于形式"的原则，识别金融交易类型和产品，根据产品功能明确监管问题和适用规则，对企业的性质和法律属性以及创新产品实施全过程监控。金融风险大大增加了商业模式和交易结构的复杂性。监管当局可以遵循穿透式监管的概念，通过复杂现象厘清金融产品的风险、资金流向和法律特征，根据业务类型明确监管问题和分工，加强统筹协调，避免监管套利和监管真空。

（4）利用金融科技实现差异化竞争

国家可以从以下四个方面着手：一是加大对信息技术的投入，整合数据基础架构，集成和交换来自多个源的异构数据。同时可以加强区块链和其他技术的使用，以优化数据质量并支持业务部门发展。二是积极推行精准营销、智能投顾、量化投资等多种经营模式。三是通过云计算、语义分析等手段，全面提升公司风险管理水平，采用人工智能等技术手段，建立科学的全程风险控制体系。四是在信息安全方面，建立网络安全设施，有效保证客户交易信息的安全。

（二）我国金融科技监管规则

在金融监管史上，监管的性质和原则共同推动了金融监管的发展和改革金融监管。传统的金融监管总结了以往金融安全事故和金融危机的教训，在金融安全领域发挥着重要作用，然而，具有颠覆性和创新性的金融科技新模式打破了这种平静，并鼓励进一步改革以提升金融监管。金融科技快速发展所带来的金融风险，与传统金融风险在触发方式、扩散速度、影响范围乃至结构上都有很大不同。

根据熵权算法，监督主体即社会组织内部监督的当事人，从政府、自我监管、第三方机构、行业自律、媒体、公众、捐助者和受益者八个要素中浓缩了四个与内部治理监督有关的要素。

（1）政府——日常运行过程监管

政府作为社会组织内部管理最重要的监督机构，承担着起草登记管理规则、依法实施登记管理和监督的任务，根据法例法律，管理和监察本地社会组织的注册事宜，如内部治理监督及社会组织的日常事务。

（2）自我监管——健全内部治理结构

社会组织必须加强自我管理能力，提高运作效率，通过创建和不断完善自律机制，体现应有的社会责任感和社会公信力。但现实中，许多社会组织往往对自律的重要性缺乏认知，自律的机制软弱。内部监督制度的缺失或不完善，加上执行力薄弱，容易降低自我控制的有效性，从而导致社会组织之间相互监督无法建立。

（3）公众——强化监督意识

社会组织以某种方式获取公众支持，因此有义务接受公众的监督。如果每个人都能关心组织或对其行为有疑问，就能有效行使监督权，提高社会组织的自律性。

（4）第三方评估机构——加强事中事后监管

作为内部治理监督的主体，第三方评估机构实质上是按照法律和规范的方法和程序对金融机构的财务状况和活动管理进行评估。

3. 上海金融监管的基本思路

在遵循监管原则的基础上，从创新导向的政策制定和技术导向的技术管理两个方向推进金融市场监管的创新逻辑，最终形成一个二维的路径。

具体而言,这一创新体系的逻辑发展包括:"原则监督+审慎监督→政策治理"和"行为监督+规则监督→技术治理"。需要指出的是,二维治理并不能取代金融监管最初的原则或概念。它是传统规则的结合与互动创新,着力运用创新政策和科技手段,打造实时、动态、透明的数字智能监控系统,提高金融监管效率。

(三)我国金融科技监管创新模式探索

1. 金融科技监管创新框架

一个发达的金融生态系统不仅包括新兴技术的提供者和需求,还包括国家支持和监管措施,在此基础上,阐明了金融监管的创新逻辑,并结合我国金融监管的经验,国外金融监管技术带来的监管创新思路,本研究提供构建一个统一、包容、前瞻的"政策+技术"二维监管创新框架。

2. 金融科技监管机制运行的保障

(1) 中立性的共享监管理念

政府决策和监管部门必须参与技术交流集群的开发,实时了解参与者的服务和行业,了解金融产品的透明度和公平性以及对金融服务的监管最大化,在二维"政策+技术"的监管模式下,建议在金融科技公司之间设立一个中立和平等的决策和监管部门,从而促进金融科技所有参与者之间的信息交流。

(2) 学习型的动态监管思路

金融创新的颠覆性发展迫使金融监管者以监管技术的理念来解决监管问题,监管部门的技术体系必须直接与金融机构和金融技术企业的后端系统相连接;实时调节数据,通过汇总风险数据、数据模型分析预测、支付交易监控、客户识别等手段,实现动态监管目标;金融机构的内部文化和行为监测充分利用这些技术手段,要求监管机构坚持主动和持续的学习行为,并与受监管者保持动态的相互学习关系。

(3) 独立的合作监督机制

金融科技创造了一个活跃、充满活力的生态系统,促进了经济、社会和金融市场的协调发展。从空间社会学的角度,我们可以把这个生态系统看作一个公民自主参与的社区区域,例如,监管机构可允许使用其提供的数据,利用算法模型打击欺诈、洗钱或市场操纵。监管机制协调各方利益,促进治理与技术相结合,推动建立"政策+技术"自主包容的协同监管框架。

3. 应用——搭建金融科技协同监管平台

随着上海、广东、陕西、四川、内蒙古、江苏、江西等地相继宣布建立金融委办公室地方协调机制,在金融监管、风险管理等方面加强共享,开展中央和地方政府的合作,金融协同监管是大势所趋。

该平台是一个专业的金融监管平台,通过金融科技,在监管机构、金融机构和第三方提供商之间建立互信机制,协助金融机构和监管机构更好地满足法规遵从性,通过先进技术解决监管问题。

(1) 资源整合

建立共同的金融监管平台并不意味着完全放弃不同监管机构、金融机构和第三方供应商原有的信息系统,并为所有监管机构建立新的信息系统,这是浪费资源。联合监管需要一个平台,可以通过 API 接口实现信息交换和服务重组,同时保持每个机构的原始系统具有一定的独立性。

(2) 统一标准

金融协调监督是整个监管体系内所有机构的共同责任,而这并不是通过合并几个机构来实现。一个顺畅高效的协同监管环境需要大量的数据传输和处理。如果没有统一的金融数据标准,数据转化的成本将大大提高,而且这个转化过程将造成信息偏差,影响协同监管的效率和质量。基于云计算技术,平台各方可据此制定统一的金融数据统计(API)标准和数据交互,加强数据的综合利用和自动化处理。

(3) 随用随取

平台上的数据来源于监管部门、金融企业和第三方以服务形式发布的信息。协调和监控的业务模型集成了平台相关数据,并将其放在新的服务版本中。监管机构可随时调整重组后的服务以满足其需求,准确了解被监管单位的经营情况、实际财务状况和经营风险。

(4) 以长三角区域为试验田,再进一步推广和提升

建设金融科技和金融协同监管平台、必须发挥政府的主导作用。在整个操作系统中,每个监管机构既是平台构建者,又是系统控制器;它既是服务提供者,又是服务消费者。上海金融科技发展势头良好,金融机构众多,特色鲜明。基于区域金融一体化,建设长三角地区金融科技与金融协同监管平台是十分必要且具有可行性。同时,共享机制可以促进金融人才的协同培育,而高素质人才是促进金融协同发展的基本前提。

五、有关金融科技创新产品的项目治理

(一)金融科技创新产品的发展现状

1. 大数据

大数据技术在中国金融业可以应用于精准营销、风险控制、监管技

和其他。由于金融业与大数据技术的融合产生的积极影响有利于降低公司运营成本，提高公司运营效率，且金融公司对大数据技术的接受度提高，使得中国大数据产业总量不断扩大。

（1）大数据应用分类

大数据技术在中国金融领域的应用，可以分为精准营销、风险控制、监管科技及其他。

（2）大数据在金融行业应用的发展历程

大数据技术起源于2000年左右的互联网行业。2010年，大数据技术在中国金融业加以应用，具体经历了两个阶段：萌芽阶段和起步阶段。

（3）大数据在金融行业的应用产业链

中国金融大数据技术应用产业链由上游金融服务提供商、大数据基础设施提供商、中游大数据金融应用提供商和下游大数据金融应用用户四大类组成。

2. 云计算

在政策支持下，一些主要金融公司（如中国建设银行、平安银行、中信证券、国泰君安证券等）积极建设云平台，在建设自用私有云的同时，它们为有服务需求的中小金融企业开辟了冗余的计算资源，为金融机构提供了金融云服务模式创建。使用大型金融机构的金融云资源可以帮助中小金融机构快速、安全地实现业务，此外，私有云将使金融云应用成为金融机构的首选。中国大部分主要金融机构将为中小金融机构建设自己的私有云和专业云服务。金融机构核心系统将采取自建私有云模式，外围系统将以专业云服务为补充，小型金融机构将主要使用金融云服务。

（1）中国云计算在金融领域的应用分类

云计算在金融领域的应用可以按供给方式和服务方式进行分类：首先按照供给方式，金融领域的云计算应用主要包括公共云、私有云和混合云；其次，从服务模式来看，云计算应用主要包括基础设施、平台和软件。

（2）中国云计算在金融领域应用现状分析

首先是商业云的金融应用，我国的金融机构主要是传统金融机构和互联网金融机构。传统金融机构允许在云中使用不太敏感的辅助系统，如渠道系统、客户营销和机构管理系统。此外，传统金融机构正在将辅助操作系统转移到云端，以提高整个系统的管理灵活性，改善相关公司的用户体验。小额信贷、P2P、消费金融等互联网金融机构的主营业务是基于互联网的，其商业系统具有互联网的特点且其对云的接入简单快速，互联网金融机构使用云计算可以提高业务解析能力。其次是金融机构私有云和公有云的应用，金融机构一般在私有云中维护核心业务和重要敏感数据，通过私有云部署提高核心业务系统的运营效率，保持对 IT 资源、设备和服务的绝对控制。最后是金融机构通常不在公共云上使用敏感业务（如营销、渠道、组织管理等），从而减轻自建数据中心的运营负担，降低辅助运营的运营效率。例如，金融机构在公共云上使用营销业务时，可以使用大数据分析，利用公共云服务提供商的智能营销等应用模块，跟踪、分析、识别潜在客户，提高金融机构的获客能力，实现智能高效的营销。

（3）中国云计算在金融行业应用产业链分析

金融领域的云计算应用产业链由上游软硬件基础设施提供商、中游云计算服务提供商和下游云计算服务提供商组成。基础设施提供商主要是硬件供应商、软件供应商和第三方供应商 IDC；中游云计算服务提供商主要负责向下游金融服务提供商（包括银行、投资公司、保险和互联网金融用户）提供云服务。

3. 区块链

随着供应链金融市场的成长，不同行业的参与者要求或支持使用技术来解决传统供应链金融业务的发展问题。区块链的技术特征可以纠正供应链融资的痛点。在一些实例中，是将供应链技术与供应链金融相结合，突破了传统供应链金融模式内中小企业融资瓶颈问题。自 2018 年开始，区块链在全球的供应链金融业中需求旺盛，各类参与者已开始在供应链金融业中做出努力。各种各样的业务类型，如第三方支付业务、电子商务平台、供应链管理公司、物流企业和互联网金融平台，已经实施了供应链融资的战略布局，将投资或主要参与供应链金融市场，推动供应链金融各种新型商业模式的形成。

（1）区块链应用现状

2019 年 10 月 27 日，区块链搜索引擎指数升至 100 点，大数据技术、人工智能和云计算技术搜索引擎指数同期只有 19 点、19 点和 4 点。区块链技术的兴起与加密货币紧密相关，在加密货币的繁荣消失后，区块链技术的价值才真正被世界所挖掘。

（2）区块链的金融应用

从目前的实际应用情况来看，金融业使用非货币链主要是用来实现三类功能：一是金融信息的存储和传递功能，如存款、追溯、交换、验证等；二是积分及其系统的功能随着特定的价值转移而改变；三是基于多方形式重叠的智能订单自动执行功能。同步融资背景下的探索实践主要分为三类：一是不针对具体的事业，而是致力于区块链某些功能实现的应用研究，如与公司紧密联系，满足特定公司导向的应用探索需求，如供应链金融、贸易金融等。二是区块链底层技术平台的应用和基于底层的生态探索平台。区块链技术更适合于具有多方流量和脆弱性的特定金融场景，基于信任的、分布式体系结构，区块链结构、共识机制、时间戳等有助于改善链上信息的操纵和可追溯性困难，缓解信息不对称现象，与加密技术相结合，有助于保护信息安全，提高隐私和减少数据丢失。三是P2P网络的应用有助于在分布式环境中实现高效的合作，智能合约的引入有助于自动处理复杂的业务流程。它可用于融资，采用保险技术、跨境支付、资产转移、金融监管等场景，增强信息可信度，方便重复交易；提高相关参与者的信息交流积极性和业务效率，在一定程度上降低道德风险和操作风险。

4. 人工智能

人工智能技术在中国金融业的应用，包括客户服务、投资咨询、风险控制、智能投研等方面。在人工智能技术成熟度和适用性不断提高的背景下，金融业认识到了人工智能技术在提高金融数据处理和分析能力、促进金融服务个性化发展、提高金融危机控制效果等方面的价值。2018年人工智能应用的市场收入达到347.2亿元。

（1）人工智能的应用

中华人民共和国工业和信息化部电子技术标准化研究所于2018年1月发布的《人工智能标准化白皮书（2018）》指出，人工智能技术是一种能够计算的技术，其在金融领域使用的关键技术包括机器学习、知识映射、自然语言处理、计算机视觉、生物特征数据等。人工智能在中国金融领域的应用，根据应用领域可分为客户服务、投资咨询、风险控制等。

（2）人工智能技术在中国金融行业的应用发展历程

1956年人工智能的概念被正式提出并被应用于研究领域。杰弗里·辛顿（Geoffrey Hinton）和其他科学家提出了深层信仰网络的快速学习算法，从那时起深度学习的概念被提出，算法设计的思想和人工智能的性能差距已经渗透各个行业并开始商业化应用。人工智能技术在中国金融业的应用经历了两个阶段：萌芽阶段和起步阶段。

（3）人工智能技术在中国金融行业的应用产业链

中国金融业的人工智能技术应用产业分为四类：上游人工智能应用数据提供商、人工智能基础设施提供商，中游金融应用，下游人工智能用户。

（二）金融科技监管模式及监管制度创新的政策建议

在现代网络新技术、新商业模式出现的背景下，当前的金融业务客观上出现了跨境、跨市场的新情况，金融风险环境日趋复杂，风险转移形式和渠道多样化，打破了传统监管模式认知下的潜在金融风险市场。尽管如此，监管技术本身仍在不断完善和进一步发展，在监管领域的全面应用还存在许多问题和障碍，我们应该在未来的金融监管中发挥科技进步的重要作用。要顺应金融科技的发展趋势，在宏观审慎的原则下，加强行业与监管部门的沟通与合作，积极探索新兴技术与传统监管领域的结合，加快监管科技的研究和应用，降低监管成本，提高监管效率，规避金融风险。

1. 完善立法和管理，加强监管，编制科技规划，规范业务发展

加强有关数据和信息使用的安全性，应制定并不断优化相关法律法规、财产权、财务信息使用权及数据使用权限和责任；明确金融机构使用金融技术的权责，加强法律框架和技术标准的统筹规划，积极落实包括金融工程在内的技术规范和行业标准，协调市场准入和退出机制，引导金融机构利用科技创新提高业务能力，建立既包括科技创新的信息技术监管体系，也满足安全性和连续性的要求，根据企业规模、技术和风险防范的不同，以及金融机构、准金融机构和金融科技企业的可控性，实行分级监管；对业务准入和产品创新实行分级分类监管，在促进创新的同时提高监管效率。

2. 加快发展以新技术为基础的监管技术工具

金融监管部门应该积极运用现代科学技术改进和完善金融监管手段，推动大数据、人工智能、云计算和生物技术的落地；积极研究利用分布式体系结构和多维数据处理能力，实现数据爆炸式增长下的线性扩展能力，提高监管系统的弹性，降低监管技术成本；将实时流数据处理技术与可视化管理相结合，为异常交易监控和欺诈控制提供决策引擎；积极加强区块链技术的应用研究，协助针对区块链技术的多点存储、不易操作等特点，研究了私有链或联盟链模式，在关键操作中使用监控探头，建立可追溯机制，提高系统的可操作性，识别、预防和解决跨行业和跨市场的风险监测能力。

3. 加强金融科技监测方面的能力建设和国际合作

加强科技人才培养和金融监管新技术应用。监管机构和金融机构应密切关注境内金融技术的发展，详细研究金融技术和数字金融对货币政策传导和金融稳定的影响，做好相关风险的识别、评估和计量工作；在一些非系统性、非核心业务领域，鼓励金融机构加强与国内外金融机构的合作，明确准入资格和技术标准。必须加强国际合作，特别是金融技术的交流。

4. 加强区别监管

就金融监管而言，金融业的特殊性、重要性和高风险性，使其不同于

一般的监管。如果没有加强区别监管，不仅会导致金融科技公司丧失创新能力和原有利益，也会影响金融体系的发展，金融科技事业不应作为等同于金融经济的单独类别管理，而应在金融经济类别下的金融服务类别下设立，并作为子类别管理，如货币金融服务、资本市场服务、保险和其他金融业等。

第五篇 新金融政策汇编

第一节 中央层面的新金融政策

一、人工智能相关政策

2013年2月,《国务院关于推进物联网有序健康发展的指导意见》发布,明确发展壮大一批骨干企业,培育一批专、精、特、新的创新型中小企业,形成一批各具特色的产业集群,打造较完善的物联网产业链,物联网产业体系初步形成。鼓励金融资本、风险投资及民间资本投向物联网应用和产业发展。加快建立包括财政出资和社会资金投入在内的多层次担保体系,加大对物联网企业的融资担保支持力度。

2015年5月,国务院印发《中国制造2025》,支持有条件的企业由提供设备向提供系统集成总承包服务转变,由提供产品向提供整体解决方案转变。鼓励优势制造业企业"裂变"专业优势,通过业务流程再造,面向行业提供社会化、专业化服务。支持符合条件的制造业企业建立企业财务公司、金融租赁公司等金融机构,推广大型制造设备、生产线等融资租赁服务。

同年7月,国务院发布关于积极推进"互联网+"行动的指导意见。指导意见指出,要结合国家重大战略,支持和鼓励具有竞争优势的互联网企业联合制造、金融、信息通信等领域企业率先走出去,通过海外并购、联合经营、设立分支机构等方式,相互借力,共同开拓国际市场,推进国际产能合作,构建跨境产业链体系,增强全球竞争力。

2017年7月,国务院印发《新一代人工智能发展规划》,要求创新智能金融产品和服务,发展金融新业态,将智能金融发展提升到新高度。同时,提出面向2030年我国新一代人工智能发展的指导思想、战略目标、重点任务和保障措施,部署构筑我国人工智能发展的先发优势,加快建设创新型国家和世界科技强国。

同年12月,工业和信息化部颁布《促进新一代人工智能产业发展三年行动计划(2018—2020年)》。该计划提出,要推动人工智能和实体经济深度融合,加快制造强国和网络强国建设。明确推动互联网、大数据、人工智能和实体经济深度融合。开展人工智能相关政策和法律法规研究,推动行业合理开放数据,鼓励开展双边、多边国际合作。

2019年,中央全面深化改革委员会颁布《关于促进人工智能和实体经济深度融合的指导意见》。指导意见指出,要促进人工智能和实体经济深度融合,把握新一代人工智能发展的特点,坚持以市场需求为导向,以产业应用为目标,深化改革创新,优化制度环境,激发企业创新活力和内生动力,结合不同行业、不同区域的特点,探索创新成果应用转化的路径和方法,构建数据驱动、人机协同、跨界融合、共创分享的智能经济形态。

2020年8月7日,国家发展和改革委员会、科技部、工业和信息化部等五部门联合印发《国家新一代人工智能标准体系建设指南》。该指南指出,到2023年,初步建立人工智能标准体系,重点研制数据、算法、系统、服务等重点急需标准,并率先在制造、交通、金融、安防、家居、养老、环保、教育、医疗健康、司法等重点行业和领域进行推进。建设人工智能标准试验验证平台,提供公共服务能力。

2022年7月,科技部等六部门印发《关于加快场景创新以人工智能高水平应用促进经济高质量发展的指导意见》。指导意见强调,要推动各类创新主体开放场景机会,围绕场景创新加快资本、人才、技术、数据、算力等要素汇聚,促进人工智能创新链、产业链深度融合。鼓励在制造、农业、物流、金融、商务、家居等重点行业深入挖掘人工智能技术应用场景,促进智能经济高端高效发展。

二、数据资产相关政策

为了保护网络信息安全,保障公民、法人和其他组织的合法权益,维护国家安全和社会公共利益,2012年12月28日,第十一届全国人民代表大会常务委员会第三十次会议通过了《全国人民代表大会常务委员会关于加强网络信息保护的决定》。明确国家保护能够识别公民个人身份和涉及公民个人隐私的电子信息。网络服务提供者和其他企事业单位在业务活动中收集、使用公民个人电子信息,应当遵循合法、正当、必要的原则,明示收集、使用信息的目的、方式和范围,并经被收集者同意,不得违反法律法规和双方的约定收集、使用信息。

为保护消费者的合法权益,维护社会经济秩序,促进社会主义市场经济健康发展,2013年10月25日,全国人大常委会第二次修正了《中华人民共和国消费者权益保护法》。强调保护消费者个人信息的义务,经营者及其工作人员对收集的消费者个人信息必须严格保密,不得泄露、出售或者非法向他人提供。经营者应当采取技术措施和其他必要措施,确保信息安全,防止消费者个人信息泄露、丢失。在发生或者可能发生信息泄露、丢失的情况时,应当立即采取补救措施。

在立法实践中,《2016年中国大数据产业交易白皮书》提出"企业数据所有权"的概念,但是未对数据进行详细定义。中国信通院在《2018年工业企业数据资产管理现状调查报告》中提出了"企业数据资产"的概念,指的是企业拥有或者控制的、能够为企业带来未来经济利益的、以物理或电子的方式记录的数据资源,如文件资料、电子数据等。

对于数据的保护和利用,2016年11月7日,中华人民共和国第十二届全国人民代表大会常务委员会第二十四次会议颁布了《中华人民共和国网络安全法》。该法指出,网络运营者收集、使用个人信息,应当遵循合法、正当、必要的原则,公开收集、使用的规则,明示收集、使用信息的目的、方式和范围,并经被收集者同意。

2019年10月31日,党的十九届四中全会决议通过了《中共中央关于坚持和完善中国特色社会主义制度、推进国家治理体系和治理能力现代化若干重大问题的决定》,首次将数据增列为生产要素,要求建立健全由市场评价贡献、按贡献决定报酬的机制。尊重知识、尊重人才,加快人才制度和政策创新,支持各类人才为推进国家治理体系和治理能力现代化贡献智慧和力量。

2020年3月30日《中共中央、国务院发布的关于构建更加完善的要素市场化配置体制机制的意见》明确提出,要"加强数据资源整合和安全保护。探索建立统一规范的数据管理制度,提高数据质量和规范性,丰富数据产品。研究根据数据性质完善产权性质。制定数据隐私保护制度和安全审查制度。推动完善适用于大数据环境下的数据分类分级安全保护制度,加强对政务数据、企业商业秘密和个人数据的保护"。

2020年5月28日《中华人民共和国民法典》颁布。《中华人民共和国民法典》既是诸多民事法律规范的集大成者,又在诸多方面进行了制度创新与发展,有关隐私权和个人信息保护的规定便是其中的一个亮点。在数据权属的规定方面，采取了开放式的立法例，为经济发展与技术创新进步的要求预留了足够空间，体现了"法与时转则治"的立法理念和实践安排。《中华人民共和国民法典》总则第一百二十七条明确规定："法律对数据、网络虚拟财产的保护有规定的，依照其规定"。以法律的形式对数据的民事保护作出了原则性规定。

为了规范数据处理活动，保障数据安全，促进数据开发利用，保护个人、组织的合法权益，维护国家主权、安全和发展利益，2021年6月10日，第十三届全国人民代表大会常务委员会第二十九次会议颁布了《中华人民共和国数据安全法》。对数据、数据处理、数据安全进行了明确定义。此外，进一步完善保障政务数据安全方面的规定，加强对国家核心数据的保护和管理，加大数据违法行为的处罚力度。

为贯彻落实党中央、国务院的决策部署，全面推进我国大数据发展和应用，加快建设数据强国，2015年8月，国务院印发《促进大数据发展行动纲要》，明确提出要引导培育大数据交易市场、开展面向应用的数据交易市场试点、探索开展大数据衍生产品交易、鼓励产业链各环节的市场主体进行数据交换和交易、促进数据资源流通、建立健全数据资源交易机制和定价机制、规范交易行为等一系列健全市场发展机制的思路与举措。

2022年12月19日，中央全面深化改革委员会通过了《关于构建数据基础制度更好发挥数据要素作用的意见》。该意见指出，数据作为新型生产要素，是数字化、网络化、智能化的基础，已快速融入生产、分配、流通、消费和社会服务管理等各个环节，深刻改变着生产方式、生活方式和社会治理方式。我国具有数据规模和数据应用优势，要推动出台数据安全法、个人信息保护法等法律法规，积极探索推进数据要素市场化，加快构建以数据为关键要素的数字经济。

三、区块链相关政策

为了规范区块链信息服务活动，维护国家安全和社会公共利益，保护公民、法人和其他组织的合法权益，促进区块链技术及相关服务的健康发展，根据《中华人民共和国网络安全法》《互联网信息服务管理办法》《国务院关于授权国家互联网信息办公室负责互联网信息内容管理工作的通知》，国家互联网信息办公室于2019年1月10日发布了《区块链信息服务管理规定》，并于同年2月15日实施。该规定旨在明确区块链信息服务提供者的信息安全管理责任，规范和促进区块链技术及相关服务健康发展，规避区块链信息服务安全风险，为区块链信息服务的提供、使用、管理等提供有效的法律依据。

2020年1月，国务院办公厅下发《关于支持国家级新区深化改革创新加快推动高质量发展的指导意见》。指导意见强调，要支持新区加快发展战略性新兴产业，培育发展一批特色产业集群，提高专业化和创新发展水平，培育一批具有全球竞争力的"瞪羚"企业、新领军者企业、专精特新"小巨人"企业和细分领域"单项冠军"企业；加快推动区块链技术和产业创新发展，探索"区块链+"模式，促进区块链和实体经济深度融合。

为发挥高校科技创新优势，更好地推动我国区块链技术发展和应用，教育部于2020年4月30日发布并实施了《高等学校区块链技术创新行动计划》。总体目标是：到2025年，在高校布局建设一批区块链技术基地，培养汇聚一批区块链技术攻关团队，基本形成全面推进、重点布局、特色发展的总体格局和高水平创新人才不断涌现、高质量科技成果持续产生的良好态势，推动若干高校成为我国区块链技术创新的重要阵地，一大批高校区块链技术成果为产业发展提供动能，有力支撑我国区块链技术的发展、应用和管理。

为贯彻落实习近平总书记在中央政治局第十八次集体学习时的重要讲话精神，发挥区块链在产业变革中的重要作用，促进区块链和经济社会深度融合，加快推动区块链技术应用和产业发展，工业和信息化部、中央网络安全和信息化委员会办公室于2021年5月27日发布并实施了《关于加快推动区块链技术应用和产业发展的指导意见》，指导意见明确提出，到2025年，区块链产业综合实力达到世界先进水平，产业初具规模；区块链应用渗透经济社会多个领域，在产品溯源、数据流通、供应链管理等领域培育一批知名产品，形成场景化示范应用。

2021年11月，工业和信息化部下发《"十四五"信息通信行业发展规划》。该规划指出，要建设区块链基础设施，通过加强区块链基础设施建设增强区块链的服务和赋能能力，更好地发挥区块链作为基础设施的作用和功能，为技术和产业变革提供创新动力。

2022年5月，国务院下发《扎实稳住经济一揽子政策措施的通知》。该通知出台了支持平台经济规范健康发展的具体措施，在防止资本无序扩张的前提下设立"红绿灯"，维护市场竞争秩序，以公平竞争促进平台经济规范健康发展。鼓励平台企业加快人工智能、云计算、区块链、操作系统、处理器等领域技术的研发突破。

四、数字货币相关政策

2014年，中国人民银行成立了法定数字货币的专门研究小组，以研究发行法定数字货币的可行性，首次将推行数字人民币上升到国家战略。2015年，中国人民银行数字货币研究团队进一步充实力量，对数字货币发行和业务运行框架、数字货币的关键技术、数字货币发行的流通环境、数字货币面临的法律问题、数字货币对经济金融体系的影响、法定数字货币与私人发行数字货币的关系、国际上数字货币的发行经验等进行了深入研究，并取得阶段性成果。

为保护社会公众的财产权益，保障人民币的法定货币地位，防范洗钱风险，维护金融稳定，2013年12月，中国人民银行等5部门发布《关于防范比特币风险的通知》。该通知指出，要正确认识比特币的属性，各金融机构和支付机构不得开展与比特币相关的业务，加强对比特币网站的管理，加强对社会公众货币知识的教育及投资风险提示，比特币网站需"实名制"；同时强调，比特币具有较高的投机风险、较高的洗钱风险，被违法犯罪分子或组织利用的风险。

2018年1月，中国人民银行发布《关于开展为非法虚拟货币交易提供支付服务自查整改工作的通知》。该通知要求各单位及分支机构开展自查整改工作，严禁为虚拟货币交易提供服务，并采取措施防止支付通道用于虚拟货币交易；同时，加强日常交易监测，对于发现的虚拟货币交易，及时关闭有关交易主体的支付通道，并妥善处理待结算资金。

2020年7月，中国人民银行数字货币研究所与滴滴出行正式达成战略合作协议，共同研究探索数字人民币在智慧出行领域的场景创新和应用。双方期望通过建立合作关系，促进数字人民币在多元化出行场景中的平台生态建设。有消息显示，美团点评已和多家参与数字人民币项目的银行展开合作，尝试拓展如美团单车等的使用场景；视频播放网站哔哩哔哩参与银行的合作也已经进入技术开发阶段；字节跳动等公司也在讨论合作的可能性。

2020年8月，商务部发布了《全面深化服务贸易创新发展试点总体方案》，公布了由中国人民银行制订政策保障措施，先从深圳、成都、苏州、雄安新区等地及冬奥场景相关部门协助推进数字人民币试点计划，后续将视情况扩大到京津冀、长三角、粤港澳大湾区及中西部地区。自央行数字货币面世以来,就在国内多个城市的线下支付场景展开推广。不仅如此,在这批开放的试点城市里,就有包括海南、大连、厦门、青岛、深圳、石家庄、长春、哈尔滨、南京、杭州等 28 个省市(区域),这些城市将陆陆续续引进数字货币,并在多个支付场景中展开应用。

为进一步推进服务贸易改革、开放、创新,促进对外贸易结构优化和高质量发展。2020 年 8 月,商务部发布《全面深化服务贸易创新发展试点总体方案》。全面深化试点地区为北京、天津、上海、重庆(涪陵区等 21 个市辖区)、海南、大连、厦门、青岛、深圳、石家庄、长春、哈尔滨、南京、杭州、合肥、济南、武汉、广州、成都、贵阳、昆明、西安、乌鲁木齐、苏州、威海和河北雄安新区、贵州贵安新区、陕西西咸新区 28 个省市(区域)。

2020 年 9 月,中国人民银行数字货币研究所与京东数科正式达成战略合作,双方以数字人民币项目为基础,共同推动移动基础技术平台、区块链技术平台等研发建设;同时,结合京东集团现有场景,共同促进数字人民币的移动应用功能创新及线上、线下场景的落地应用,推进数字人民币钱包生态建设。

为健全金融法治顶层设计,支持金融业稳健发展,中国人民银行积极推进《中华人民共和国中国人民银行法》修改工作。2020 年 10 月,《中华人民共和国中国人民银行法(修订草案征求意见稿)》公开征求意见,其中,第十九条加入"人民币包括实物形式和数字形式"。

2020 年 11 月,全国人大下发《中共中央关于制定国民经济和社会发展第十四个五年规划和二〇三五年远景目标的建议》。该建议提出建设现代中央银行制度,完善货币供应调控机制,稳妥推进数字货币研发,健全市场化利率形成和传导机制。

2021 年 3 月,全国人大发布《中华人民共和国国民经济和社会发展第十四个五年规划和 2035 年远景目标纲要》,指出要推动建立多边、民主、透明的全球互联网治理体系,建立更加公平合理的网络基础设施和资源治理机制;积极参与数据安全、数字货币、数字税等国际规则和数字技术标准制定。

为防范虚拟货币交易炒作活动抬头,扰乱经济金融秩序,滋生非法集资、传销、洗钱等违法犯罪活动,2021 年 9 月,中国人民银行等 10 部门出台了《关于进一步防范和处置虚拟货币交易炒作风险的通知》。该通知明确,虚拟货币不具有与法定货币等同的法律地位,虚拟货币相关业务活动属于非法金融活动。对于相关境外虚拟货币交易所的境内工作人员,以及明知或应知其从事虚拟货币相关业务，仍为其提供营销宣传、支付结算、技术支持等服务的法人、非法人组织和自然人，依法追究有关责任。

同年9月，国家发展和改革委员会等10部门发布《关于整治虚拟货币"挖矿"活动的通知》，强调充分认识整治虚拟货币"挖矿"活动的重要意义，全面梳理排查虚拟货币"挖矿"项目，严禁新增项目投资建设，加快存量项目有序退出，以有效防范处置虚拟货币"挖矿"活动盲目无序发展带来的风险隐患，深入推进节能减排，助力如期实现碳达峰、碳中和目标。

2022年2月，中国人民银行等4部委印发《金融标准化"十四五"发展规划》。该规划提出，全面开展人民币跨境支付清算产品服务、清算结算处理、业务运营和技术服务等方面的标准建设，加强对人民币跨境支付系统建设的支撑；推进法定数字货币标准研制：综合考量安全可信基础设施、发行系统与存储系统、登记中心、支付交易通信模块、终端应用等，探索建立完善法定数字货币的基础架构标准。

五、保险科技相关政策

我国金融体系发展不平衡，间接融资比例过高，影响了金融资源配置效率，不利于金融风险的分散和化解。2006年，《国务院关于保险业改革发展的若干意见》发布，强调加快保险业改革发展，发挥保险在金融资源配置中的重要作用，对优化金融资源配置以及完善社会主义市场经济体制具有重要意义。

同年，原保监会颁布《关于加强和改善对高新技术企业保险服务有关问题的通知》。该通知指出，大力推动科技保险创新发展，逐步建立高新技术企业创新产品研发、科技成果转让的保险保障机制；推进高新技术企业软件出口新险种的开发，解决软件等高新技术产品出口和高新技术企业"走出去"中的收汇风险和融资需求，推动高新技术企业投保出口信用险项下的融资业务发展。

2014年8月，国务院发布《国务院关于加快发展现代保险服务业的若干意见》。明确提出支持保险公司积极运用网络、云计算、大数据、移动互联网等新技术促进保险业销售渠道和服务模式创新。鼓励保险公司提供个性化、定制化产品服务，减少同质低效竞争。

2020年1月，原银保监会发布《关于推动银行业和保险业高质量发展的指导意见》。该意见提出，要增强金融产品创新的科技支撑。银行保险机构要夯实信息科技基础，建立适应金融科技发展的组织架构、激励机制、运营模式，做好相关技术、数据和人才储备。充分运用人工智能、大数据、云计算、区块链、生物识别等新兴技术，改进服务质量，降低服务成本，强化业务管理。大力发展移动互联网终端业务，探索构建互联网金融服务平台。加强网络安全建设，强化客户信息安全保护，提升突发事件应急处置和灾备水平。

为规范互联网保险业务，有效防范风险，保护消费者合法权益，提升保险业服务实体经济和社会民生的水平，2020 年 4 月，原银保监会发布了《互联网保险业务监管办法》。该办法厘清了互联网保险业务的本质，明确了制度适用和衔接政策；规范保险营销宣传行为，规定管理要求和业务行为标准；全流程规范售后服务，改善消费体验；按经营主体分类监管，在规定基本业务规则的基础上，针对互联网保险公司、保险公司、保险中介机构、互联网企业代理保险业务，分别规定了特别业务规则；创新完善监管政策和制度措施，做好政策实施过渡安排。

2020 年 8 月，原银保监会发布《推动财产保险业高质量发展三年行动方案（2020—2022 年）》。推动行业向精细化、科技化、现代化转型发展，改进业态模式，深耕细分市场，推动服务创新，提升数字科技水平，完善公司治理体系。

2021 年 8 月，原银保监会发布《关于开展互联网保险乱象专项整治工作的通知》。重点整治互联网保险中销售误导、强制搭售和诱导销售、违规经营和用户信息泄露等突出问题。互联网平台突出宣传"零首付""低首付""首月仅为 X 元""赠送""免费领取"等字眼的销售方式也被画上红线，属于诱导消费者购买保险的行为。

2021 年 12 月，原银保监会印发《关于银行业保险业支持高水平科技自立自强的指导意见》。强调要统筹推动直接融资与间接融资相互补充，政策性金融与商业性金融共同发力，充分考虑银行、保险、非银行金融机构的优势和特点，调动科技金融服务的积极性。要完善科技金融服务体系，发挥开发性、政策性金融作用，推动商业银行科技金融服务提质增效，强化科技保险保障，发挥非银行金融机构的特色优势。

2022 年 11 月，中国保险行业协会发布《保险科技"十四五"发展规划》，提出未来保险科技发展将聚焦线上化、服务化、精细化、平台化、智能化的五大发展趋势。对整个行业依托科技发展提升服务国家战略、服务社会需求、服务民生保障能力做了规划展望，聚焦服务双碳、绿色发展、乡村振兴等国家战略，涉及医疗健康、养老服务、汽车服务、金融服务等重点领域，关注老年人、残疾人等特殊人群，针对数据共享、信息安全、创新试点等热点问题，结合保险行业自身发展特点和现状，提出了具有保险行业特色的发展理念，发出了自己的声音。

六、商业保理相关政策

为掌握国内信用销售的发展情况，总结推广成功的做法和经验，推动信用销售健康发展，商务部决定建立重点企业联系制度。2010年1月，商务部办公厅下发《关于建立信用销售重点联系企业制度的通知》，其中的信用服务中介机构主要包括资信评估、信用咨询、商账管理、商业保理、信用支付中介、信用担保、信用保险等类型的企业。

2011年8月，商务部、原银保监会发布《关于支持商圈融资发展的指导意见》。为缓解中小商贸企业融资难题，商务主管部门要会同银行业监管部门、融资性担保机构监管部门，鼓励实体商圈管理机构与银行业金融机构、典当行、商业保理公司等融资机构建立各种形式的合作，商务主管部门协助开展商业保理业务宣讲活动。

2011年10月，商务部发布《关于加强中小商贸流通企业服务体系建设的指导意见》。小商贸流通企业与担保、典当、融资租赁、商业保理、保险等机构对接并开展相关配套服务，用5年时间，分国家、省、市三级建设一批功能完备、运作规范的中小商贸流通企业公共服务平台，形成有利于中小商贸流通企业发展的环境。

2012年6月，商务部发布《关于商业保理试点有关工作的通知》，决定在天津滨海新区、上海浦东新区开展商业保理试点，从试点内容、试点工作要求、试点工作安排等方面对商业保理做了安排。该通知特别提出，开展商业保理原则上应设立独立的公司，不混业经营，不得从事吸收存款、发放贷款等金融活动，禁止专门从事或受托开展催收业务，禁止从事讨债业务。

2013年5月，国务院印发《深化流通体制改革加快流通产业发展重点工作部门分工方案》，重申发展融资租赁、商圈融资、供应链融资、商业保理等业务。同年8月，商务部办公厅发布《关于做好商业保理行业管理工作的通知》，提出建立商业保理行业统计制度，要求试点地区商业保理公司进行信息填报，建立重大事项报告制度，并对试点地区实施监督检查。

2014年7月，原银保监会公布《商业银行保理业务管理暂行办法》，对商业银行的保理业务进行了定义和分类,明确了保理融资业务管理和保理业务风险管理的准则。2015 年 3 月,商务部发布《商业保理企业管理办法(试行)》(征求意见稿),明确了商业保理企业及再保理企业、应收账款的定义,对商业保理公司的设立、备案、变更及注销要求以及商业保理公司的业务管理、监督管理、法律责任等进行了规范。

2016 年 8 月,中国银行业协会印发《中国银行业保理业务规范》。中国银行业协会保理专业委员会修订完成《中国银行业保理业务规范》,从商业保理业务的定义、特点及分类,银行内部管理要求,数据统计及信息披露等方面提出业务规范。

2017 年 5 月,商务部印发《2017 年市场秩序工作要点》,提出要加强商务诚信体系建设,推动商业保理行业健康发展,鼓励拓展再保理业务,研究出台相关管理制度。

2019 年 10 月,原银保监会发布《关于加强商业保理企业监督管理的通知》,从依法合规经营、加强监督管理、稳妥推进分类处置、严把市场准入关、压实地方监管责任、优化营商环境六个方面指导各地加强商业保理企业的事中、事后监管。

2022 年 1 月,中国人民银行发布《地方金融监督管理条例(草案征求意见稿)》。将依法设立的小额贷款公司、融资担保公司、区域性股权市场、典当行、融资租赁公司、商业保理公司、地方资产管理公司以及法律、行政法规和国务院授权省级人民政府监督管理的从事地方金融业务的其他机构视为地方金融组织。按照"中央统一规则、地方实施监管,谁审批、谁监管、谁担责"的原则,将地方各类金融业态纳入统一监管框架,有效防范化解地方金融风险,强化地方金融风险处理机制。

七、投融资机制体制相关政策

为推进经济结构战略性调整,加强薄弱环节建设,促进经济持续健康发展,迫切需要在公共服务、资源环境、生态建设、基础设施等重点领域进一步创新投融资机制,充分发挥社会资本特别是民间资本的积极作用。国务院于 2014 年 11 月 16 日发布《关于创新重点领域投融资机制鼓励社会投资的指导意见》,提出使市场在资源配置中起决定性作用和更好发挥政府作用,打破行业垄断和市场壁垒,切实降低准入门槛,建立公平开放透明的市场规则,营造权利平等、机会平等、规则平等的投资环境,进一步鼓励社会投资特别是民间投资,盘活存量、用好增量、调结构、补短板，促进重点领域建设，增加公共产品有效供给。

为深化投融资体制改革，充分发挥投资对稳增长、调结构、惠民生的关键作用，中共中央、国务院于2016年7月5日发布《中共中央 国务院关于深化投融资体制改革的意见》。该意见指出，要牢固树立和贯彻落实创新、协调、绿色、开放、共享的新发展理念，着力推进结构性改革尤其是供给侧结构性改革，充分发挥市场在资源配置中的决定性作用和更好地发挥政府作用；进一步转变政府职能，深入推进简政放权、放管结合、优化服务改革，建立完善企业自主决策、融资渠道畅通，职能转变到位、政府行为规范，宏观调控有效、法治保障健全的新型投融资体制。

为统筹推进"五位一体"总体布局和协调推进"四个全面"战略布局，国务院办公厅于2017年2月6日发布实施《关于创新农村基础设施投融资体制机制的指导意见》。该意见指出，要牢固树立和贯彻落实创新、协调、绿色、开放、共享的新发展理念，以加快补齐农村基础设施短板、推进城乡发展一体化为目标，以创新投融资体制机制为突破口，明确各级政府事权和投入责任，拓宽投融资渠道，优化投融资模式，加大建设投入，完善管护机制，全面提高农村基础设施建设和管理水平。

为进一步发挥能源投融资对稳增长、调结构、惠民生和推进供给侧结构性改革的重要作用，坚持企业为主、规划引导、放管结合、优化服务、创新机制、畅通渠道、统筹兼顾、协同推进的原则，国家能源局于2017年3月27日发布实施《关于深化能源行业投融资体制改革的实施意见》。充分激发社会资本参与能源投资的动力和活力，发挥好能源行业政府投资的引导和带动作用，畅通能源投资项目融资渠道，提升综合服务管理水平，确保改革任务落实到位。

八、中小微企业融资相关政策

为了改善中小企业经营环境，保障中小企业公平参与市场竞争，维护中小企业合法权益，支持中小企业创业创新，促进中小企业健康发展，扩大城乡就业，发挥中小企业在国民经济和社会发展中的重要作用，2002年6月，全国人民代表大会常务委员会发布了《中华人民共和国中小企业促进法》。国务院制定促进中小企业发展政策，建立中小企业促进工作协调机制，统筹全国中小企业促进工作。

为进一步营造有利于中小企业发展的良好环境，切实缓解中小企业融资困难，2009 年 9 月 19 日，国务院发布《国务院关于进一步促进中小企业发展的若干意见》发布。该政策指出，要加大对中小企业的财税扶持力度，加快中小企业的技术进步和结构调整，支持中小企业开拓市场，努力改进对中小企业的服务，提高中小企业的经营管理水平，加强对中小企业工作的指导。

2014 年 4 月 24 日，工业和信息化部、财政部发布《关于做好 2014 年中小企业发展专项资金服务体系和融资环境项目申报工作的通知》。该通知指出，要重点支持中小企业信用担保机构、中小企业信用再担保机构增强业务能力，提升小微企业担保服务水平和积极性，扩大中小企业特别是小微企业的担保业务规模，探索创新小微企业的担保业务模式，着力缓解中小微企业融资难问题。

为及时了解中小企业的融资情况及存在的新问题，以制定有针对性的政策措施，各地在采取有力措施帮助中小企业缓解融资困难的同时，也要抓紧开展中小企业融资情况调查。2015 年 5 月 6 日，《关于开展中小企业融资情况调查的通知》下发，强调重点调查造成中小企业融资困难的主要原因，特别是有哪些新的因素，如信贷规模减小、融资成本增加等。

2018 年 6 月 23 日，中国人民银行、原银保监会等五部门联合印发《关于进一步深化小微企业金融服务的意见》。该意见指出，要加大货币政策支持力度，引导金融机构增加小微企业信贷投放。建立分类监管考核评估机制，着力提高金融机构支持小微企业的精准度。强化银行业金融机构内部考核激励，疏通内部传导机制。拓宽多元化融资渠道，加大直接融资支持力度。运用现代金融科技等手段，提高金融服务的可得性。健全普惠金融组织体系，增强小微信贷持续供给能力。优化营商环境，提升小微企业融资能力。

2021 年 11 月 6 日，国务院促进中小企业发展工作领导小组办公室印发《为"专精特新"中小企业办实事清单》。从政策、服务"双管齐下"，着重加强制度创新、实施精准扶持、集聚服务资源，推动"专精特新"中小企业加快实现高质量发展，从而达到切实增强和提升"专精特新"中小企业获得感、满意度的目标。

受外部环境复杂性不确定性加剧、国内疫情多发等影响，市场主体特别是中小微企业困难明显增加，生产经营形势不容乐观，迫切需要进一步采取有力措施帮扶中小微企业纾困解难，实现平稳健康发展。2022 年 5 月 9 日，国务院促进中小企业发展工作领导小组办公室印发《加力帮扶中小微企业纾困解难若干措施》，提出要充分发挥各级促进中小企业发展工作机制的作用，结合实际进一步细化纾困举措，推动助企纾困政策落地见效。

九、产业集聚相关政策

为在各地逐步形成技术更加先进、结构更加优化、布局更加合理、更加有利于发挥区域优势的产业发展格局，促进工业由大变强，工业和信息化部发布了《关于促进产业集聚发展和工业合理布局工作的通知》。文件指出，要探索建立区域优势产业发展规划的评估、衔接、调整机制，为规划发展、开发建设、项目审批、土地管理、环境评价等提供产业导向依据，将其作为规划期内开发区产业投资项目落地审批、开发区控制性详细规划制订和修编等工作的主要依据之一，以达到促进产业集聚、提升产业能级、优化产业布局的目的。

为落实科学发展观，实施标准化战略，以扩大标准化工作对区域经济发展的贡献为中心，以促进高新技术和战略性新兴产业发展、增强企业自主创新能力、提升企业产品竞争力为目的，围绕半导体（硅材料）整个产业链，以形成并实施具有自主知识产权的半导体（硅材料）标准体系为建设内容，实现示范区标准化工作的快速发展，国家标准化管理委员会于2010年9月28日发布了《示范区建设总体目标》，并强调示范区建设要做好组织领导、政策扶持、服务平台建设、监督指导等方面的保障措施。

为促进产业集聚，提高资源综合利用水平，推动资源综合利用产业高质量发展，国家发展改革委办公厅、工业和信息化部办公厅于2019年1月9日发布了《关于推进大宗固体废弃物综合利用产业集聚发展的通知》。按照生态文明建设的总体要求，以集聚化、产业化、市场化、生态化为导向，以提高资源利用效率为核心，着力技术创新和制度创新，探索大宗固体废弃物区域整体协同解决方案，推动大宗固体废弃物由"低效、低值、分散利用"向"高效、高值、规模利用"转变，带动资源综合利用水平全面提升，推动经济高质量可持续发展。

为进一步做好促进中小企业特色产业集群发展工作，推动中小企业高质量发展，工业和信息化部于2022年9月公布《促进中小企业特色产业集群发展暂行办法》。该办法强调，县级区域范围内的中小企业特色产业集群要以新发展理念为引领，以中小企业为主体，主导产业聚焦、优势特色突出、资源要素汇聚、协作网络高效、治理服务完善，具有较强核心竞争力的中小企业产业集群。

十、城市建设相关政策

为进一步加强和改进城市规划建设管理工作，解决制约城市科学发展的突出矛盾和深层次问题，开创城市现代化建设新局面，2016年2月，国务院发布《关于进一步加强城市规划建设管理工作的若干意见》，该意见提出，要按照"五位一体"总体布局和协调推进"四个全面"战略布局，牢固树立和贯彻落实创新、协调、绿色、开放、共享的新发展理念，认识、尊重、顺应城市发展规律，更好地发挥法治的引领和规范作用，依法规划、建设和管理城市，贯彻"适用、经济、绿色、美观"的建筑方针，着力转变城市发展方式，着力塑造城市特色风貌，着力提升城市环境质量，着力创新城市管理服务，走出一条中国特色的城市发展道路。

2018年6月，国家市场监督管理总局、中国国家标准化管理委员会发布国家标准文件《智慧城市顶层设计指南（GB/T 36333-2018）》，明确了城市智慧化建设目标，并规划、设计相应的建设内容和实施路径，明确了相关信息技术手段及相关资源要素等内容。

为加快实施以促进人的城镇化为核心、提高质量为导向的新型城镇化战略，2019年3月31日，国家发展和改革委员会印发了《2019年新型城镇化建设重点任务》。该政策强调要加快农业转移人口市民化，优化城镇化布局形态。健全城市投融资机制。平衡好防风险与稳增长的关系，在有效防范地方政府债务风险的前提下，推动有效投资稳定增长。培育发展城乡产业协同发展先行区，创建一批城乡融合典型项目，鼓励经营性与公益性项目综合体立项，促进资金平衡、金融支持和市场化运作，推进城乡要素跨界配置和产业有机融合。

2021年4月8日，国家发展和改革委员会印发《2021年新型城镇化和城乡融合发展重点任务》，强调要提升城市群和都市圈的承载能力，促进大中小城市和小城镇协调发展，加快建设现代化城市，提升城市治理水平和加快推进城乡融合发展。在债务风险可控的前提下，加大中央预算内投资和地方政府专项债券等财政性资金的统筹支持力度，有序发行县城新型城镇化建设专项企业债券。健全政银企对接长效机制，协调引导有实力的大型企业承担相关建设任务，吸引开发性、政策性、商业性金融机构中长期信贷资金积极投入，利用现有国外优惠贷款渠道予以投入。

为深化体制机制改革创新，加快转变发展方式，着力补短板、强弱项、优布局、提品质，全面提高城镇环境基础设施供给质量和运行效率，推动减污降碳协同增效，促进生态环境质量持续改善，助力实现碳达峰、碳中和目标。2022年1月，国务院办公厅转发国家发展和改革委员会等部门的《关于加快推进城镇环境基础设施建设指导意见》，指出要加强城镇环境基础设施项目谋划与储备，将符合条件的项目纳入国家重大建设项目库。坚持"资金、要素跟着项目走"，优先安排环境基础设施用地指标，加大资金多元投入，优化审批流程，提高审批效率，加快办理项目前期手续，确保各项工程按时顺利落地。

十一、金融科技监管相关政策

为了促进互联网保险业务规范健康有序地发展，防范网络保险欺诈风险，切实保护投保人、被保险人和受益人的合法权益，2020年12月，原银保监会发布《互联网保险业务监管规定（征求意见稿）》。其中规定，原保监会及其派出机构发现保险公司、保险专业中介机构在开展互联网保险业务过程中有违反保险法律法规和原银保监会有关规定的，应当责令其限期整改，并依法给予相应的行政处罚。

2020年9月，国务院、央行发布《关于实施金融控股公司准入管理的规定》以及《金融控股公司监督管理试行办法》，明确金融控股公司的准入管理、股东和股本管理规范、股权结构要求等，将所有金融业股纳入监管，对上述平台类金融科技公司形成了有力的监管约束。

2020年11月，中国人民银行发布了《中国金融稳定报告（2020）》。针对金融科技创新发展新形势，我国金融管理部门积极探索符合新事物内在发展规律、高度适配我国国情的金融科技监管路径，全面提升监管效能。报告强调，要加快完善金融科技监管框架。下一步，金融管理部门将做好统筹与协同，强化监管顶层设计和整体布局，加快完善符合我国国情的金融科技监管框架。

2021年，国务院前总理李克强代表国务院，向十三届全国人大四次会议作政府工作报告，指出要强化金融控股公司和金融科技监管，确保金融创新在审慎监管的前提下进行。完善金融风险处置工作机制，压实各方责任，坚决守住不发生系统性风险的底线。金融机构要坚守服务实体经济的本分。

第二节 地方层面的新金融政策

本节以北京、上海、广州、深圳、杭州为例，梳理人工智能、大数据、区块链、数字货币、保险科技、商业保理、投融资机制体制、中小微企业融资、产业集聚、城市建设、金融科技监管等地方层面的新金融政策。

一、人工智能相关政策

为规范和引领人工智能健康发展，为未来打造"负责任的、有益的"人工智能，北京智源人工智能研究院联合北京大学、清华大学、中国科学院自动化研究所等多家单位于 2019 年 5 月 25 日共同发布《人工智能北京共识》，以推动实现人工智能自律、善治、有序。其针对人工智能的研发、使用和治理提出了各参与方应该遵循的有益于人类命运共同体构建和社会发展的 15 条原则。

为加快构建北京新一代人工智能领域人才培养体系和科技创新体系，2019 年 7 月 18 日，北京市教育委员会发布《北京促进人工智能与教育融合发展行动计划》。该计划指出，需加快构建北京新一代人工智能领域人才培养体系和科技创新体系，推进人工智能与教育相互赋能、深度融合，全面提升人工智能领域人才培养质量和成果产出及转化应用水平，实现人工智能学科建设、人才培养、理论创新、技术突破和应用示范全方位发展，为北京建设具有全球影响力的人工智能创新中心提供人才保障，为国家构筑人工智能发展先发优势和建设教育强国、科技强国、智能社会提供战略支撑。

为进一步推动上海市徐汇区人工智能产业高质量发展，力争"十四五"期末基本形成具有全球影响力的人工智能上海高地核心区，建成人工智能高质量发展的产业集聚地、创新策源地、赋能示范地和生态承载地，打造以人工智能为核心的千亿级数字经济产业集群，2022 年 9 月 16 日，徐汇区第十七届政府第 11 次常务会议和十一届区委 37 次常委会通过了《关于进一步推动徐汇区人工智能产业高质量发展的扶持意见》。该意见指出，要加快构建人工智能产业的发展，支持人工智能领域关键技术攻关，完善人工智能领域人才支持体系，使得人工智能产业取得了积极进展。

为进一步推进广州市南沙人工智能产业发展，集聚全球创新资源和高端要素，打造千亿级人工智能产业聚集，形成领先的人工智能城市典范，广州市南沙开发区管委会办公室与广州市南沙区人民政府办公室发布《广州南沙新区（自贸片区）促进人工智能产业发展扶持办法》，自 2019 年 9 月 11 日起正式施行，有效期至 2021 年 12 月 31 日。通过给予奖励与科研补助,支持人工智能人才科研创新,建立人工智能产业良好环境平台,进而促进人工智能产业的发展。

为了促进深圳经济特区的人工智能产业高质量发展,推进人工智能在经济社会领域深度融合应用,规范人工智能产业有序发展,2022年8月30日,深圳市第七届人民代表大会常务委员会第十一次会议根据有关法律、行政法规的基本原则,结合深圳经济特区实际,制定并通过了《深圳经济特区人工智能产业促进条例》。该条例将人工智能定义为:利用计算机或者其控制的设备,通过感知环境、获取知识、推导演绎等方法,对人类智能的模拟、延伸或者扩展。明确深圳市人工智能产业发展遵循科技引领、应用驱动、以人为本、安全可控的原则。

为加快建设杭州国家新一代人工智能创新发展试验区,2019年12月19日,杭州市科技局牵头制定了《杭州市建设国家新一代人工智能创新发展试验区若干政策》。发布了关于支持人工智能基础理论研究和关键核心技术研发、支持基础研究平台建设、支持公共服务和共性研发平台建设等主要内容。促进打造人工智能发展的良好生态体系、深化人工智能数据资源开放应用。

二、大数据相关政策

为深入贯彻落实国家大数据发展战略,加快推进大数据交易基础设施建设,促进数据要素市场化流通,探索建设北京国际大数据交易所,引导数据要素向先进生产力集聚,助力北京市经济实现高质量发展,北京市地方金融监督管理局于2020年9月29日研究制定了《北京国际大数据交易所设立工作实施方案》。该方案坚持新发展理念,坚持推动高质量发展,坚持以供给侧结构性改革为主线,发挥市场在资源配置中的决定性作用,深入实施国家大数据战略,通过北京国际大数据交易所整合数据要素资源、规范数据交易行为,推动数据要素的网络化共享、集约化整合、协作化开发和高效化利用,最终将北京国际大数据交易所建设成为国内领先的大数据交易基础设施及国际重要的大数据跨境交易枢纽。

为加快推进新型智慧城市建设,充分发挥专项资金的引导和推进作用,上海市经济和信息化委员会于2016年9月联合上海市人民政府正式印发《上海市大数据发展实施意见》,旨在全面推进本市大数据应用和产业发展,助力精准施策、供给侧结构性改革和经济发展方式转变。该意见明确提出,上海发展大数据具有数据资源丰富、研究实力雄厚、信息化服务产业集聚、应用基础及示范强、技术人才汇集等优势；此外，还具有大数据发展支撑体系尚不完善、数据资源开放共享程度需要进一步提升、各产业领域的大数据应用尚未形成规模的瓶颈问题。

为加快广州市大数据的发展与应用，提高产业集聚、科技创新、政府治理等方面的能力，2017年1月7日，广州市人民政府办公厅制定了《广州市人民政府办公厅关于促进大数据发展的实施意见》。通过释放政府数据红利，重点助力国际航运中心、物流中心、贸易中心和现代金融服务体系建设，激发大众创业、万众创新，培育经济发展新优势、新动力，为广州市建设枢纽型网络城市提供有力支撑。

为促进广州市健康医疗大数据创新应用和产业发展，经广州市人民政府同意，广州市人民政府办公厅于2018年12月20日印发《广州市人民政府办公厅关于推进健康医疗大数据应用的实施意见》。该意见强调，要积极推动健康医疗大数据应用，培育基于云计算、大数据、人工智能等新一代信息技术的健康医疗产业新业态，缓解看病就医难题，提升人民健康水平，解决人民日益增长的美好生活需要和不平衡不充分的发展之间的矛盾，保障人民群众健康和促进产业发展。

为紧抓大数据发展重要机遇，充分利用大数据提升政府社会治理和公共服务的能力，推动创新创业和产业融合，培育新型经济业态，促进社会协同创新和经济发展，深圳市人民政府办公厅于2016年11月22日发布《深圳市促进大数据发展行动计划（2016—2018年）》的通知。该通知指出，要按照供给侧结构性改革的要求，坚持创新、协调、绿色、开放、共享的新发展理念，围绕建设国家新型智慧城市、标杆城市的目标，加强顶层设计和统筹协调，大力推动政府数据资源共建共享共用，加快政府数据开放，创新各领域大数据应用，促进大数据与产业融合创新发展，培育经济发展新动能，努力建成国际领先的大数据应用先行区和产业集聚区。

2022年1月21日，浙江省第十三届人民代表大会第六次会议通过了《浙江省公共数据条例》，该条例指出，杭州市要围绕公共数据统筹管理、有序共享开放和安全利用等问题，结合现状推出全面落实条例的新举措。明确本省国家机关、法律法规规章授权的具有管理公共事务职能的组织，以及供水、供电、供气、公共交通等公共服务运营单位，在依法履行职责或者提供公共服务的过程中收集、产生的数据属于公共数据。该条例还规定，根据本省应用需求，税务、海关、金融监督管理等国家有关部门派驻浙江管理机构提供的数据，属于条例所称的公共数据。

三、区块链相关政策

为深入贯彻落实习近平总书记关于发展区块链技术的重要指示精神，按照党中央、国务院的部署，加快推动区块链技术和产业创新发展，2020年6月30日，北京市人民政府办公厅发布《北京市区块链创新发展行动计划（2020—2022年）》的通知。该通知提出原创引领与需求驱动相结合、系统布局与动态调整相结合、即期投入与持续支持相结合的三大基本原则。旨在到2022年，把北京市初步建设成为具有影响力的区块链科技创新高地、应用示范高地、产业发展高地、创新人才高地，率先形成区块链赋能经济社会发展的"北京方案"，建立区块链科技创新与产业发展融合互动的新体系，为北京市经济高质量发展持续注入新动能和新活力。

2021年11月29日，上海市人大正式公布《上海市数据条例》。作为《上海市数据条例》的上位法之一，我国《中华人民共和国数据安全法》侧重强调数据安全、落实数据安全责任而并未明确提到区块链。与之不同的是，《上海市数据条例》有三处明确提到区块链，分别是第五十九条、第七十一条、第七十七条，从产业发展、数字基础设施建设和数据安全流通交易技术角度进行了相应规定。该条例明确提出发展区块链产业，明确提出创新融合区块链等技术构建数字信任基础设施，明确提出推动利用区块链等数据安全流通技术建立跨区域数据融合开发利用机制。

为加快数字经济创新发展，构建以数据为关键要素的数字经济新生态，挖掘未来发展中持续扎实培育经济高质量发展的新增长点，广州市人民政府于2020年4月2日发布《广州市加快打造数字经济创新引领型城市的若干措施》，加速将广州打造成为粤港澳数字要素流通试验田、全国数字核心技术策源地、全球数字产业变革新标杆。

为大力推进区块链技术创新和应用，促进区块链各要素资源在龙华集聚，加速打造区块链产业发展生态，2021年，深圳市龙华区人民政府办公室印发《深圳市龙华区支持区块链产业发展若干措施》的通知。该措施适用于工商注册地、税务征管关系及统计关系在深圳市龙华区范围内，有健全的财务制度、具有独立法人资格，且承诺自取得资金支持后3年内不将注册及办公地址迁离该区、不改变在本区的纳税义务、不减少注册资本的区块链企业或机构，对符合认定标准的区块链企业给予基金支持。

为深入贯彻落实党中央、国务院有关政策要求和精神，加快推进数字化改革，发挥数字经济的产业优势，夯实区块链技术和产业发展基础，加快推动区块链技术创新应用和产业健康发展，2021年4月20日，浙江省发展和改革委员会、浙江省经济和信息化厅、中共浙江省委网络安全和信息化委员会办公室印发《浙江省区块链技术和产业发展"十四五"规划》，明确提出聚焦区块链核心技术突破和场景融合应用，科学制定区块链在技术创新、应用落地、标准规范、人才培养、产业生态等领域的建设内容与目标，着力推进国产自主可控的区块链生态建设的主要任务。

四、数字货币相关政策

2021年8月10日，北京金融法院党组书记、院长蔡慧永在新闻发布会上表示，北京金融法院制定出台《关于为北京"两区"建设中金融领域改革创新提供司法服务和保障的若干举措》。该政策聚焦金融科技创新，提出加强对金融领域法定数字货币、网络虚拟财产、数据等新型权益的保护，保障金融科技创新在法治轨道上稳妥开展。主要明确了北京"两区"建设中金融领域的改革创新，明确了北京金融法院服务"两区"建设的总体要求和具体措施。

为了更好地发挥消费对上海构建国内大循环中心节点和国内国际双循环战略的基础性作用，全力打响"上海购物"品牌，加快建设国际消费中心城市，2021年4月19日，上海市国际消费城市建设领导小组办公室印发《关于加快建设上海国际消费中心城市持续促进消费扩容提质的若干措施》。该措施支持开展数字人民币应用试点；鼓励金融机构在依法合规、风险可控的前提下，规范创新消费信贷产品和服务，加大对居民购买绿色智能产品的信贷支持。

为了促进数字经济发展，推动数字技术同实体经济深度融合，加快城市数字化转型，实现经济社会高质量发展，建设具有全球影响力的数字经济引领型城市，2022年4月6日，广州市人大常委会发布《广州市数字经济促进条例》。该条例共八十九条，以推动数字产业化和产业数字化发展为核心，加强数字基础设施建设，提高数据资源价值化，提升城市治理数字化水平，为把广州建设成为具有全球影响力的数字经济引领型城市提供了法治保障。

为了优化数字经济产业发展环境，促进数字经济产业高质量发展，2022年8月30日，深圳市第七届人民代表大会常务委员会通过《深圳经济特区数字经济产业促进条例》。该条例鼓励数字产品消费，遵循创新驱动、集聚发展、应用牵引、开放合作、安全可控、包容审慎的原则，提出深圳市人民政府应当坚持创新驱动，推动数字经济相关领域的基础研究与应用研究，构建数字科技创新平台，健全完善规则、标准及测评体系建设，支持企业数字关键核心技术自主创新，促进数字科技成果转化。

为全面深化服务贸易创新发展试点，推动杭州市经济稳中有进，实现高质量发展，杭州市人民政府于2020年12月发布《杭州市全面深化服务贸易创新发展试点实施方案》，旨在全力打造具有全球影响力的新兴金融中心，加快推动钱塘江金融港湾和杭州国际金融科技中心联动建设；深化金融领域对外开放，争取合格境外有限合伙人试点政策，支持境外发起的私募基金参与创新型科技企业融资，推动现货市场与期货市场联动发展；积极争取中国人民银行数字人民币试点，推进跨境电商金融服务创新及跨境人民币业务创新。

五、保险科技相关政策

为深入贯彻党中央、国务院以及原银保监会关于完善金融支持创新体系、开展中关村新一轮先行先试的决策部署，2022年，北京银保监局会同北京市科学技术委员会、中关村科技园区管理委员会等部门联合印发《关于北京保险业支持科技创新和高精尖产业高质量发展的通知》。该通知强调，要引导保险业进一步发挥在服务科技创新和高精尖产业发展、支持现代产业体系建设等方面的积极作用，助力高精尖产业质量、能量、体量"三量提升"。北京银保监局将为科技保险领域的产品备案、市场准入等事项开辟绿色通道，优先快速办理，相关行业主管部门也将对符合条件的科创保险业务、科创基金等给予补贴支持。

2022年7月22日，原银保监会、上海市人民政府关于印发《中国（上海）自由贸易试验区临港新片区科技保险创新引领区工作方案的通知》。该方案提出，要鼓励保险机构依法合规投资科创类投资基金，支持保险资金依法合规以债权投资计划或股权投资计划等方式参与临港新片区八大前沿制造业（集成电路、人工智能、生物医药、航空航天、新能源汽车、高端装备制造、绿色再制造、氢能源）、五大特色园区（信息飞鱼、东方芯港、生命蓝湾、大飞机园、海洋创新园）重大产业项目和重点科技企业的投融资，助力打造千亿级产业集群；支持保险资金助力现代化新城建设。

为加快建设广州区域金融中心，充分发挥保险业在推动广州科学发展中的重要作用，2015年3月18日，广州市人民政府办公厅发布《关于贯彻落实国务院加快发展现代保险服务业若干意见的实施方案》的通知。该通知指出，要运用保险机制助推实体经济发展，支持保险资金投资实体经济。鼓励更多的保险资金支持广州经济转型升级和城镇化建设。充分发挥保险资金长期性和稳定性的优势，拓宽保险资金投资渠道，为重点项目建设、产业转型升级和城镇化建设提供中长期融资。鼓励保险公司通过投资企业股权、债权、基金、资产支持计划等多种形式，在合理管控风险的前提下，为实体经济发展提供资金支持。

2021年11月5日，深圳银保监局等三部门发布《关于推动金融业服务新发展格局的指导意见》，为深圳金融业指明当前和未来一段时间的发展方向。该指导意见指出，支持保险机构创新发展科技保险，推进首台（套）重大技术装备保险和新材料首批次应用保险补偿机制试点。支持保险资金、符合条件的资产管理产品投资面向科技企业的创业投资基金、股权投资基金等，扩宽科技企业的融资渠道。

2022年10月24日，深圳市人民政府正式印发《深圳市推动软件产业高质量发展的若干措施》，并在2022年第36期的《深圳市人民政府公报》刊发，从行业现状等方面分析软件高质量发展的现状及趋势，助力软件与信息服务产业集群高质量发展。若软件开发商的产品符合首版次软件的认定，则可以享受政府两部分的补贴，即销售额补贴和保险保费补贴。

为促进知识产权与金融资源融合，保障知识产权价值实现，进一步推进杭州市知识产权强市创建工作，加快知识产权运营服务体系建设，2019年11月5日，杭州市市场监管局（市知识产权局）、杭州市财政局制定了《杭州市专利保险补贴资金管理办法》，规定了补贴专利须是涉及企事业核心技术或对产业发展具有重要支撑作用的有效发明专利或实用新型专利。

六、商业保理相关政策

为加强北京市商业保理公司的监督管理，规范商业保理公司的经营行为，促进北京市商业保理行业的健康发展，防范化解地方金融风险，北京市地方金融监督管理局于2023年5月17日制定了《北京市商业保理公司监督管理办法》。此次监管办法改进了股东资格要求、注册资本要求、高管任职资格要求、设立审批程序等事项。

为鼓励和促进上海市商业保理行业的健康发展，规范商业保理企业的经营行为，2014年8月1日，上海市人民政府办公厅下发《上海市商业保理试点暂行管理办法》。该办法定义了商业保理业务的概念，指的是供应商与商业保理商（非银行机构）通过签订保理协议，供应商将应收账款转让给商业保理商，从而获取融资，或获得保理商提供的分户账管理、账款催收、坏账担保等服务。

为规范上海市商业保理公司的经营行为，加强监督管理，防范化解风险，促进行业持续健康发展，2020年11月5日，上海市地方金融监管局公布《上海市商业保理公司监管暂行办法》，规定商业保理公司应当完善组织治理结构，按照国家及本市有关规定，建立健全并严格遵守内部控制、风险管理、资产质量、拨备计提、信息披露、关联交易、营销宣传等方面的业务规则和管理制度。

为推进服务业对外开放，促进广州市商业保理业持续健康有序地发展，规范商业保理企业的经营行为，广州于2014年2月22日施行《广州市外商投资商业保理业试点管理办法（试行）》。该办法支持商业保理企业依法加入国际性保理组织，积极审慎地开展国际保理业务；支持银行与商业保理企业合作发展保理业务，银行可以向商业保理企业定期定量融资，购入商业保理企业的保理业务，提供应收账款管理、业务流程管理和电子信息系统服务，开发应收账款再转让等产品，建立适用的保理业务模式；支持银行向商业保理企业提供境外合作保理商渠道，拓展商业保理企业的国际业务。

为促进深圳市商业保理行业健康发展，保证行业依法合规经营，维护市场秩序，营造公平、规范的良好市场环境，增强企业诚信守法与风险防范意识，加强深圳市商业保理行业自律，建立行业约束和监督机制，在深圳市地方金融监督管理局的指导下，深圳市商业保理协会在2020年11月3日制定了《深圳市商业保理行业自律公约》。该公约明确列出商业保理企业不得从事何种类型活动，且商业保理企业应自觉遵守原银保监会及市地方金融监管局等部门有关商业保理行业的管理要求，配合落实防范、化解金融风险的各项措施。

此外，为规范深圳市商业保理企业经营行为，细化监督管理措施，有效防控地方金融风险，促进行业规范健康发展，深圳市成立了商业保理行业清理规范工作领导小组，市地方金融监管局和市前海管理局联合设立领导小组办公室，并于2020年1月至6月在全市范围内组织开展商业保理行业清理规范工作。以加强监督管理、稳妥推进分类处置等工作部署，重点推进落实各项监管指标和要求，督促非正常经营类和违法违规经营类企业整改，制定监管名单，健全日常监管制度，促进行业规范健康发展，守住不发生系统性金融风险的底线。

为加强浙江省商业保理公司的监督管理，规范公司经营行为，鼓励和促进浙江省商业保理行业健康发展，2020年11月5日，《浙江省商业保理公司监督管理工作指引（试行）》经浙江省地方金融监管局局长办公会议研究通过，批准印发。其中规定商业保理企业应加大对民营企业、小微企业的融资服务力度，重点支持符合国家产业政策方向、主业集中于实体经济、技术先进、有市场竞争力的产业链上下游中小企业，助力实体经济和中小企业发展。

七、投融资机制体制相关政策

为适应首都经济社会发展和北京举办2008年夏季奥运会的需要，加快北京市城市基础设施建设，广泛吸引社会资本投入城市建设，努力提供优质的公共产品和服务，北京市政府于2003年11月同意市发展和改革委员会制定的《关于本市深化城市基础设施投融资体制改革的实施意见》，按照"政府主导、社会参与、市场运作"的方针和"增量改革、存量试点"的原则，通过开放北京市城市基础设施建设和经营市场，进一步整合城市基础设施资源，转变政府职能，改进管理方式，实行基础设施特许经营制度，打破行业垄断，形成有效竞争的格局，逐步将政府资金从经营性城市基础设施项目中退出，集中投向非经营性城市基础设施项目，引进社会投资，盘活存量资产，加快首都城市基础设施建设。

为全面贯彻党的十九大精神，以习近平新时代中国特色社会主义思想为指导，坚定不移地贯彻创新、协调、绿色、开放、共享的新发展理念，着力深化供给侧结构性改革，进一步转变政府职能，更加注重事前政策引导、事中事后监管约束和过程服务，建立完善企业自主决策、融资渠道畅通、职能转变到位、政府行为规范、宏观调控有效、法治保障健全的新型投融资体制，为高质量发展提供有力支撑。中共北京市委、北京市人民政府于2018年1月23日下发实施《关于深化投融资体制改革的实施意见》，以深入贯彻落实《中共中央、国务院关于深化投融资体制改革的意见》，更好地发挥投资对优化供给结构的关键性作用。

为进一步促进闵行区社会事业投融资体制改革，提升闵行区社会事业发展水平，闵行区人民政府于2008年7月24日发布《上海市闵行区人民政府关于促进闵行区社会事业投融资体制改革的若干意见》。该政策指出，将完善社会事业设施建设的投融资体制，改革社会事业项目的管理体制，强化优质社会事业资源的引入机制，建立健全规范运行的监管机制。

为大力倡导绿色低碳的生产生活方式，稳妥有序地推进碳普惠工作，上海市环境保护产业协会印发《上海市碳普惠体系建设工作方案》。该政策强调，要坚持市场运作，有效地发挥碳市场机制的带动作用，健全市场机制，以市场化手段激发各类市场主体的活力。建立碳普惠绿色投融资服务。鼓励符合条件的金融机构参与碳普惠绿色投融资服务。为碳普惠项目提供金融服务，为碳积分高的企业和个人提供优惠的金融产品和服务。

为贯彻落实国务院关于扶持中小企业特别是小型微型企业发展的部署，切实改善中小微企业投融资生态环境，不断拓宽中小微企业融资渠道，有效地缓解中小微企业融资难、融资贵问题，广州市人民政府于 2016 年 6 月 13 日下发并实施《创新完善中小微企业投融资机制十条工作措施》。该政策指出，要构建符合广州市中小微企业特点的信用评级体系，设立中小微企业融资再担保平台，建立中小微企业融资风险补偿机制，设立广州市中小微企业小额票据贴现中心，设立中小微企业发展基金，打造中小微企业利用资本市场发展公共服务平台，支持中小微企业开展设备更新融资租赁业务，依托互联网金融强化中小微企业融资服务。

为推进广州市供给侧结构性改革，切实转变政府职能，促进"十三五"重点领域建设，促进形成有效投资，广州市人民政府于 2017 年 1 月 17 日下发并实施《广州市人民政府关于创新重点领域投融资机制鼓励社会投资的实施意见》。由市发展和改革委员会牵头，会同市财政局、国土规划委、住房城乡建设委、法制办等有关部门，成立广州市 PPP 项目工作小组，市发展和改革委员会主要负责同志任组长，按照"公平、公正、透明，社会、企业、政府多赢"的原则，研究拟订广州市各项 PPP 实施方案。

深圳市人民政府于 2003 年 5 月 8 日下发并实施《深圳市 2003 年投融资体制改革计划》。结合深圳实际，以重点项目投融资体制改革为突破，积极培育融资功能强的投资主体，创新融资工具，促进融资渠道多样化，为城市建设与发展广泛筹集资金；进一步完善投融资政策法规体系，形成良好的投融资综合环境，促进投融资体制改革整体推进。

为进一步深化投融资体制改革，充分发挥有效投资的拉动作用，促进经济平稳增长，确保杭州市继续在全省发挥龙头领跑示范带头作用、继续走在全国重要城市前列，杭州市人民政府于 2015 年 7 月 6 日下发并实施《杭州市人民政府关于进一步深化投融资体制改革扩大有效投资的若干意见》，通过创新投融资体制，着力解决重大项目投资领域的资金、用地等要素保障和体制约束问题，充分发挥市场对资源配置的决定性作用，有效发挥政府投资的引导作用，进一步降低投资准入门槛、鼓励社会资本投资，提高要素保障能力，提升投资管理水平，健全投资决策机制，规范投资审批行为，以扎实有效的投资促进经济平稳增长。

八、中小微企业融资相关政策

为深入贯彻落实国务院"稳增长、促改革、调结构、惠民生"系列政策措施，结合《北京市促进中小企业发展条例》的有关规定，北京市人民政府于2012年2月29日下发并实施《关于金融支持本市中小微企业发展的若干意见》。该政策强调，要加强信贷政策引导，加快小微企业信息服务平台建设，强化对小微企业的增信服务，发展小型金融机构，拓宽小微企业直接融资渠道，创新小微企业金融服务模式，降低小微企业融资成本，完善相关配套政策措施。

为支持银行等金融机构不断加强对中关村企业的信贷融资创新，促进中关村国家自主创新示范区中小微企业通过多种方式获得融资发展，北京市人民政府于2015年2月26日下发并实施《关于支持中关村示范区中小微企业利用中关村股权交易服务集团创新发展的意见》，以引导和支持中关村国家自主创新示范区的中小微企业利用中关村股权交易服务集团等区域性股权交易市场实现创新发展。

为贯彻落实《北京市人民政府办公厅关于应对新型冠状病毒感染的肺炎疫情影响促进中小微企业持续健康发展的若干措施》（京政办发〔2020〕7号），切实减免中小微企业的房租，北京市人民政府于2020年2月7日下发并实施《市国资委关于落实京政办发〔2020〕7号文减免中小微企业房租的通知》，并于同年3月6日下发实施《市国资委关于进一步落实京政办发〔2020〕7号文减免中小微企业房租的补充通知》。

为深入贯彻落实《关于印发〈关于推进本市小微企业融资服务平台建设的指导意见〉的通知》（沪金融办〔2012〕256号）有关文件精神，上海市宝山区发展和改革委员会于2013年4月12日下发实施《关于建立宝山区中小微企业融资服务平台的实施意见》。按照"政府引导、市场化运作、整合区内各方资源"的原则，依托区内各产业园、专业市场、行业协会等贴近小微企业的机构，积极搭建宝山区中小微企业融资服务平台。

为规范风险补偿资金的使用管理，提高财政资金的使用绩效，通过风险分担方式承担中小微企业融资风险补偿责任，广州市工业和信息化委员会于2018年12月28日下发实施《广州市中小微企业融资风险补偿资金管理暂行办法》。风险补偿资金由广州市"中国制造2025"产业发展资金安排,风险补偿资金累计三年补偿不超过5000万元,纳入该市再担保体系的项目方可享受风险补偿资金的相应补偿。

为积极应对新冠肺炎疫情带来的不利影响,降低中小微企业融资成本,广州市工业和信息化局于2021年1月20日发布《降低疫情期间中小微企业融资成本项目申报指南》,对纳入工信领域的国家、省、市新冠肺炎疫情防控重点保障企业相关名单的企业贷款予以贴息,降低企业担保成本。

为助力中小微企业不断壮大,扩大就业,促进技术创新,深圳市工业和信息化局于2021年12月2日下发实施《关于强化金融支持中小微企业发展创新的建议》。该建议引导并监督金融机构强化贷款责任,探索金融机构创新数字普惠金融的模式,建立适应中小微企业特点的信用等级评价体系,积极探索各类金融机构相结合的融资模式,建立公平、平等的金融市场环境。

为引导更多中小企业走专精特新发展道路,深圳市工业和信息化局公开征求《深圳市关于促进专精特新企业高质量发展的若干措施(征求意见稿)》。围绕促进专精特新企业发展所涉及的财税支持、企业融资、研发创新、人才培育、数字化转型、质量品牌、市场开拓、产业空间、精准服务9个方面,提出32项措施,全方位加大对专精特新企业的培育和扶持力度。

为进一步优化和提升杭州市的商务投资环境,助力创新型中小微企业海外引资,杭州市人民政府于2014年12月22日下发实施《杭州市助力创新型中小微企业海外引资工作方案》,重点推出100家以互联网、电商为重点的创新型中小微企业,梳理20家国际著名创投、风投和各类基金公司,建立联系合作机制,通过整体宣传、活动推介、合作洽谈等方式,帮助中小微企业与国际资本进行对接,争取促成一批优质创新型中小微企业与国际资本达成初步合作意向。

为引导中小微型企业持续加大研发投入,促使企业成为技术创新和研发投入的主体,加快实施市科技型初创企业培育工程、高新技术企业培育三年行动计划,杭州市科学技术局于2018年7月24日下发实施《杭州市中小微企业研发费用投入财政补助资金管理办法》,对企业研发费用实行财政补贴。

九、产业集聚相关政策

为深入贯彻落实党的十八大、十八届三中、四中、五中全会精神及中央对科技创新作出的系列重要战略部署要求，深入实施全面深度转型、高端绿色发展战略，以园区为载体，加快构建高端服务业为主导的产业体系，打造高精尖经济结构，推动国家级绿色转型发展示范区建设，北京市石景山区人民政府发布《石景山区关于促进中关村石景山园高端产业集聚发展的办法（试行）》。该办法指出，要加快高新技术产业高端发展，发挥"互联网+"融合特色，大力发展科技服务业、信息服务业和高端环保产业，促进高新技术产业与区域文化、金融、生态等资源要素的深度融合。

为加快上海市产业集聚区转变经济发展方式，促进经济又好又快地发展，增强可持续发展能力，上海市徐汇区人民政府于2017年12月25日下发实施《徐汇区关于建设人工智能产业集聚区的实施意见》。该意见强调，要落实"推动互联网、大数据、人工智能和实体经济深度融合"的发展战略，形成"应用驱动、协同创新、产业集聚、生态培育、人才汇聚"的"4+1"新一代人工智能发展体系，建设国家级人工智能产业集聚区，为徐汇建设具有全球影响力的上海科技创新中心重要承载区和国家大众创业、万众创新示范基地提供有力支撑，为加快建成社会主义现代化国际大都市一流中心城区注入新动能。

为促进新一代人工智能产业在长宁集聚发展，鼓励各类人工智能领域新技术的示范应用，加快推动长宁"虹桥智谷"建设，支持人工智能重点领域核心技术研发和示范应用，促进人工智能企业做大做强，上海市长宁区人民政府于2018年6月14日下发实施《长宁区关于加快推进新一代人工智能产业集聚发展的若干政策意见》。该意见强调，要降低办公成本，加强运营扶持奖励，加大联动扶持创新项目力度，设立长宁区创新产业专项扶持资金，支持创新产业主题活动等政策。

为推进上海市全球著名体育城市建设，引导和支持体育产业集聚区健康快速发展，上海市体育局于2018年9月6日发布，并于同年10月1日实施《上海市体育产业集聚区建设与管理办法（试行）》。目前，首批上海市体育产业集聚区（静安区珠江创意中心体育产业集聚区、徐汇区徐家汇街道体育产业集聚区、崇明区陈家镇体育产业集聚区）已成功获选。

为进一步发挥金融引领创新作用，大力发展番禺区特色新型金融，吸引各类风险投资机构集聚万博商务区，打造风险投资产业高质量发展集聚区，广州市番禺区人民政府于2022年1月29日下发实施《番禺区促进万博商务区风险投资产业集聚发展扶持办法》。该办法鼓励投资基金企业投资本区非上市科技型企业，化解企业融资难题，并鼓励投资基金管理企业在万博商务区实地办公。

此外,为深入推进循环经济发展,2022年11月,广东省发展和改革委员会印发《广东省循环经济发展实施方案(2022—2025年)》。遵循"减量化、再利用、资源化"的原则,着力建设资源循环型产业体系,加快构建废旧物资循环利用体系,深化农业循环经济发展,推动生活方式绿色转型,全面提高资源利用效率,提升再生资源的利用水平,建立健全绿色低碳循环发展经济体系,为加快建设美丽广东、实现经济社会可持续发展提供资源保障。

为引导深圳市优势传统产业的集聚,促进优势传统产业的技术提升,深圳市人民政府于2003年10月27日下发实施《关于支持发展产业集聚基地的若干意见》。以优势传统产业和先进制造业为基础,实现优势行业的相对集聚;通过优势行业和龙头企业的示范带动作用,促进产业全面优化升级。

为落实《"健康中国2030"规划纲要》《中共中央国务院关于支持深圳建设中国特色社会主义先行示范区的意见》,推动深圳市生物医药产业优化空间布局,聚焦优势领域,加速产业集聚,深圳市人民政府于2020年1月22日下发实施《深圳市促进生物医药产业集聚发展的指导意见》及《深圳市生物医药产业集聚发展实施方案(2020—2025年)》《深圳市生物医药产业发展行动计划(2020—2025年)》。

为了保障和促进杭州市大江东产业集聚区经济社会发展,杭州市人民代表大会常务委员会于2017年4月7日发布,并于同年5月1日实施《杭州大江东产业集聚区管理条例(2017)》。明确大江东集聚区应当以集聚发展先进制造业、战略性新兴产业、现代服务业为重点,突出现代产业功能、高端城市功能、综合服务功能、一流生态功能,实施创新驱动发展战略,发展国际创新创业载体,提升城市的国际化水平。

十、城市建设相关政策

为加快新城建设,2022年5月,《北京市城市更新专项规划(北京市"十四五"时期城市更新规划)》正式印发。规划范围为北京市行政区域,以首都功能核心区、中心城区、北京城市副中心、平原新城及地区、生态涵养区新城为主。规划期限为2021年至2025年,远景展望到2035年。

为发挥上海吴淞创新城作为上海北部城市副中心功能的重要承载区功

能，建设成为老工业基地转型发展和城市更新的示范区、国家创新创意创业功能的集聚区、国际城市文化旅游功能的拓展区，上海市人民政府于2020年6月1日下发实施《吴淞创新城建设规划》。该规划强调吴淞创新城要强化用地功能的多元复合、生态环境的可持续发展，规划形成"一核两心、两带五区"的布局结构。

此外，为推进上海市属国企积极投入五个新城建设，上海市国有资产监督管理委员会于2021年5月7日下发实施《关于推进市属国企积极投入五个新城建设的实施方案》。该政策指出，上海要以市场化、专业化、数字化为导向，加快推进本市国有经济布局优化和结构调整，全面推动市属国企成为五个新城建设的示范者和主力军。

为加快广州国家创新型城市建设，2018年2月，广州市人民政府公示《广州市城市总体规划（2017—2035年）》草案。该规划特别提出要"强南沙"，南沙将实现30分钟直达大湾区主要城市中心区和重大交通枢纽。另外，除了荔湾、越秀、天河、海珠等区外，番禺区广明高速以北地区等区域也明确被纳入主城区的范围。

为深入贯彻党中央、国务院关于建设"网络强国、数字中国、智慧社会"的决策部署，2021年1月，深圳市人民政府印发《深圳市人民政府关于加快智慧城市和数字政府建设的若干意见》，提出深圳市加快智慧城市和数字政府建设的总体要求、重点任务和保障措施。主要具有四个特点：一是突出新基建，强化新型基础设施作为总支撑；二是突出依法治数，发挥数据要素核心驱动的引擎作用；三是突出开放用数，推动新模式新业态创新发展；四是突出区域协同和国际合作，提升全球影响力。

为全面打造"数智杭州·宜居天堂"，2021年9月，杭州市城乡建设委员会、杭州市发展和改革委员会印发《杭州市城乡建设"十四五"规划》的通知。围绕城乡建设委员会的主要职责，包括了十四个专项子规划，规划聚焦"数智杭州·宜居天堂"的新目标新定位，围绕"一核九星、双网融合、三江绿楔"的新型特大城市空间格局，力争以城市建设促进城市品质提升，以农村人居环境提升带动乡村振兴，进一步推动城乡融合发展，持续增强人民群众的获得感。

十一、金融科技监管相关政策

2018年11月，中关村科技园区管理委员会发布《北京市促进金融科技发展规划（2018年—2022年）》，指出金融科技强调金融和科技的结合。金融科技强调将技术创新作为服务金融产业发展的手段，以维护金融稳定和安全、防范金融风险为原则，在具体应用和发展过程中，仍需遵循金融市场的基本规律。加强监管科技在风险防范和处置方面的应用与落地，助力各级金融监管部门，有效地防控金融风险。推动监管科技的体系化、机制化、应用化发展，全面服务于监管部门、市场主体、终端用户的多重需求。推动市区金融监管部门充分利用金融科技改善管理与监督体系，丰富城市信用状况监测预警指标系统，打造智慧型风险监控、行为监督、企业服务机制，从而及时监测市场主体、金融消费者的潜在风险萌芽，有效地维护首都金融安全与稳定。

为促进北京市创新型中小企业高质量发展，支持北京证券交易所打造服务创新型中小企业的主阵地，加快建设国际科技创新中心和世界领先的科技园区，2022年4月29日，北京市科委、中关村管委会、市金融监管局制定《关于支持创新型中小企业在北京证券交易所上市融资发展的若干措施》。该措施支持提升金融科技发展水平，支持金融科技企业积极参与北交所、新三板监管科技应用场景建设，为上市审核、融资交易、监督管理、风险防控等提供技术支撑。对技术创新度高、行业带动性强、示范效果较好的项目，积极推荐纳入北京市金融科技创新监管试点。

为加快推进上海金融科技中心建设，2020年1月8日，上海市人民政府办公厅印发《加快推进上海金融科技中心建设实施方案》，力争用5年时间，把上海打造成为金融科技的技术研发高地、创新应用高地、产业集聚高地、人才汇集高地、标准形成高地和监管创新试验区，将上海建设成为具有全球竞争力的金融科技中心。按照金融科技监管顶层设计，在沪开展创新监管试点。进一步完善长三角监管协同，逐步推动长三角地区金融科技监管标准统一。建立健全金融科技风险防范机制，强化消费者（投资者）权益保护。

2021年8月24日，上海市人民政府印发《上海国际金融中心建设"十四五"规划》。该规划对5年内上海国际金融中心建设提出了明确的发展方向和任务措施。它提出了由7个预期性指标构成的指标体系，包括金融市场规模、直接融资功能、金融开放程度、金融科技发展4个维度，更加注重发挥上海金融市场在促进直接融资中的作用，注重反映国际化程度，注重金融科技创新等最新发展趋势，突出规划引领作用。探索金融科技监管模式创新，推进金融科技创新监管试点。

为进一步引导金融资源向科技创新领域配置，进一步促进科技、金融与产业融合发展，加快建设科技创新强市，推动广州市经济实现高质量发展，助力共建粤港澳大湾区国际科技创新中心，2021年8月23日，广州市人民政府办公厅印发《广州市人民政府办公厅关于新时期进一步促进科技金融与产业融合发展的实施意见》，提出了有效防范科技金融风险的措施：加强与中央驻粤金融管理部门的信息共享和监管联动，为广州市科技金融发展创造健康稳定的市场环境，牢牢守住不发生系统性、区域性金融风险的底线。

为创新驱动发展，抢抓金融科技发展机遇，加快金融科技产业升级，助力深圳打造全球金融科技中心，为深圳建设中国特色社会主义先行示范区提供金融支撑，2022年4月7日，深圳市地方金融监督管理局印发《深圳市扶持金融科技发展若干措施》。该措施提出，加大监管科技和合规科技支持力度；支持金融监管机构运用科技手段创新监管模式，提升监管能力；鼓励各类金融机构独立或与科技企业合作开展合规科技研发及创新应用，降低合规成本，提高合规管理自动化、智能化水平；支持开展金融科技安全相关业务的机构或企业发展，探索建设金融信息基础设施管理平台，增加数字化监管能力建设，加强对金融科技类企业的风险监测预警。

2022年9月15日，深圳市地方金融监督管理局发布《深圳市金融科技专项发展规划（2022—2025年）（公开征求意见稿）》，力争到2025年，进一步提升金融科技产业的生态环境，集聚一批金融科技创新项目、创业团队、基础平台和优秀人才，培育一批金融科技龙头企业和行业标杆，着力突破一批金融科技前沿关键技术，推广应用一批高质量金融科技创新成果，促进形成一批金融科技业务标准，将深圳建设成为具有国际影响力的金融科技中心城市。

为推动杭州市融资担保行业持续健康发展，更好地服务实体经济，2022年2月17日，杭州市人民政府办公厅提出《关于推进全市融资担保行业持续健康发展的实施意见》，该实施意见坚持"国有与民营互补，服务与监管并重，发展与防风险相结合"的总体思路，推动政府性融资担保机构体系改革，壮大融资担保行业的整体实力，形成政府性融资担保机构与民营融资担保机构共同发展。开展融资担保机构监管评级，实施分类监管，加强风险隐患的跟踪监管。

参 考 文 献

[1] 江小涓，孟丽君. 内循环为主、外循环赋能与更高水平双循环——国际经验与中国实践 [J]. 管理世界, 2021, 37 (01): 1-19.

[2] 欧阳虹彬，叶强. 社区更新机制的弹性：英国模式对中国的启示 [J]. 城市发展研究, 2015, 22 (12): 63-69.

[3] 陈小祥, 纪宏, 岳隽, 姜仁荣. 对城市更新融资体系的几点思考 [J]. 特区经济, 2012, 13 (08): 132-134.

[4] 张磊. "新常态"下城市更新治理模式比较与转型路径 [J]. 城市发展研究, 2015, 22 (12): 57-62.

[5] 徐文舸. 城市更新投融资的国际经验与启示 [J]. 中国经贸导刊, 2020, 987: 67-70.

[6] 刘燕，冯珂. 新基建项目投融资问题分析 [J]. 项目管理技术, 2020, 18 (08): 5-8.

[7] 盛磊，杨白冰. 新型基础设施建设的投融资模式与路径探索 [J]. 改革, 2020 (05): 49-57.

[8] 韩守富. 我国基础设施的财政投融资渠道研究 [J]. 生产力研究, 2010 (11): 63-64.

[9] 丰景春，王沙沙，薛松，张可. PPP模式研究热点与前沿的可视化分析——基于Web of Science 数据库的文献计量研究 [J]. 河海大学学报 (哲学社会科学版), 2017, 19 (03): 36-41, 91.

[10] 刘薇. PPP 模式理论阐释及其现实例证 [J]. 改革, 2015 (01): 78-89.

[11] 刘立峰，郑雪峰. 探索城镇化投融资转型发展新途径 [J]. 中国投资 (中英文), 2021 (ZA): 62-63.

[12] 李红强，林倩，林雄斌. 债务化解视角下城市基础设施投融资体系重构研究——基于宁波市的调研 [J]. 金融理论与实践, 2021 (06): 39-45.

[13] 魏娜. 基础设施建设 PPP 融资模式风险控制探讨 [J]. 会计师, 2021 (08): 122-123.

[14] 郑冬妮. 我国城市基础设施投融资体制存在问题及对策分析 [J]. 现代经济信

息，2019（24）：290.

[15] 白涛. 财税体制改革背景下交通基础设施投融资改革思路研究［J］. 交通财会，2022（02）：41-47.

[16] 王芬容. PPP项目投融资管理与风险防范探究［J］. 商展经济，2021（23）：57-59.

[17] 阮敬科. PPP模式下的基础设施建设投融资存在的问题及解决策略［J］. 环渤海经济瞭望，2021（02）：155-156.

[18] 祁媛媛，张更路. PPP模式在新型城镇化融资中的实施和运用——赤曹线滦县至青坨营段工程项目案例分析［J］. 华北理工大学学报（社会科学版），2018，18（03）：32-37.

[19] 席尧. 基于利益相关者分析的公众参与城市更新研究［J］. 住宅与房地产，2018（24）：124.

[20] 刘广平，连媛媛，甄亚. 基于社会网络分析的征地冲突形成动因研究［J］. 系统科学学报，2019，27（03）：68-72+107.

[21] 鲍海君，方妍，雷佩. 征地利益冲突：地方政府与失地农民的行为选择机制及其实证证据［J］. 中国土地科学，2016，30（08）：21-27+37.

[22] 王瑶，张晶，陈怀超. 复杂系统视角的PPP项目利益相关者合作决策机制研究［J］. 系统科学学报，2022，30（04）：108-113.

[23] 安娜. 数字美元：发行目的、基本架构、应用场景及对我国央行数字货币DC/EP的挑战［J］. 新金融，2020（11）：21-26.

[24] 巴曙松，张岱晁，朱元倩. 全球数字货币的发展现状和趋势［J］. 金融发展研究，2020（11）：3-9.

[25] 焦瑾璞，孙天琦，黄亭亭，汪天都. 数字货币与普惠金融发展——理论框架、国际实践与监管体系［J］. 金融监管研究，2015（07）：19-35.

[26] 穆杰. 央行推行法定数字货币DCEP的机遇、挑战及展望［J］. 经济学家，2020（03）：95-105.

[27] 王旭，贾媛馨. 数字化背景下的国际货币竞争及其对人民币国际化的启示［J］. 南方金融，2020（05）：12-21.

[28] 董彪. 科技革新视角下健康保险模式研究——从"相互保"更名为"相互宝"谈起［J］. 技术经济与管理研究，2020（09）：70-75.

[29] 张晓宇. 利用金融科技手段赢得保险机构线上化转型先机［J］. 中国保险，2020（09）：4.

[30] 耿西亚，苑维华. 中国保险科技发展现状及分析［J］. 时代金融，2020（23）：126-127.

[31] 张黎娜，袁磊. 关于互联网金融领域监管科技应用探索的思考［J］. 南方金融，2020（10）：63-65.

[32] 刘大为. 科技赋能有力推动保险的金融属性和服务属性相结合［J］. 中国保险，

2020（08）：5.

[33] 唐金成，刘鲁. 保险科技发展模式比较与经验启示［J］. 金融理论与实践，2020（08）：96-102.

[34] 王和，周运涛. 科技：重新定义保险业［J］. 金融电子化，2019（10）：75-76.

[35] 陈成. 国际保险业科技投资现状及对我国的思考［J］. 清华金融评论，2020（01）：82-84.

[36] 唐峰. 金融科技应用中金融消费者保护的现实挑战与制度回应［J］. 西南金融，2020（11）：64-75.

[37] 陈秉正. 保险科技与保险业的重构［J］. 中国保险，2020（04）：8-14.

[38] 高翔，李珊珊. 金融科技发展的国际经验与政策启示——基于国家治理的角度［J］. 金融与经济，2020（09）：30-36.

[39] 吴婷，王向楠. 保险科技业务创新探析［J］. 中国保险，2020（04）：20-25.

[40] 曹斯蔚. 互联网保险合规性问题研究［J］. 西南金融，2020（05）：78-86.

[41] 李伟群，马裕丰. 人工智能对保险业发展的利弊之析及应对之策［J］. 西南金融，2020（02）：68-76.

[42] 陈子印. 保险科技对传统保险营销业态的冲击影响分析［J］. 上海保险，2020（05）：14-16.

[43] 吴江羽. 金融科技背景下金融数据监管法律框架构建［J］. 西南金融，2020（11）：76-85.

[44] 唐金成，李笑晨. 保险科技驱动我国智慧农险体系构建研究［J］. 西南金融，2020（07）：86-96.

[45] 陈玮. 科技如何赋能中国保险业——以众安保险为例［J］. 上海保险，2018（11）：28-31.

[46] 夏诗园，汤柳. 监管科技的理论框架与完善路径研究［J］. 西南金融，2020（11）：86-96.

[47] 周延礼. 协同构建保险科技新生态的机遇与挑战［J］. 清华金融评论，2018（11）：95-99.

[48] 苏瑞珍. 互联网保险法律制度的需求动因及供给方向［J］. 西南金融，2019（03）：64-70.

[49] 姚前. 中央银行数字货币原型系统实验研究［J］. 软件学报，2018，29（09）：2716-2732.

[50] 冯涛. 浅谈我国互联网金融现状与发展趋势［J］. 商讯，2021（12）：67-68.

[51] 陈敏. 浅谈我国P2P行业的现状与发展［J］. 数字通信世界，2021（12）：151-153.

[52] 郑欣彤. 中国互联网金融下的P2P网贷发展现状和风险控制［J］. 经济管理文摘，2020（19）：27-29.

[53] 邱勋. 我国股权众筹的历史发展、现实困境与未来展望［J］. 中国市场，2021

（23）：1-3+61.

［54］肖笑. 解读新金融工具的变化和影响［J］. 财经界，2020（22）：42-43.

［55］形成. 信托创新发展进入关键期［J］. 金融博览（财富），2022（01）：24-26.

［56］谢前辉，赵伟成. 人工智能技术在金融领域的应用难点与对策建议研究［J］. 互联网周刊，2022（13）：32-34.

［57］叶津汶. 大数据、人工智能在金融领域应用研究［J］. 理财，2022（08）：13-15.

［58］张玉鹏. 中国人工智能发展趋势现状及其促进策略［J］. 科技与创新，2022（15）：67-69+72.

［59］张欣，高奇. 人工智能算法金融应用的风险类型与监管方案［J］. 中国银行业，2022（06）：67-70.

［60］张宁，许姗，张萍，等. 基于人工智能方法构建的金融科技创新指数适用性分析——以上市商业银行及保险公司为例［J］. 国际金融，2021（10）：23-29.

［61］邢丽佳，王娟，王晗威，等. P2P网贷行业信用体系建设的发展研究［J］. 时代金融，2019（18）：101-103.

［62］王希峰，王宝波，谭芳芳. 区块链技术在金融领域的应用研究［J］. 华北金融，2019（7）：60-66.

［63］时珺. 区块链：创建新型P2P信用评估体系［J］. 经贸实践，2018（20）：139，141.

［64］严振亚. 基于区块链技术的P2P信贷创新应用［J］. 技术经济与管理研究，2019（10）：89.

［65］王永红. 数字货币技术实现框架构想［J］. 中国金融，2016，17（8）：14-16.

［66］黄靖雯，陶士贵. 以金融科技为核心的新金融形态的内涵：界定、辨析与演进［J/OL］. 当代经济管理，2022，44（10）：80-90.

［67］李剑锋. 城市更新的模式选择及综合效益评价研究［D］. 华南理工大学，2019.

［68］姜越. 我国基础设施投融资体制改革问题研究［D］. 吉林大学，2018.

［69］范蕴轩. PPP项目资产证券化运作研究［D］. 北京交通大学，2021.

［70］许尧. 我国城镇基础设施建设政府投融资模式研究［D］. 西南财经大学，2014.

［71］马阳阳. PPP模式在乌鲁木齐基础设施建设中的应用研究［D］. 新疆大学，2019.

［72］司烁楠. PPP项目社会网络治理模型研究［D］. 东北财经大学，2017.

［73］罗丹. 基于SD的PPP项目社会风险治理研究［D］. 东北财经大学，2019.

［74］王一鸣. 城市更新过程中多元利益相关者冲突机理与协调机制研究［D］. 重庆大学，2019.

［75］刘志强. PPP模式农地整治中多主体利益冲突及其协调机制研究［D］. 华中农业大学，2020.

［76］管立杰. 农村基础设施PPP模式中利益相关者的冲突与协调研究［D］. 山东农业大学，2020.

[77] 张妍. 基于复杂网络方法的京津冀产业协同发展研究 [D]. 天津财经大学, 2019.

[78] 倪炜. 公众参与下的城市更新项目决策机制研究 [D]. 天津大学, 2017.

[79] 刘玲. 大数据在 P2P 网贷平台征信中的应用研究 [D]. 广东财经大学, 2018.

[80] 保建云. 主权数字货币、金融科技创新与国际货币体系改革——兼论数字人民币发行、流通及国际化. 人民论坛·学术前沿, 2020（02）：24-35.

[81] 扬尼斯·阿齐兹迪斯, 曼努埃尔·斯塔格斯. 金融科技和信用的未来 [M]. 孟波, 陈丽霞, 刘寅龙, 译. 机械工业出版社, 2017.

[82] 于斌, 陈晓华. 金融科技概论 [M]. 人民邮电出版社, 2017.

[83] 徐明星, 田颖, 李霁月. 图说区块链：神一样的金融科技与未来社会 [M]. 中信出版社, 2017.

[84] 廖岷. 金融科技发展的国际经验和中国政策取向 [M]. 中国金融出版社, 2017.

[85] 谢平, 邹传伟. FINTECH 解码金融与科技的融合 [M]. 中国金融出版社, 2017.

[86] 朱进元, 刘勇, 魏丽, 保险科技 [M]. 中信出版社, 2018.

[87] 许闲. 保险科技创新运用与商业模式 [M]. 中国金融出版社, 2018.

[88] 单鹏. 保险科技生态 [M]. 中国金融出版社, 2018.

[89] 中国保险行业协会. 2018 中国保险科技发展报告 [M]. 中国财政经济出版社, 2018.

[90] 众安金融科技研究院. 新保险时代金融科技重新定义保险新未来 [M]. 机械工业出版社, 2018.

[91] 陈辉. 金融科技框架与实践 [M]. 中国经济出版社, 2018.

[92] 曹彤. 金融科技启示录 [M]. 中国金融出版社, 2018.

[93] 余丰慧. 金融科技大数据、区块链和人工智能的应用与未来 [M]. 浙江大学出版社, 2018.

[94] 钟伟, 魏伟, 陈骁. 数字货币金融科技与货币重构 [M]. 中信出版社, 2018.

[95] 姚庆海, 许闲. 中国保险科技发展报告 [M]. 科学出版社, 2018.

[96] 侯晓霞. 保险科技：国际创新实践 [M]. 经济科学出版社, 2019.

[97] 赵武. 保险科技 [M]. 电子科技大学出版社, 2019.

[98] 黄光晓. 数字货币 [M]. 清华大学出版社, 2020.

[99] 苏珊娜·奇斯蒂, 萨宾·L. B. 范德林登, 肖恩·M. 米莉, 等. InsurTech：保险科技权威指南 [M]. 卢斌, 王鹏, 张小敏, 译. 中国人民大学出版社, 2020.

[100] 凯文·凯利. 失控：机器、社会系统与经济世界的新生物学 [M]. 东西文库, 译. 新星出版社, 2010.

[101] 陈建可, 礼翔. 金融科技：重塑金融生态新格局 [M]. 天津人民出版社, 2019.

[102] 谢平, 石午光. 数字加密货币研究：一个文献综述. 中国人民大学国际货币研究所.《国际货币评论》2015 年合辑. 中国人民大学国际货币研究所, 2015：18.

[103] 央行数字货币试点, 看完这篇你就懂了 [EB/OL]. (2020-09-15) [2023-05-

17］. https：//baijiahao. baidu. com/s?id=1677828468524028787&wfr=spider&for=pc.

[104] 数字货币新增试点［EB/OL］.（2021-02-26）［2023-05-17］. https：//new. qq. com/omn/20210226/20210226A01EI300. html.

[105] 开放 28 个试点城市　让数字货币走入群众家里［EB/OL］.（2021-01-20）［2023-05-17］. https：//baijiahao. baidu. com/s?id=1689399658582037004&wfr=spider&for=pc.

[106] 央行数研所探索央行数字货币跨境支付应用［EB/OL］.（2021-02-25）［2023-05-17］. https：//baijiahao. baidu. com/s?id=1692624988343614156&wfr=spider&for=pc.

[107] 全球数字货币竞争加速，美国释出接纳态度、中国完成首个试点［EB/OL］.（2020-10-21）［2023-05-17］. https：//baijiahao. baidu. com/s?id=1681132944987913246&wfr=spider&for=pc

[108] 赛铮. 保险科技发展背景下的保险监管现代化转型. 金融理论与实践，2020（10）：106-111.

[109] 屠光绍. 新金融发展的九个"新"［N］. 21 世纪经济报道，2013-07-29（019）.

[110] ZHOU & ZHIHUA. Towards collaborative approach? Investigating the regeneration of urban village in Guangzhou, China ［J］. Habitat International, 2014, 44：297-305.

[111] Cakmak E, Cakmak P I. An analysis of causes of disputes in the construction industry using analytical network process ［J］. Procedia-Social and Behavioral Sciences, 2014, 109：183-187.

[112] Yousefi S, Hipel K W, Hegazy T. Attitude-based strategic negotiation for conflict management in construction projects ［J］. Project Management Journal, 2010, 41（4）：99-107.

[113] Li T H Y, Thomas Ng S, Skitmore M. Modeling multi-stakeholder multi-objective decisions during public participation in major infrastructure and construction projects：a decision rule approach ［J］. Journal of Construction Engineering and Management, 2015, 142（3）：04015087.

[114] Wall Jr J A, Callister R R. Conflict and its management ［J］. Journal of Management, 1995, 21（3）：515-558.

[115] Leung M, Liu A M M, Ng S T. Is there a relationship between construction conflicts and participants' satisfaction? ［J］. Engineering, Construction and Architectural Management, 2005, 12（2）：149-167.

[116] Kumaraswamy M M. Consequences of construction conflict：A Hong Kong perspective ［J］. Journal of Management in Engineering, 1998, 14（3）：66-74.

[117] Simons T L, Peterson R S. Task conflict and relationship conflict in top management teams：the pivotal role of intragroup trust ［J］. Journal of Applied Psychology, 2000, 85（1）：102.

[118] Leung M, Yu J, Liang Q. Analysis of the relationships between value management

techniques, conflict management, and workshop satisfaction of construction participants [J]. Journal of Management in Engineering, 2013, 30 (3): 04014004.

[119] Shi Q, Yan Y, Zuo J, et al. Objective conflicts in green buildings projects: A critical analysis [J]. Building and Environment, 2016, 96: 107-117.

[120] Barough A S, Shoubi M V, Skardi M J E. Application of game theory approach in solving the construction project conflicts [J]. Procedia-Social and Behavioral Sciences, 2012, 58: 1586-1593.

[121] Li Y, Hao S, Ren X. Research on the Conflict Management of Stakeholders in a Construction Project [M] //ICCREM 2015. 2015: 733-740.

[122] Kassab M, Hegazy T, Hipel K. Computerized DSS for construction conflict resolution under uncertainty [J]. Journal of Construction Engineering and Management, 2010, 136 (12): 1249-1257.

[123] Cheung S O, Pang K H Y. Anatomy of construction disputes [J]. Journal of Construction Engineering and Management, 2012, 139 (1): 15-23.

图书在版编目(CIP)数据

中国(上海)新金融发展报告:上海金融科技研究中心智库成果汇编. 2021—2022/顾晓敏主编. —上海:复旦大学出版社,2023.3
ISBN 978-7-309-16546-3

Ⅰ.①中… Ⅱ.①顾… Ⅲ.①地方金融事业-经济发展-研究报告-上海-2021-2022 Ⅳ.①F832.751

中国版本图书馆 CIP 数据核字(2022)第 201027 号

中国(上海)新金融发展报告(2021—2022)——上海金融科技研究中心智库成果汇编
顾晓敏　主编
责任编辑/朱枫

复旦大学出版社有限公司出版发行
上海市国权路 579 号　邮编:200433
网址:fupnet@fudanpress.com　http://www.fudanpress.com
门市零售:86-21-65102580　团体订购:86-21-65104505
出版部电话:86-21-65642845
常熟市华顺印刷有限公司

开本 787 毫米×960 毫米　1/16　印张 16.75　字数 291 千字
2023 年 3 月第 1 版
2023 年 3 月第 1 版第 1 次印刷

ISBN 978-7-309-16546-3/F·2938
定价:67.00 元

如有印装质量问题,请向复旦大学出版社有限公司出版部调换。
版权所有　侵权必究